GUERRA
ENLOS AIRES

Tres cosas que satanás le teme:
LA PALABRA,
LA SANGRE
Y EL NOMBRE

Israel Jiménez

Ministerio Internacional Provocando Un Avivamiento
Houston Texas

Publicado por
ISRAEL JIMENEZ

Derechos Reservados
ISRAEL JIMENEZ

Primera Edición 2017

Por ISRAEL JIMENEZ

Titulo publicado originalmente en español:
GUERRA EN LOS AIRES

Clasificacion: religioso
ISBN- ? 978-0692855294

Pedidos o Invitaciones:
Pastor Israel Jimenez
Cel. 346-814-0250
Emails. puachurch@gmail.com

Instagram: @israeljimenezpua
Facebook. @israeljimenezpua
Youtube\IsraelJimenezPua

Diseñado por: MinisterioPua
Publicado: holyspirit

Índice

Agradecimientos

Al Espíritu Santo

Gracias Espíritu Santo por darme la paciencia necesaria para lograr este proyecto, pasar horas en las madrugadas escuchando tu voz es lo mejor que me ha pasado, tú eres mi mayor inspiración y motivación. Cuando me sentía que no lo iba a lograr, tú hablaste a mi corazón con voz dulce y pasiva, diciendo: no es tiempo de rendirse, es tiempo de avanzar y terminar lo que ya se empezó, cada día traías palabras a mi espíritu y yo solo escribía, cuando me sentía que me apagaba, me llenaste de tu fuego, bajo esa unción continuaba escribiendo. Gracias por despertar el hambre en mi por ti, sin ti no lo pudiera haber logrado, cada desilusión la convertiste en mi mayor motivación. Gracias por la bella esposa que me has regalado, Sasha Jiménez, madre, mujer comprensiva, motivadora, inteligente y sobre todo, "Mujer Virtuosa"; a mi preciosa hija Kaysha Jiménez, el legado que continuará trayendo a las próximas generaciones, pasión por la presencia de Dios y un avivamiento a través del Espíritu Santo.

Introducción

Desde el primer día que di la iniciativa para escribir este libro acerca de la guerra espiritual y lo real que es el mundo invisible, comencé a recibir ataques personificados, aquellos ataques que son producidos y formados en el mundo espiritual, pero que después se materializan al mundo físico. Recuerdo muy bien haber entrado en mi habitación y cerrada la puerta comencé a buscar en secreto lo que Dios luego quería revelar a lo público, de hecho, lo que usted está a punto de recibir a través de las líneas escritas en este libro, es un secreto revelado. La puerta estaba cerrada cuando de momento se abrió sola sin que nadie la abriera, de mi parte reaccioné al instante llamando a mi esposa porque pensé que ella había intentado entrar a la habitación, eso no me preocupó, di continuidad al propósito por el cual me había encerrado, que era dar la iniciativa de lo que hoy es una realidad, "GUERRA EN LOS AIRES".

Una de las estrategias del enemigo siempre es llamar la atención para desconcentrarte, la puerta que ya estaba abierta volvió a moverse sola, me dije a mi mismo: esto no es normal, salí de la habitación y comencé a revisar si había alguna ventanilla abierta y que por causa del aire se movía la puerta, al parecer ya después de verificar no era algo producido por aire sino por una fuerza espiritual, inmediatamente el Espíritu Santo le habló a mi espíritu diciendo: entra a la habitación, cierra bien la puerta y comienza a escribir, porque quiero revelarte algo que ésta generación debe comprender de la guerra espiritual y a Satanás se la ha dado un comunicado del efecto que esto puede causar para aquéllos que tengan la oportunidad de leerlo y recibirlo.

Desde aquel momento comprendí que los demonios están interesados en bloquear o desviar lo que Dios está a punto de entregarte, en otras palabras: lo que recibimos en el presente de parte de Dios, afecta el futuro de Satanás y sus aliados.

En este libro usted tendrá la oportunidad de leer muchos tópicos de la guerra espiritual que quizás conozca, pero, como la guerra espiritual es como la medicina, que siempre hay que estar estudiándola porque siempre hay algo nuevo con lo que hay que enfrentarse, estoy seguro que al conocer lo que desconocía estará mejor preparado para enfrentar cualquier espíritu de las tinieblas que se quiera manifestar con nuevas artimañas.

Al leer este libro usted está a punto de ser empoderado a niveles superiores de la guerra espiritual, ya que amplificamos tópicos fundamentales resumiendo de manera paulatina lo que hemos recibido de parte de Dios en la intimidad, todos basados en principios bíblicos con sus respectivos pasajes bíblicos como referencia. Cada página que tenga la oportunidad de ojear estudiar y escudriñar, es como si estuviera escuchando predicar al Pastor Israel Jiménez en vivo y a todo color, es un libro dedicado a personas hambrientas por la presencia de Dios, y por conocer el mundo invisible, creo fielmente que usted será activado para poder operar con los dones que el Espíritu Santo le ha otorgado y regalado sobre aquellos que no solo fueron llamados, sino también escogidos.

Puntos como: la sangre de Cristo, el nombre que es sobre todo nombre, "Jesús" autoridad sobre lo que viene atacarte o destruirte, el ayuno y la oración en otra dimensión, códigos angelicales, un manual práctico sobre la guerra espiritual y cómo reaccionar a ella, ser libre de ataduras, usar bien los dones del espíritu, detrás del telón las cuales son esas batallas que peleamos en secreto, llaves para la guerra espiritual y mucho más son los temas que enfatizamos en este manuscrito, que estoy totalmente convencido que bendecirá tu vida y de aquellos que te rodean.

La guerra espiritual es real y verdadera, independientemente de quien la crea o no, estamos convencidos que nada acontece solo, alguien provoca que suceda.

Mateo 10:16 (NTV)

*Miren, los envío como ovejas en medio de lobos. Por lo tanto, **sean astutos (Prudentes) como serpientes** e inofensivos como palomas.*

Si el diablo te ataca con astucia, defiéndete con prudencia. Es impresionante que de tantas actitudes que contiene una serpiente, la única que Jesús toma de ella es la astucia y la prudencia. Cuando tu enemigo sea inteligente sea usted sabio, cuando él sea astuto sea usted prudente, cuando él actúe en la carne actúe usted en el Espíritu. Si alguien te critica no lo critiques, ora por él, son códigos del reino acerca de cómo ganar ventaja en la Guerra espiritual. No porque seamos fuertes, sino porque dependemos de la fuerza de Dios y de su gracia.

Romanos 16:20 (RVA-2015)

Y el Dios de paz aplastará en breve a Satanás debajo de los pies de ustedes. La gracia de nuestro Señor Jesús sea con ustedes.

Llave: No es la Iglesia que aplasta a Satanás; es el mismo Dios. Y como la iglesia es fiel imitador de su padre, ponemos los pies donde Cristo los ha puesto, y a través de él mantenemos a Satanás aplastado y en aprietos.

Cuando aprendes a usar bien el escudo de la Fe sabrás cómo defenderte, si eres hábil y ágil con la espada del espíritu sabrás cómo afrontar cualquier cosa que venga en tu contra. El que se ha colocado bien el yelmo, que es el casco protector colocado en la cabeza y se refiere a la salvación, la palabra griega es **perikefalia:** algo que protege alrededor tanto a lo que viene de frente a tus pensamientos y a tu mente; o, aquello que viene indirectamente. El calzado es el poder del evangelio que caminará y avanzará por todo el mundo, no un evangelio de prejuicio o caprichos religiosos, sino el evangelio de la paz como lo expresa Efesios 6:15: La coraza es lo justo cuando practicas la justicia, eso protege tu corazón del engaño, la ambición y la envidia. Y si faltara algo, al ceñir tus lomos es la posición de conquista y seguridad que lo que te has puesto o recibido no se caerá, porque la verdad de Dios te sostiene, el propósito de este libro es capacitar al lector para la guerra espiritual.

Compartimos además experiencias propias donde podrás comprender más de la guerra espiritual y familiarizar a cada lector con experiencias personales, que de forma particular han sucedido a personas alrededor del mundo. Estamos conscientes que estamos rodeados de seres espirituales, pero lo que en realidad sí importa es que nosotros los hijos de Dios tenemos un espíritu superior que nos lleva a ser superior a ellos, el mismo Jesús lo declaró: "Mi espíritu estará en vosotros y con vosotros. No tenga temor de lo que lo rodea, tenga fe en lo que mora dentro de usted 'El Espíritu Santo'".

"Si usted ha sido bendecido a través de este libro comparta su experiencia con algún amigo o familiar."

Capítulo 1

Diestro para la batalla

La clave para vencer las tentaciones de Satanás no está esencialmente en conocerlo a él, sino en conocer a Dios. Pues conociendo a Dios sabré quien es su enemigo y cómo vencerlo. **"Él si realmente lo conoce"** Adán y Eva no desobedecieron a Satanás, desobedecieron a Dios.

El cielo es el lugar donde todo creyente lucha por llegar, y aquellos que ignoran esta gran realidad no saben de lo que se están perdiendo. En cambio, el único ser espiritual que mientras nosotros luchamos por subir hace lo posible para que no nos acerquemos a tal realidad; es Satanás, nuestro principal enemigo. La pregunta que siempre me he hecho por mucho tiempo es la siguiente: ¿Cómo el cielo, un lugar tan santo, tuvo lugar para hospedar a alguien tan malvado como el diablo? No sé qué usted pensaría en base a esto; pero en lo personal pienso que mientras Lucifer estaba en el cielo seguía siendo Lucifer, desde que por tierra como lo expresa el libro de Ezequiel, es desde allí que hasta el nombre le cambia; diría más; hasta su fervor de resplandor le cambió a oscuridad, es obvio que dejamos de resplandecer desde que nos apartamos de Dios, a Satanás lo veo como el hijo pródigo que nunca volvió a casa y que por nada del mundo se arrepintió, por eso va de continuo al mal.

Al ser derribado por tierra y expulsado del cielo, intentó subir pero no teniendo la oportunidad de entrar al cielo tuvo que colocar su base o cuartel militar en los aires, es desde entonces que la iglesia constantemente pelea contra potestades, principados, huestes de maldad, gobernadores que operan en la misma ruta hacia donde va su petición y por el mismo camino donde viene su respuesta. Satanás y sus demonios lo saben; que solo hay un camino al padre y se ha atravesado para querer detener tanto lo que sube que llena el cielo de nuestra alabanza a Dios, como lo que baja que llena la tierra de su gloria. A pesar de todo esto, si tenemos al Espíritu Santo no tenemos de qué temer; el mismo Espíritu que trajo a Jesús del cielo, fue él mismo lo llevó hacia su trono de regreso, él sí sabe cómo vencer los obstáculos en los aires.

Los ataques en los aires son definidos como malicias en la tierra. La malicia no se ve, solo cuando se materializa surgiendo efectos dañinos sobre su objetivo, sea este un ministro o alguien en particular de la congregación. Las malicias son aquellas que sentimos por fuera, no por dentro, y cabe aclarar que los demonios no pueden poseer a alguien que tenga al Espíritu Santo por dentro, pero sí puede lanzar dardos para querer debilitar la Fe del creyente, no obstante, **debemos estar en la atmósfera adecuada para evitar ser destruidos.**

Un ejemplo claro que le puedo presentar para que el lector pueda poner su mente a funcionar y conocer más acerca de este sutil ataque que las tinieblas utilizan para atacar a la iglesia y los ministerios, es el siguiente: muchos sabemos que cuando vemos una nube negra o gris entendemos que la nube está cargada de agua y deducimos que una lluvia fuerte está a punto de caer. Muchos aceleran el paso, otros se refugian dentro de sus casas, algunos buscan un buen lugar seguro; por otro lado, algunas personas rápido entran a las tiendas para comprar paraguas o sombrillas, o como usted le quiera llamar; el propósito es protegerse. Así mismo, son las malicias que sentimos a nuestro alrededor y cuando sentimos que no todo anda bien, terminamos deduciendo que algo malo está a punto de manifestarse. Cuando Dios le permite sentir de manera anticipada que algo negativo está por acontecer, prepárese inmediatamente y busque la forma que el ataque del enemigo no lo ubique de manera desprevenida, ya que los golpes sorpresas traen malas sorpresas. Sorprenda a los ataques del enemigo estando en la presencia de Dios.

La lluvia cae porque debe caer, y los árboles deben darle la bienvenida porque la necesitan, es un acto natural de la misma naturaleza que Dios ha creado. Cada árbol debe acostumbrarse a soportar cada fenómeno atmosférico como son los huracanes. Quieras o no, el árbol plantado en la tierra, según el orden del diseño celestial, debe soportar todo lo que venga desde su hábitat. Después que pase el huracán, el árbol mirará a su alrededor y se dará cuenta que faltan más árboles amigos, pero este sabe que si está ahí es porque sus raíces profundas soportaron los fuertes vientos que azotaban sus ramas dejándolo sin hojas pero quedando sus raíces. Muchas veces mirarás a tu alrededor el fracaso de muchos que estuvieron contigo solo para alimentarse de tus resultados, pero nunca aportaron nada a tus raíces, porque siempre les interesa los resultados y no la inversión que es la parte del sacrificio. Así como el buen fundamento ayuda una construcción a soportar los terremotos, de igual manera el creyente debe comprender que las malicias se van a manifestar queramos o no, pero tu perseverancia dependerá de tus exitosas raíces. Cuando tú sabes lo que tienes a tu favor, no importa lo que venga en tu contra.

El discernimiento es la habilidad para poner al descubierto los ataques del enemigo. Las malicias en un ambiente tenso, incómodo. En mi caso siempre siento un dolor de cabeza muy intenso, diferente al dolor de cabeza que naturalmente le ocurre al ser humano, sea producto del estrés o el cansancio.

Inmediatamente irrumpo o doy iniciativa en usar algo que siempre dará resultado: Declarar la sangre de Cristo. Sí, así como lo lees en estas páginas, cuando irrumpimos en utilizar la sangre de Cristo las malicias se dispersan. Recuerde que la sangre de Cristo fue derramada para darnos redención, vida, y autoridad sobre las enfermedades y cualquier género de demonio o ataque de las tinieblas. La sangre de Cristo no se desparramó sino que se derramó, y sigue fluyendo sobre toda la humidad. Esparza las malicias ahora mismo declarando la sangre de Cristo sobre su vida, su negocio, su iglesia, su casa, sobre todo lo que le rodee que las malicias quieran tocar.

Las malicias son como el mal olor que olfateamos a nuestro alrededor cuando algo muerto está en el ambiente, quizás sabemos de dónde viene el mal olor, pero no vemos el olor; vuelvo y reitero lo que le había dicho al principio, las malicias no se ven, pero podemos darnos cuenta de dónde vienen y quién la promueve. Permítame hacer una pregunta: ¿Cómo usted contrarresta el mal olor? Creo que no deberíamos ir muy lejos para buscar una definición, es lógico saber que el mal olor se confronta esparciendo aroma contraria a la desagradable, en este caso; usamos un buen perfume, o lo que la Biblia llama: nardo puro. El apóstol Pablo a los Romanos les dice: *Romanos: 12:21 No seas vencido de lo malo, sino vence con el bien el mal.* Las malicias no son buenas, en dado caso que alguien quiera refutar o sacar de contexto al lector. El mismo significado lo revela, y dicho sea de paso lo podemos ver de esta manera dinámica; Mal-icia, las malicias no tienen nada de bueno está todo encerrado en un mismo cántaro, es malo el que la carga y malicia lo que lleva dentro. La Biblia llama a Satanás "el malo", Satanás promueve la maldad, pero nosotros tenemos el Espíritu de Dios para contrarrestar toda malicia contraria.

Cuando una persona puede caer en este grave error de ser influenciado por una malicia, se contamina a tal magnitud que los demás a su alrededor rápido se dan cuenta que no es mismo. Le pondré un ejemplo sencillo, Usted entra a un lugar de comida bien vestido, de seguro que sale con el olor a comida, la gente se preguntará, dónde estabas metido porque eso no es un perfume, y aunque hallan perfumes que a usted no le guste, otros si le dan uso, ¿pero oler a comida en lugar de perfume? es algo desagradable, yo prefiero no haberme puesto perfume que oler a comida, aunque la persona que se le acerque tenga hambre, espera de usted un buen olor y más si la impresión de su vestimenta es asombrosa. Así mismo, pasa con el creyente. Cuando nos contaminamos con el pecado y entramos a un ambiente que no es nuestra realidad, rápido nuestra falsedad sale a manifiesto. Y de la única forma que podemos recuperar nuestro olor natural no es poniéndonos otro aroma, porque puede empeorar el asunto. La realidad es quitarte la ropa, lavarla, plancharla y volver a ponértela después de un buen baño, claro está. Es la única forma que resuelves ese problema. El que huele a pecado debe pedir a Dios que lave sus vestidos. No podemos pretender tener la unción cuando nuestras vestimentas tienen otro aroma, así que, mi humilde consejo es; lavas tus ropas para que huelas a Gloria. Alguien diga, amén.

Consejo para enfrentar las malicias y derrotarlas

Malicia: Intención encubierta con el fin de beneficiarse o perjudicar a alguien. Este término hace referencia a una especie de "Maldad" con fines de engañar. También se refiere a dardos lanzados a distancia cuando tu enemigo no puede lograr acercarse. La malicia así como los dardos se producen de manera inesperada.

Debemos aprender que si hay algo que nuestro enemigo utiliza es la apariencia o el camuflarse. "Aparentar lo que no es", nunca piense que al principio Satanás vendrá atacarlo a usted como diablo sino como tentador. Es decir, que antes de él revelar quién es, en realidad muestra lo que puede ofertar. Y es aquí donde la iglesia de Cristo debe pedir al Espíritu Santo discernimiento para poder desmantelar con anticipación los planes de las tinieblas. Entendiendo de esta manera que **lo que Satanás te ofrece no se compara con lo que Dios te ha prometido.** Entienda aquí y ahora que una oferta no está segura pero una promesa sí. ¡¡¡Alguien tiene que decir aleluya!!! Cuando te aferras a lo que Dios te prometió no hay malicia que pueda impedirlo o detenerlo.

Lo hizo en el huerto para llegarse Adán y Eva, y esa misma táctica continúa realizando hoy en día. De pronto Eva se veía hablando con una serpiente que para ella era creación de Dios, aquí podemos entender que hasta lo creado Satanás puede terminar usando, pero No al creador. Lo interesante de esto es que nosotros decidimos si somos usados por nuestro enemigo sí o no. Ya que no solo somos creados sino también formados a imagen y semejanza; dándonos Dios opciones para poder decidir en nuestras propias conciencias lo que ha de acontecer con nuestro destino. Recuerde que al principio las malicias no las ven pero las siente y si hay una forma que se manifieste es pronunciar el nombre de Jesús con Fe y compromiso. Le pondré un ejemplo claro:

Esta usted en una reunión con varios diplomáticos y ejecutivos, entre ellos también teólogos. Y el tema a tratar es de hombres que marcaron la antigüedad con sus actos y sus palabras cortas conocidas como frases célebres; impulsando al ser humano a ver la vida desde otra óptica. De momento, transcurriendo la reunión alguien menciona al famoso inventor y cienciólogo; Albert Einstein cuando dijo: "Hay una fuerza motriz más poderosa que el vapor, la electricidad y la energía atómica: La voluntad." Muchos en la reunión dijeron: Impresionante, me gusta esa frase; porque cuando se quiere se puede. Luego, al ponerse intensa la reunión otro personaje exclamó a unos de sus favoritos: "¿Han escuchado ustedes la famosa frase de Mahoma?", Cuando dijo: "Si la montaña no viene a ti, ve tú a la montaña.", "Sí, esa es una de mis favoritas", declaró alguien.

La reunión ya iba por una media hora y cada exponente expresaba su entusiasmo por aquellos a quienes admiran. Como por ejemplo: Sócrates, Aristóteles, o Confucio, que dijo: "Si ya sabes lo que tienes que hacer y no lo haces entonces estás peor que antes". Pudiéramos mencionar muchos más, entre ellos a Israel Jiménez jajajaja o a Napoleón Bonaparte que no conquistó más porque no había más que conquistar. Todo estaba bien en la reunión hasta que un caballero de pelo blanco con canas y su espléndida barba se levanta y dice: ¿han escuchado esta frase?: "Muchos son los llamados y poco los escogidos; o esta que dice: "No he venido a llamar a los justos, sino a los pecadores"; No olviden mi favorita: "Padre, perdónalos, porque no saben lo que hacen".

Después de terminar su participación la cual no podía ser interrumpida hasta terminar, se produjo un silencio como por cinco segundos. Cinco, cuatro, tres, dos, uno: "Ya viene este religioso a hablar de Jesús", expresó uno de los integrantes de la reunión, otro dijo: Debimos mencionarlo antes, que no usemos el nombre de Jesús en la reunión. Alguien rechinó la silla dando con fuerza en la mesa diciendo: "siempre alguien tiene que dañar el momento", Sin embargo, el Barbú se levantó con mucha paciencia y dijo: "No, lo que entra en la boca contamina al hombre; más lo que sale de la boca, esto contamina al hombre."; ¿Impresionante no?, Cada actitud escondida se manifestó con solo mencionar el nombre de Jesús, a pesar de que en el mundo muchos hombres contienen su nombre, pero no con la misma historia salvadora, ya que los antes mencionado sus huesos siguen en la tumba donde los sepultaron; en cambio, la tumba de Jesús de Nazaret está vacía.

Si hay algo que saca las malicias a la luz, es la Luz de Cristo. Y no solo las saca a la luz sino que las desvanece y las desaparece por completo. Dijo para culminar: "No olviden Amar aquellos que le aborrecen y si me faltara algo Jesús también dijo: "Traten a los demás como ustedes quisieran ser tratados. Esta es la esencia de todo lo enseñado por los profetas".

Presencia significa: Ambiente, atmósfera. En otras palabras, es de lo que tú estás rodeado, y dependiendo de lo que estés rodeado será el resultado de tu reacción. Ejemplo: Si estás rodeado de la presencia de Dios, sentirás paz, armonía, seguridad, amor, protección, cuidado, la unción, autoridad, gozo y todo lo bueno que destila del mismo Dios. Pero si estás en un ambiente de malicia, lógico que sentirás todo lo contrario. Satanás busca esparcir sus artimañas para que usted se sienta inseguro. La inseguridad en sí mismo despierta la envidia, es por eso que la iglesia de Cristo y cada creyente debe constantemente reprender todo espíritu contrario y declarar la sangre de Jesús sobre el ambiente donde se encuentre. Recuerde que no se trata donde usted este, más bien que Dios este donde usted se encuentra.

En Job 22:5 (RV 1960)

Elifaz acusa a Job de gran maldad
V.5n *Por cierto tu malicia es grande y tus maldades no tienen fin.*

Es bueno aclarar que Elifaz acusa a Job sin saber que el causante principal del mal que le está aconteciendo es el mismo Satanás. Pero he tomado este verso para que usted pueda comprender más acerca de cómo se manifiesta la maldad en aquéllos que tienen envidia de otros. Entienda que Satanás al ver a Job bendecido junto de su familia fue entonces donde inició su controvertible ataque contra él. Uno de los evangelios lo llama: El malo, refiriéndose a Satanás.

La malicia está relacionada a los demonios y es un espíritu que opera en la persona instándolo hacer maldad. ¿Sabía usted que las malicias nunca son buenas? Y cuando le digo nunca es NUNCA. La primera definición de malicia en el diccionario de la real academia de la lengua Española es: *intención solapada, de ordinario maligna o picante, con que se dice o se hace algo.* Otro significado de malicia en el diccionario es maldad. Malicia es también inclinación a lo malo y contrario a la virtud.

Lo que significa que la malicia es un acto consciente de la persona, cuando alguien te hace una maldad es porque está en sus juicios cabales de lo que está haciendo, y esto puede generarse desde la envidia. Hasta tal punto que la persona empieza a operar a través de una envidia maliciosa; Es decir, que la persona no solo se queda en la envidia. Una cosa es que alguien te mire y otra que te toque mientras te mira. Así como se le da lugar al diablo por el pecado, así la iglesia debe cuidar su corazón de toda envidia maliciosa. Y si hay una forma de cuidarnos de ese espíritu de envidia malicioso, es saber la identidad de lo que somos en Dios. **Cuando tú sabes quién eres en Dios, no tienes necesidad de envidiar lo que otro tiene o haya logrado.** Si tu corazón ha sido sano de tal maldad, amas a los que te rodean por sus éxitos, y no lo llegas a rechazar por sus fracasos. Todo el que ha sido lleno de la gracia de Cristo, celebra cuando escucha algún colega del ministerio, y se goza de igual manera, como si estuviera él mismo elaborando algún sermón.

Otro ejemplo que arroja luz a esta actitud la podemos ver claro cuando el pueblo de Israel junto al de Saúl iniciaban guerra contra Goliat.

*Y oyéndole hablar Eliab su hermano mayor con aquellos hombres, se encendió en ira contra David y dijo: ¿Para qué has descendido acá? ¿Y a quién has dejado aquellas pocas ovejas en el desierto? Yo conozco tu soberbia y la **malicia** de tu corazón, que para ver la batalla has venido.*

Qué irónica suenan las palabras de Eliab; un malicioso hablando de malicia. Solo póngase a pensar por un momento, Un hipócrita diciendo que no es hipócrita, o un mentiroso diciendo que no habla mentira. Así se escucha Eliab, el hermano de David. Algo que da a notar el verso es, "que se encendió en ira", es decir, que la ira es arrastrada por la malicia. Donde hay un ambiente de malicia en cualquier momento alguien puede ser controlado por la ira. Conozco amistades que por un impulso de ira han terminado en la cárcel por sus hechos devastadores que han cometido. Preste mucha atención a esto que le voy a desatar: La ira puede ser controlada. Por eso la Biblia dice: *airaos pero no.* Quiere decir que podemos controlar la ira, pero la malicia es más favorable que sea disipada y esparcida. Por eso me impresiona la actitud de David; no se airó contra su hermano sino contra Goliat. Esa es la actitud correcta. **Si te vas airar que sea contra el diablo y no contra tu hermano**. Desde que David sacó a Goliat y a su ejército del ambiente, la atmósfera cambió por completo. La atmósfera de miedo que había pasó a ser un ambiente de júbilo y adoración a Dios.

La maldad es la ausencia del bien, así como las tinieblas es la ausencia de la luz. Es aquí donde aprendemos que la forma más básica y sencilla para combatir las malicias es trayendo a Dios al lugar. Si Dios está presente el diablo de seguro estará ausente. Recuerde que un príncipe no puede reinar donde ya hay un Rey establecido. Nuestro rey es Rey por los siglos de los siglos, la Biblia lo revela; que su reino nunca tendrá fin. Y si su reino nunca tendrá fin, Satanás nunca tendrá un inicio. Porque para que algo tenga un principio algo debe terminar.

¿Está usted sintiendo alguna malicia en su entorno, como en el trabajo, la escuela, negocio, iglesia, hogar o donde quiera que usted se moviliza? Pues es el inicio de una guerra en los aires, y es necesario revestirse con la armadura de Dios. Revestirse significa: Ponerse una armadura encima de la que ya tiene puesta. En otras palabras: Si ayunaba una vez a la semana ahora comenzará ayunar dos veces a la semana, si antes oraba dos horas diarias, ahora estará orando tres veces al día o hasta más. Las sagradas escrituras nos enseñan en el libro de apocalipsis; que el que sea santo santifíquese aún más. Favor véase: **Apocalipsis. 22:11 (RV 1960).**

Desarrolle virtudes que son complementarias a la hora de enfrentar las tinieblas, en este caso, "Las Malicias".

En el caso contrario a lo antes mencionado es importante deducir que hay ambientes que ya están formados y otros por formarse, a esto me refiero a los malos ambientes que nosotros no creamos, pero de una manera u otra sin lugar a duda tenemos que enfrentarnos a ellos. Es importante aclarar que los demonios son fieles promotores de la maldad y donde hay maldad hay demonios. No obstante, a esto podemos encontrarnos en un ambiente que estemos de visita por poco tiempo y ser influenciados a tal magnitud, que nos llevamos actitudes que no traíamos con nosotros al momento de llegar a dicho lugar. Por ende, debemos tener en cuenta que; sí, hay forma para evitar cargar con cosas que no van en nuestro equipaje y para eso permítame descifrarle o mostrarle algunas de ellas.

1. La **comunión:** Esta palabra viene del griego: **Koinónia**, la cual recoge un significado de palabras como: todo en común, compañerismo, participación, comunión y solidaridad. También se usa la palabra para el hebreo Sod (Amistad o conocimiento íntimo). Según el diccionario ilustrado de la Biblia aparece dos veces en el antiguo testamento y doce veces en el nuevo testamento. Esto da a denotar que la gracia de Cristo activó la comunión que había perdido Adán y Eva en el principio. Gloria a Dios por Cristo.

A través de la comunión podemos enfrentar un malo ambiente para no ser influenciado, o, evitar que nos invada un espíritu malicioso. Un ejemplo bíblico es en el caso de los que recibieron la promesa dada por Jesús en el aposento alto, donde habían como ciento veinte. La Biblia resalta una palabra clave en este escenario. Hechos 2:1 Cuando llegó el día de pentecostés, estaban todos **unánimes juntos**. Aquí está la clave. Por donde quiera que usted lo vea se encontrará con lo mismo. Diga, unánimes juntos o diga, juntos unánimes. Algo que meditaba cuando escudriñaba esto es lo siguiente: Si una iglesia quiere entrar en un avivamiento y ver lo sobrenatural de Dios en acción, debemos tener esta misma actitud. Cuando estamos unidos, no pegados, sino juntos, con el mismo sentir créame que los demonios no tendrán opciones a quien usar para implantar su malicia. Por eso, en mi primer libro: *Espíritu Santo un guerrero dentro de ti*, enseñó que cuando tienes un objetivo Satanás no te usa como objeto. Donde quiera que usted se encuentre, manténgase en comunión, conectado con Dios y con su Espíritu Santo. Lamentablemente hoy en día las iglesias han perdido la cordura y el carácter de mantener una vida de comunión. Nos entretenemos tanto que a la hora de Dios llenarnos de su poder, estamos tan entretenidos que ni siquiera nos damos cuenta que Dios nos visitó. La iglesia más que nunca debe volver a tener una comunión permanente con el Espíritu Santo.

A continuación les presento versos bíblicos los cuales son muy prácticos para conocer aún más sobre la **Comunión. (1 Juan 1:13), (1 Corintios 1:9) (2 Corintios 13:14), (Hechos 2:42).**

2. El **discernimiento**: Don del Espíritu Santo, que capacita al creyente para determinar si la persona que habla en lenguas lo hace en el Espíritu Santo. Es decir, que el discernimiento descubre lo espiritual. La palabra "discernir" significa: Distinción de dos o más cosas, señalando la diferencia que hay entre ellas. En otras palabras, A través del discernimiento tenemos la sagacidad y habilidad de poder descifrar y a la misma vez, escoger entre el bien y el mal, entre la verdad y el error. **1 Corintios 12.10 (RV 1960).**

Esta palabra no se basa en adivinación, ya que la adivinación no es de Dios y muestra inseguridad. El que intenta adivinar lo hace al azar, sin tener la esperanza de lo que haya elegido o escogido para sí. Es por eso que Dios condena la adivinación y a los que la practican. Dios no nos demanda a ser adivinadores sino más bien a tener discernimiento de espíritu. Decidir con la mente es una cosa y decidir en el Espíritu es otra. Alguien en una ocasión expresó una gran verdad: El discernimiento es pensar bíblicamente, y es una gran realidad, porque el que piensa bíblicamente ciertamente piensa en el Espíritu.

La Biblia nos provee muchos ejemplos precisos, entre ellos, la actitud que Jesús toma al verse rodeado de personas que quieren apedrearlo, Veamos:

Lucas 4:28.29.30 (RV 1960)

Al oír estas cosas, todos en la sinagoga se llenaron de ira; v.29 Y levantándose, le echaron fuera de la ciudad, y le llevaron hasta la cumbre del monte sobre el cual estaba edificada la ciudad de ellos, para despeñarle. v.30 Mas él pasó por en medio de ellos, y se fue.

Soy de los que digo: La Biblia es más clara que el agua porque es un manantial de vida. **Es clara y te aclara.** Por tal razón, estos versos revelan el resultado de una vida llena del Espíritu Santo y de cómo actuar con sabiduría activando el don de discernimiento.

Jesús no discute, tampoco se enoja, mucho menos dirige algunas palabras. Como todo un caballero pasa entre medio de ellos, y se va. A esto le llamo discernimiento de espíritu. Jesús sabía muy bien que morir cayendo por un despeñadero no era parte del diseño, sabía que no era la forma correcta para el morir y entregar su vida por la humanidad. Él sabía que moriría en un madero como estaba escrito y ya dicho por los profetas. Por eso digo que tuvo discernimiento de espíritu, porque evitó un error fatal que lo sacaría del propósito divino de Dios para lo cual había sido enviado. Al igual lo hizo cuando tuvo una batalla de palabras contra Satanás en el desierto. Al ver la persistencia del diablo contra él, las últimas palabras que expresó fueron: vete de aquí Satanás, porque escrito está, a tu Dios adorará y a él solo servirás. Evitando por segunda vez cometer algún error, mientras usted porte en su espíritu el don del discernimiento, crea firmemente que evitará no solo los errores sino también las consecuencias que estos traen.

En ocasiones me he encontrado en lugares donde rápido discierno que no estoy en el ambiente correcto, y opto por salir de ahí y movilizarme a otro entorno. De seguro he evitado muchas cosas que tarde o temprano pudieron hacerme daño a mi vida y a la de mi familia. Aprendamos el arte espiritual de discernir nuestro alrededor. **Fuerte no es aquel que enfrenta a Satanás sino el que ignora sus ofertas.** Usted puede ser muy bueno resistiéndolo pero débil aceptando sus ofertas. Y para entender que todo lo que Satanás ofrece produce lo malo, necesita tener discernimiento.

¿Para qué necesito el discernimiento? Para casarte, para salir de compras, para trabajar en alguna empresa, para elegir tus amistades, para elegir la ropa que te vas a poner, para saber en realidad la persona que va a ministrar en tu congregación, para entender el carro que te vas a comprar, para todo necesitas el discernimiento. El día que en su espíritu usted sienta que algo malo puede pasar en el lugar donde estés, es porque el don del discernimiento se está activando en tu vida. No reúse ser avisado, no permitas que tus instintos de supervivencia te fallen, no te lamentes al estar en el hecho; Todo lo contrario, obedece la voz del Espíritu Santo.

Jesús es el mejor ejemplo para aprender la lección. Es como suelo decir, el maestro del discernimiento. Él tuvo discernimiento a la hora de aquella mujer tocarlo en el borde de su manto. Sin embargo, sabiendo que esto iba a suceder, esperó que sucediera para darle una enseñanza a los que le seguían, que por cierto, lo habían tocado todo el camino y no habían sacado nada de Jesús. Sin embargo, una mujer humillada detrás de él tocó el borde del manto del maestro. Y, esto es para que entendamos que sólo la gente que se humilla, son las personas que verán grandes resultados en Cristo. En otras palabras, podemos ser fieles seguidores y no recibir nada de la persona a quién seguimos, en este caso de Jesús. El discernimiento simplemente te adelanta a conocer lo que en cualquier momento pudo destruirte.

Cualquier ataque del enemigo lo podemos enfrentar, y con la ayuda de Dios la victoria está más que garantizada. Pero hay otros ataques que llegan a nuestras vidas como ofertas disfrazadas de bendiciones cuando detrás del telón, son tentaciones que cuando caemos en ellas nos sacan del propósito de Dios. Es por lo que usted debe comprender que las tentaciones se rechazan y se evitan caer en ellas. En otras palabras, **las batallas espirituales las peleas Dios, las tentaciones las rechaza usted.** Si usted está seguro en la montaña no hay necesidad para bajar a la llanura. Si usted está seguro en su casa no tiene necesidad de ir a la del vecino. Aún le diré más, si usted está seguro de su salvación, para qué ir al mundo a buscar cosas que nunca se le han perdido. Aférrese a Cristo y pídale a Dios que le dé discernimiento de espíritu aún para saber si hay demonios de venganza ancestrales que le persiguen; y si usted llega a descubrir que esto es real, pues llénese de la unción del Espíritu Santo y reprenda todo espíritu de las tinieblas en el nombre de Jesús.

Discernimiento con conocimiento es la mezcla apropiada para hacer guerra espiritual. **Si no conoces a lo que te enfrentas, no sabrás cómo defenderte**, te proteges de frente cuando desconoce que lo que te ataca comienza por detrás de ti. Por eso, es de vital importancia que así como la sal es un condimento importante a la hora de preparar los alimentos, así lo es el conocimiento cuando es ligado al discernimiento, Eva sabía que hablaba con una serpiente pero desconocía que era el mismo diablo. Como dice el dicho: "El mismo Gato con un collar distinto". No olvide que el mismo Satanás es el mismo diablo, y el mismo Lucifer es el mismo vaquero con sombrero diferente. Sin embargo, sus nombres no deben intimidarlo ya que el mismo Dios es el mismo ayer, hoy y por los siglos de los siglos. Mientras que él está designado a perder, nuestro Dios nos asegura la victoria en su nombre.

¿Cómo ponemos a funcionar el conocimiento? ¿Cómo sabemos si son demonios o ángeles de luz los que están a nuestro alrededor? ¿Cómo descubrir que en ocasiones los demonios nos ven pero no los vemos a ellos? Descubrir si usan alas para volar los ángeles, y ¿por qué las usan si son espíritus? ¿Cuál es su apariencia a la hora de darse a conocer o, qué apariencia tenemos frente a ellos al conocer a profundidad que tenemos al Espíritu Santo por dentro?

Traspasan paredes pero se encajan en un cuerpo. ¿Por qué es importante tener conocimiento a lo que nos enfrentamos? No podemos pasar por alto que el mundo invisible consta de muchos movimientos aún más que el físico que constantemente nos movemos naturalmente. Es obvio que así como el guerrero no puede ir a la batalla desarmado, el cristiano debe conocer a fondo como armarse de todas las armaduras de Dios. **Discerniendo con conocimiento** significa: asegurarse con claridad a lo que nos enfrentamos y aquello que nos rodea.

Capítulo 2

Ayunando y orando

El Ayuno en otra dimensión

E l ayuno es el freno a la carne para que el espíritu acelere, y como resultado teniendo control de ella, dejando tras su paso beneficios fructíferos al alma, fortaleciendo tal conexión con el Dios eterno. Cuando ayunas tu cuerpo se debilita pero tu espíritu se fortalece, tu carne pierde, tu espíritu gana. Y cuando hablo de fortalecer, es porque ya no tomarás decisiones en la carne sino en el espíritu. El lenguaje de Dios es en el espíritu, y necesitas comunicarte con Él y Él contigo para comprender lo próximo que Dios hará en tu vida y ministerio.

No podemos hablar de guerra espiritual sin antes apuntar a uno de los ingredientes complementarios en la vida del creyente de hoy en día, el cual es el ayuno. Muchos le han dado el significado al ayuno como la ausencia de ingerir alimento o algún líquido. Cuando se menciona la palabra ayuno se piensa rápido en no comer, a esto yo le llamo pensamiento básico, pero cuando nos trasladamos al pensamiento avanzado es allí donde muchos no tendrían la gallardía de entrar en un ayuno intenso donde sometes a la carne y llegas a dominar hasta los pensamientos. Una vez le dije a Dios, hoy quiero ayunar diferente, que aunque ingiera alimento lo que en realidad quiero es no pecar, no hablar mentira, no fallarte en pensamiento, no escuchar la voz de

Satanás, mucho menos obedecerla. Hacer la voluntad de Dios y estar en obediencia con él es una forma de ayunar.

El ayuno no es un mandamiento que podamos encontrarlo en la Biblia para realizarlo como si fuera algo obligatorio. Ahora entiendo esta gran verdad, hay actitudes que Dios las deja para que podamos de manera voluntaria acudir a ellas. En este caso, "el ayuno" aunque el ayuno no es un mandamiento, lo que sí podemos entender que Jesús lo deja establecido por su gran ejemplo cuando en el desierto frente a una de sus batallas más intensa frente a Satanás. Nosotros como buenos seguidores de Jesús, debemos aprender de él, y si él siendo Dios encarnado en hombre ayunó, nosotros como hombre debemos hacer lo mismo.

Jesús y el ayuno de cuarenta días: Jesús en su ayuno venció las tres tentaciones: a) El placer b) El poder c) La fama.

Nuestro Señor y salvador Jesucristo no ayunó después de la tentación, más bien, antes de ella, esto deja claro, que el ayuno tiene como objetivo y propósito prepararnos para lo que se aproxima que enfrentaremos.

La palabra ayunar en inglés es la palabra: Fast que en hebreo es: Sum, que traducido significa: Cubrir tu boca. En otras palabras, es algo secreto. Favor véase:

Cuando ayunamos recibimos protección: Jueces 20:26 (Rv 1960) Muestra un gran ejemplo cuando el pueblo de Dios heridos por sus enemigos subieron a la casa de Jehová a hacer ayuno y oración. Esto muestra que el ayuno va asociado con la oración.

Entre los tipos de ayuno que podemos aprender conforme a lo que está escrito en las sagradas escrituras son: El ayuno de Ester (Decimo día del mes adar) Ayuno del primogénito (Décimo cuarto día del mes de Nissan) El ayuno de Sukkoth (Fiesta de los Tabernáculos, el décimo quinto día del mes de Tishrei) El ayuno de la pascua judía (Conmemora el éxodo judío desde Egipto, décimo quinto día del mes de nissan) entre tantos más que resumiré más adelante. Ahora bien, entre los tipos de ayuno que existen en el reloj profético de la Biblia, hay uno que personalmente me intriga en descifrar para la comprensión del lector. Y es: **El ayuno del esposo.**

Mateo 9:14-15

Entonces vinieron a él los discípulos de Juan, diciendo: ¿Por qué nosotros y los fariseos ayunamos muchas veces, y tus discípulos no ayunan? v15 Jesús les dijo: ¿Acaso pueden los que están de bodas tener luto entre tanto que el esposo está quitado, y entonces ayunarán?

Es evidente conocer las costumbres de las tierras del oriente para tener más luz sobre este pasaje Bíblico. Si hay un momento cuando las personas gustan de muchos alimentos es cuando hay fiesta, sea un cumpleaños, boda, aniversario de alguna empresa, iglesia u organización. En la Biblia mayormente se celebraba cuando se regresaba a casa después de una victoria obtenida contra el enemigo. En este caso Jesús hace referencia a una boda ya que nadie, absolutamente nadie podía comenzar a comer hasta que el esposo se casaba, ya casado él daba la orden de que podían cortar los alimentos y repartirlo. Por otro lado, algo aún más interesante es mientras es novio, debe estar en ayuno el día completo por la novia. Esta parte me encanta porque si la novia se daba cuenta que él no ayunaba por ella como un sacrificio de entrega, no se casaba con él.

Así mismo sucede con Jesús como novio de la iglesia, hablando en un término figurado o de tipología. En otras palabras: los discípulos estaban de fiesta mientras tenían a Jesús cerca de ellos, por eso no ayunaban. Una vez Jesús asciende al cielo, los discípulos comienzan ayunar. Es decir; que el ayuno, o te acerca a Jesús o produce que Jesús se acerque a ti. La iglesia debe ayunar con más intensidad para que el novio regrese.

Debemos ayunar para encontrarnos con el novio como novia que es la iglesia de Cristo. No estamos en tiempo de fiesta y de estar celebrando. Estamos en guerra, y hasta que la guerra o la batalla no se terminen, no podremos celebrar, y para celebrar debemos ganar. Si usted quiere asegurar su silla en las bodas del cordero, debe pelear en la tierra para que celebre en el cielo. Y eso se logra; en ayuno y oración.

Uno de los grandes misterios del ayuno lo he aprendido en este tiempo donde se ve mucha tecnología. Si usted no sabía, ayunar también significa no tocar, si así mismo como lo está leyendo en estas páginas, "no tocar" ¿por qué no tocar? Porque cuando la persona ayuna, no puede tocar a su mujer ni siquiera para su propio deleite, ya que ayunar es un acto de separación. Quizás le cause un poco de risa, creo que esto le causará aún más. No tocar el celular en horas del culto podría ser una forma nueva de ayunar, he visto con mis propios ojos como personas que se distraen en medio del sermón de la palabra, y de seguro son los primeros en preguntar ¿qué Dios habló a través del predicador?. Es por eso que el ayuno en otra dimensión es controlar los placeres de la carne y empezar a complacer al espíritu, para que de esta forma su alma sea edificada y preparada para las bodas del cordero.

Jesús cuando es tentado por Satanás en el desierto. La Biblia muestra claramente que cuando tuvo hambre fue entonces cuando Satanás inició sus artimañas. Póngase serio porque esto es serio; ¿cuantos de nosotros que en ocasiones hemos ayunado y cuando se culmina el tiempo prolongado decidimos entregar el ayuno? Algunas personas ya lo programan en su mente y dicen: bueno, cuando yo salga de esta habitación o en el lugar donde estén ayunando, deciden desde antes por lo que quieren comer. Algunos dicen: una sopa caería bien, otros arroz con habichuela o frijoles, otros con alguna tortilla o un elote si es Ecuatoriano o Salvadoreño, o quizás un taco si es Mexicano, en fin; en el caso de Jesús quizás pensó en un pedazo de pan con un poco de vino de uva del que se iba a usar para la santa cena, a esto me refiero sin alcohol. Pero sabemos que esos no fueron sus pensamientos, aunque su cuerpo sí lo pedía porque dice la Biblia que tuvo hambre.

Lo que quiero expresarle es lo siguiente, muchos de nosotros entregamos un ayuno comiendo algo, Jesús lo entregó en obediencia, qué mejor entrega a un ayuno que terminar lo que empezó. Cuántas personas lamentablemente ayunan para que

Dios les controle la lengua y salen de un ayuno hablando más de lo que antes callaban. Entonces, ¿para qué te sirvió el ayuno si no ha habido resultado? Un ayuno no sólo es la ausencia de comida sino la ausencia de pecado. Creo que debió tragar seco con esta palabra, pues tómese un vaso de agua y listo. No podemos seguir de la misma manera si ayunamos u oramos.

Cuando fui joven, solía entrar en dos, y en ocasiones, hasta tres días de ayuno corrido sin comer ni beber nada en lo absoluto. Siempre solía hacerlo y aún sigue siendo parte de mi diario vivir. Era una experiencia hermosa a esa edad, porque te sientes en el primer amor apasionado por algo que nunca habías experimentado. Sin embargo algo sucedió, "Raro pero Asombroso" Era muy joven cuando eso, y si usted no fue joven y nunca se enamoró de alguna joven no lo podrá entender. Esa vez ingresé a un ayuno con la intención de que Dios me confirmara si esa joven era en realidad la que Dios tenía para mí. Era como tomar un examen en la escuela. *Encierre en un círculo la respuesta correcta respondiendo "Si O No"* Lo sorprendente de todo ese laberinto de decisiones es que salí igual aunque la experiencia fue diferente. Mientras estaba en el ayuno estaba en el espíritu, desde que salí volví a mi fluctuante y débil carácter que no me permitía ser fiel a lo que Dios había puesto en mi corazón.

No entregué el ayuno en obediencia así como lo hizo Jesús, sino que volví a lo mismo, al mismo desierto, al mismo miedo, al mismo desaliento. Hasta que un día ayuné diferente. Le hice caso a la voz de Dios y rompí esa relación. Sé que fue una decisión firme y con obediencia porque hoy en día puedo gozar del resultado que trae obedecer la voz de Dios en el tiempo exacto, cuando él te pide que obedezca. Yo no quiero sonar religioso o anti-bíblico pero sí le sugiero que ayune, no ingiriendo alimento hasta el tiempo que se haya propuesto hacerlo, pero que sobre todo, "más que sacrificio, obediencia es lo que quiero" Palabras dicha por el profeta Samuel.

Atrape esto que le voy a impartir: La Biblia dice que los demonios andan buscando un cuerpo para tener un lugar donde reposar. Subraye la palabra cuerpo, la cual viene de carne; en otras palabras: Cuando ayunamos hacemos que nuestra carne desaparezca y si la carne no está, ¿en qué cuerpo habitará el demonio? Jajajajajaja como dice Yiye: Sonría que Cristo le ama.

Has escuchado la famosa frase; **"Hay Géneros que no salen sino con ayunos y oración"** Sé que la has escuchado ,y lo más probable, la has usado en tus prédicas, rápido pensamos que se aproxima un demonio, y lo más lejos que tenemos es que ese género no viene, porque ya ha estado ahí adherido y pegado a un cuerpo sin deseo de salir, como dice el dicho: "la costumbre hace ley" así que permítame darle una breve pincelada sobre lo que la Biblia en realidad habla sobre este espíritu llamado Género, que no es del todo generoso, jajajaja. *Mateo 17:21 (BLPH) 21- Pero este género de demonios **sólo sale por medio de la oración y el ayuno.*** Este verso me pone pensativo ya que los discípulos no pudieron echar el demonio fuera, sin embargo, en otras ocasiones sí lo habían logrado cuando el mismo Jesús los envió de dos en dos, y al regresar llegaron contentos diciendo: Señor en tu nombre vimos cómo los demonios se sujetaban. Entonces, si ellos echaban demonios, ¿por qué éste no lo pudieron echar? A qué tipos de demonios o jerarquía espiritual se refería Jesús al decir: **"Este Género".**

Sonaría un poco jocoso, pero ¿por qué tengo que permitir que mi estómago esté vacío para echar afuera un demonio? o ¿tengo primero que hablar con Dios "orar" para luego ir y sacar el demonio? porque de que tienes que orar y ayunar, tienes que hacerlo, ya que el mismo Jesús lo decretó y lo estableció, **que hay géneros que no salen sino con ayuno y oración.** En otras palabras: Un género es un tipo de demonio que sólo se incrusta en personas que han descuidado su vida espiritual, están destinados en perseguir a personas que anduvieron en el primer amor, y para que ese demonio suelte esa vida, quien le toque enfrentarlo debe estar en una vida de ayuno y oración constante, ya que son espíritus que no sólo atacan al cuerpo ,"la carne", sino también al alma, "la parte espiritual" el ayuno lo que hace es que mata la carne y los deseos carnales, de manera que el demonio se ve inofensivo y tiene que salir del cuerpo porque ya ese cuerpo está inactivo para él, y la oración es la parte que te conecta con Dios, para que toda atadura en el alma pueda ser rota en el poderoso nombre de Jesús. Si usted se siente que hay géneros o hábitos inheridos en su cuerpo o su alma la respuesta está en Jesús. **"Ayuno Y Oración"**.

La oración que produce victoria

El significado más común que le hemos dado a la oración, es que la oración es hablar con Dios. Y la verdad, es lo que más rápido pudiéramos conocer a la hora de responder. Pero, ¿Qué le preguntarías a una persona que haya tenido esa experiencia directa con Dios? creo de manera particular que de seguro no sólo le dijera que la oración es hablar con Dios, sino más bien un viaje a lo espiritual donde puedes transitar y mirar a tu alrededor lo maravilloso que es nuestro Dios. He tenido experiencia fabulosas al momento de buscar a Dios en oración, y lo que pudiera decir es: que la oración no sólo es hablar con Dios sino también desearlo, anhelarlo, respetarlo. Yo diría que cualquiera habla con Dios, y más cuando lo necesitan. Es ahí donde me gustaría que el ser humano recapacitara y diera un giro de trescientos sesenta grados y se encontrara con la realidad del principio. Porque hablar con Dios no sólo es hablarle cuando requieres algo de él, es porque tienes hambre por él; Y tener hambre por él se va más allá que tener hambre por un plato de comida. Jesús no buscaba a su padre en oración para ser usado, la razón más cercana a esto, es el amor hacia un padre. Lo buscaba en oración porque el amor siempre fue más fuerte que su segunda intención.

La oración no es una fórmula que usted liga ciertos condimentos y recibe algo diferente como resultado. La oración en mis propias palabras es el inicio de una película con Dios, que no tiene fin. En otras palabras, todo será para siempre, desde la pasión que siente por estar con él, hasta la voluntad de quedarte con él. Recuerde muy bien, cualquiera habla con Dios, pero no todos anhelan quedarse con él, ya que habitar en su presencia conlleva hacer su voluntad y no la nuestra.

En mi experiencia propia he sabido orar siete horas diarias sin parar, especialmente en las madrugadas, por una semana completa. Y el fuego de su Espíritu se hace más latente cada minuto que va concurriendo estando en su presencia. Aún cuando terminas de orar él no termina de tocarte, esa presencia te persigue así como el Salmista David expresa de que su misericordia le seguirá todos los días de su vida. A eso me refiero con la oración, un estilo de vida, demostrando con esto, que el Dios que te visitó en secreto en la oración, lo expresas frente a cualquier circunstancia que se te presenta.

Para aplicar: ¿Si no oras una hora de oración, qué haces pidiendo bendiciones que cuestan más de dos horas de sacrificio y dedicación? La oración que produce victoria, es aquella que se busca a Dios no por interés, más bien, por amor, ese amor que va más allá que el interés propio. La razón a esta incógnita, es que si no recibimos respuesta a lo que pedimos, somos ligeros en deducir que Dios no nos ama, o que no nos presta atención. Un ejemplo claro es el mismo Jesús cuando con oración de ruego y súplica, le pide a su padre que pase de él esa copa, pero agregó, "que no se haga mi voluntad sino la tuya". La respuesta llegó inmediatamente, no como Jesús esperaba, pero llegó que es lo que importa. Y una voz del cielo exclamó diciendo: "Lo he glorificado y lo glorificaré otra vez". Quizás la respuesta que espera no es la que quieres escuchar, pero si Dios te responde es porque su respuesta trae resultados indestructibles. Es probable que no has escuchado la voz de Dios en tu oración al instante, lo más seguro hace tiempo que te respondió. Quizá usted diga: creo que no logro entender. Bueno, en mi caso tendría que escribir otro libro acerca de Jesús en la cruz, cuando en agonía clamaba a su padre y que nunca llegó a escuchar su voz. Pero la respuesta ya había sido dada. Sí, ya la respuesta había sido dada con anticipación. Eso me encanta de Dios, no deja las cosas para última hora, ya la tiene premeditada, por eso es necesario tener Fe, porque por medio de la fe tenemos certeza que lo que no se ve, ya está seguro aun cuando con los ojos físicos o con los oídos naturales no lo hemos visto o escuchado.

En varias ocasiones Jesús había escuchado a su padre decir: "Este es mi hijo amado"; otras veces "Lo he glorificado y lo glorificaré otra vez"; pero ahora, en el momento que más necesita Jesús escuchar esa voz tierna que trae seguridad y protección, no hay rastro de ella. Muchos amigos me han hecho la misma pregunta, ¿Crees tú que en realidad Dios dejó solo a Jesús en la cruz? Mi respuesta puede ser un poco controversial pero radical, creo que es una respuesta que contiene esperanza. Es como si dijéramos: Aparentemente te deja solo en la cruz para acompañarte, arrebatarle las llaves a la muerte. Dios no te ha dejado solo, Él te aparecerá en tu próximo capítulo. Grite conmigo; aménnnnn.

Orar es más que hablar con Dios, es tener una experiencia inédita, descubrir lo que no se ha revelado y alcanzar a conocer lo inimaginable de Elohim, 'El Eterno'. Si orar fuera sólo hablar, pues fuéramos grandes oradores; la oración cuando se conviente en pasión trae experiencia para convertirte en un gran avivador de tu época. Dejemos ya de hablar tanto, y comencemos a experimentarlo. Cuando Jesús subía al monte a orar, la gente no escuchaba lo que él decía, tampoco usaba la costumbre de muchos, que se paraban en las esquinas para que la gente al pasar lo vieran orar, y dijeran; "cuánto ora" Aprendamos del maestro que nunca uso una tiza para escribir, y escribió una nueva historia para nosotros, que mucho menos utilizó un borrador y borró todo nuestro pecado. Nadie sabía lo que decía cuando estaba a solas con Dios orando. Pero cuando descendía de ese lugar de intimidad, los milagros hablaban lo que en oración él expresaba. Lo que decimos en oración no es lo que determina qué oramos, más bien las señales al momento de no estar orando. Mientras oramos pedimos ser librados de la tormenta, cuando enfrentamos la tormenta somos librados sin necesidad de volver a orar. En otras palabras: mientras oramos pedimos por la bendición, cuando recibimos la bendición, damos gracias. Después de un tiempo de oración con Dios, somos transformados y vivificados, nuestro carácter frente a cualquier circunstancia es firme para salir victoriosos. Hoy usted es desafiado a experimentar algo oculto que usted no conoce. Comience a vivirlo Ahora. Arrope esta palabra como cuando tiene mucho frío, y si puede subrayarla hágalo, porque es una llave maestra que abre muchas puertas. "La Oración te prepara para la guerra espiritual". Sencillo pero poderoso. No es lo que digas, es lo que vivas que cambiará todo a tu alrededor.

Influencias Espirituales

Influencia: Efecto, consecuencia o cambio que se produce en otras personas. Según el diccionario de lengua española hace referencia a que es una inspiración que Dios envía directamente a las almas.

Una mala influencia puede alterar los buenos resultados, por tal razón usted debe ser sabio a la hora de elegir quienes pueden servir de inspiración o motivación. (Proverbios 22.24 Rv 1960).

La influencia puede llevarte a la cima como también derribarte de ella. Puede abrirte puertas como cerrarlas.

El tema de la influencia no sólo alude a lo que nos rodea que es natural sino también a lo que nos rodea que es invisible, a esto me refiero a los espíritus que operan en el mundo que habitan dentro del mundo que vivimos, día tras día los podemos ver con los ojos espirituales, cómo influyen los demonios en el ser humano, llevándolo a hundirse cada segundo en el pecado. Así como indujeron a los cerdos caer por el despeñadero y matarlos, aún siguen operando sobre ese mismo sistema de destrucción.

¿Pedir consejos buenos a una persona mala, que cree que se puede esperar? De seguro que usted diría: malos consejos, y es la realidad pero no en todos los casos se da, ya que una persona mala puede darte un buen consejo. Como el caso de una mujer hechicera que le dijo a uno de sus clientes que fue a su consultorio a pedir consejo y la señora le respondió: "creo que no podré resolverle su problema, lo más probable usted fue cristiano alguna vez y debería regresar a la iglesia y reconciliarse con Dios, ya que no vale la pena que usted se halla salido del evangelio y cristo siga influyendo en su vida".

Nuestra mayor influencia debe ser Dios, él debe ser nuestra primera y única motivación e inspiración. Cuando eso sucede veremos buenos resultados a nuestro alrededor, ya que cuando Dios se introduce en nuestras vidas, no es para interrumpir más bien para intervenir e introducirnos por el camino correcto si llegamos a estar erráticos o equivocados.

El tema de la influencia debe ser tomado en cuenta y tratado muy de cerca a la hora de desarrollar puntos sobre la guerra espiritual. Los demonios trabajan unánimes con el objetivo de ser influyentes en la vida del ser humano, para poder introducirse en nuestro mundo y controlar nuestras decisiones. Cuando escudriñaba sobre esto, me di cuenta que las malas influencias no se destruyen encubriéndolas, mucho menos haciendo silencio. Hasta que usted no aprenda a cortarlas de raíz el árbol seguirá creciendo.

¿Por qué debo cortar de raíz las malas influencias? Porque a la hora de necesitar un buen consejo en un momento de ira, ya los demonios se han introducido para introducir malas decisiones, y acabar con todo una vida, que en vez de convertirse en inspiración para lo demás se convierte en calamidad y destierro.

Quizás los demonios no puedan introducirse en su matrimonio por lo fortalecido que esté, pero pueden influenciar a su suegra para que lo haga, o a la mejor amiga que termina siendo la amante, probablemente el jefecito de confianza que usted le cuenta todo su problema y éste termina gobernando todo en el hogar de manera sutil. Esto que le voy a impartir debe prestarle mucha atención. Cuando los demonios no puedan entrar a su vida de manera directa lo querrán hacer de manera indirecta. Siempre usando una segunda persona. **Para poder ganar sobre este tema de las influencias debemos pedir a Dios visión y ganaremos amigos aunque perdamos enemigos.**

La influencia es aquella por el cual los demonios usan para introducirse en su vida a través de una segunda persona. Es decir, que la influencia de demonio no es lo mismo que posición demoniaca, pero apunta al mismo objetivo que es destruir. Es como controlar, subordinar, manipular, tener autoridad no concedida pero sí ganada. Las influencias malas son como una cadena, que si no rompemos o cortamos a tiempo terminaremos atados.

En el huerto del Edén podemos encontrarnos con un ejemplo claro y preciso que apunta a lo que le quiero transmitir con referencia a este tema. Satanás se introduce dentro de la serpiente y como no puede introducirse dentro de Eva, usa la serpiente para llevar a cabo su plan malévolo. Cuando miramos los efectos de una influencia negativa observamos malos resultados que adhieren a castigo y desolación. Así como nombramos la cadena alimenticia, de igual forma funciona la influencia. Satanás usa la serpiente, la serpiente como creación del huerto, se familiariza con a Eva, y Eva se introduce a Adán donde los dos causaron que Dios los expulsara del huerto. ¿Está usted teniendo buenos resultados con las personas que están a su alrededor y muy cercana a usted? Porque si está viendo lo contrario debe comenzar a limpiar su entorno y juntarse con gente de fe, para que no disminuya su estatus de ver la mano de Dios obrar a su favor. Alguien dijo en una ocasión: "El chisme se termina cuando llega a oídos de gente espiritual" Una gran verdad que no sólo debemos leerla, poniéndola en práctica creceremos nosotros en particular y aquéllos que nos rodean.

La palabra influencia de manera literal no es muy común en la Biblia a la hora de buscar capítulos o versos que hagan referencias, pero sí sus connotaciones. También puede hacer referencia a incitar. Al ver esta palabra podrás descubrir si hay buena o mala influencia. En otras palabras, Cuando nuestro enemigo no pueda hacernos frente buscará la forma de incitarnos a hacer lo malo para sacarnos del propósito. Usted tiene el compromiso de no dejarse persuadir o incitar.

El de buena influencia inspira y motiva a hacer lo bueno y no lo malo. Está llamado a marcar su generación para bien de los demás.

Rut 4:11

Y dijeron todos los del pueblo que estaban a la puerta con los ancianos: Testigos somos. Jehová haga a la mujer que entra en tu casa como Raquel y a Lea, las cuales edificaron la casa de Israel.

Habló Saúl a Jonatán su hijo, y a todos sus siervos, para que matasen a David; pero Jonatán hijo de Saúl amaba a David en gran manera, y dio aviso a David diciendo: Saúl mi padre procura matarte; por tanto cuídate hasta la mañana, y estate en lugar oculto y escóndete. **(Jonatán no se dejó llevar por las malas influencias, prefirió cuidar al ungido)**

Proverbios 19:6

Muchos buscan el favor del generoso, y cada uno es amigo del que da. (La vida no sólo es influenciarnos con los que tienen si no también con aquellos que necesitan, Jesús fue la mayor influencia para los pobres).

Proverbios 25: 6-7

No te alabes delante del Rey, Ni estés en el lugar de los grandes; 7- Porque mejor es que te diga: sube acá Y no que seas humillados delante del príncipe a quien han mirado tus ojos. **(No es bueno usar las buenas influencias con el fin de gloriarnos, porque seremos humillados tarde o temprano, cuando en nuestro corazón está el glorificar a Dios él nos llevará a los lugares altos).**

Tipos de Influencias donde trabajan las tinieblas:

- Las que corrompen al infiltrarse Mateo 13:24-30
- Influencias traidoras Mateo 26.47
- Inducidos a hacer el mal Habacuc 2:15
- Sobre recién creyentes Mateo 18.6
- Corrompen los ánimos Hechos 14:2
- Influencia generacional 2 Reyes 17:41

Usted no puede permitir que sus impulsos emociones o instintos descontrolados sean los responsables de decisiones nubladas y empañadas de dudas. Comprenda que influencia también significa decidir, en otras palabras, cuando Jesús es tu mayor influencia al final no eres el que toma las decisiones sino aquél que conoce lo que en realidad necesitamos para bien de nuestras almas. Estoy seguro que al igual que yo hemos caído en las mismas conclusiones sobre lo que el ser humano plantea realizar con su vida. El hombre no quiere matar, tampoco robar, o consumir drogas o alcohol, o cometer atrocidades anormales. La Biblia lo revela bien claro, Satanás vino a matar, robar y destruir, cuando esto sucede es porque las influencias son demoniacas con vista a lo espiritual, lo que indica que debemos tratarlas como tal. **Por eso es importante permitir al Espíritu Santo que ocupe cada área en nuestra vida, comenzando desde nuestros pensamientos hasta nuestras decisiones.** El medio ambiente donde te encuentres determina e influye lo suficiente para deducir lo que puede acontecer. Ej.: Si estás en el mar en cualquier momento te puedes hundir, no hay mucha seguridad allí. Cuando estás en la presencia de Dios, las malas influencias no tienen espacio ni para entrar mucho menos para manifestarse.

Capítulo 3

Nombre sobre todo nombre

La importancia de identificar los demonios por nombre, Y cómo echarlos.

Quizás nos preguntemos, ¿Qué tiene que ver el nombre de un demonio a la hora de hacer guerra espiritual o enfrentarnos a ellos? Si sólo con mencionar la palabra demonio y declarar el nombre de Jesús con eso bastaría para que el demonio salga del cuerpo. No obstante, la Biblia muestra algunos pasajes bíblicos donde el mismo Jesús llama a estos por nombre. El hecho que la misma sustancia de Dios que es el mismo Cristo, resaltara esta actitud demuestra lo importante que es identificar los demonios por nombre.

Una de las verdades que impactan mi vida la podemos encontrar en: **(Lucas 8:30 RV 1960)** *Y le preguntó Jesús, diciendo: ¿Cómo te llamas? Y él dijo: Legión. Porque muchos demonios habían entrado en él.*

Aquí Jesús trata de identificar primero a lo que se va a enfrentar, para no entrar en un espíritu que ahoga a muchos ministros hoy en día. "El espíritu de ligereza sin conocimiento" Favor véase: **(1 Timoteo 5:22 RV 1960)** inmediatamente impide que una atmósfera con espíritu de adivinación entre en el sistema, es importante saber qué lo que irrumpe y puede confundir una palabra profética es un espíritu de adivinación. La adivinación no proviene de Dios, pero una palabra profética sí, ya que es la misma palabra de Dios expresada, hablada y confirmada.

Jesús fue precavido y sabio a la misma vez al preguntar por su nombre, (recuerde que eran muchos) Aquel demonio sin titubear sabiendo que está al frente de una suprema autoridad responde: "Legión me llamo porque somos muchos".

En el tiempo de Jesús las personas culpables de algún delito eran llevados por los soldados frente a sus superiores, la cuales iniciaban con una interrogante: ¿Cuál es tu nombre? Esto demandaba que la persona que se expresaba primero contenía una autoridad suprema, tomando ventaja sobre su contrincante. Lo mismo sucedió con David cuando llegó al campo de batalla, rápido pregunta; ¿Quién es este incircunciso que ha desafiado al ejército del Dios viviente? Es esta la actitud correcta que debemos tomar en el campo de batalla, identificar primero con lo que peleamos, así sabremos la iniciativa precisa que tomaremos sin tener necesidad de atacar dos veces, sino que en el primer golpe obtendremos victoria. David no lanzó dos piedras ya que con una fue más que suficiente.

¿Impresionante no? el demonio no dijo, como contestan algunos humanos hoy en día, ¿para qué quieres saber mi nombre? O ¿Qué tiene mi nombre que te interesa tanto? Todo lo contrario, el demonio respondió reconociendo de esta manera que estaba frente a la autoridad máxima "Jesús", estamos hablando de aproximadamente dos mil demonios con el mismo nombre, **(Legión)** encabezado por su **principado** el cual fue el que respondió.

Si leemos cuidadosamente dice: ¿Cuál es tu nombre? No cuáles son sus nombres.

Esta es la razón por la cual le pregunta al principado directamente. En otras palabras, si saca al cabecilla todo lo que hace cola tendrá que salir también. A través de esto aprendemos que de nada vale sacar los demonios cuando Satanás sigue operando dentro de algún lugar; es como alguien escribió en una ocasión: Removemos la tela de araña y dejamos la araña. Jesús le habló directamente a la raíz del problema, revelando una vez más que cuando Cristo hace un trabajo en la vida de un ser humano, no lo hace a medias, usted debe atrapar esta palabra amigo; Cristo es completo y por eso completa lo que hace en nuestras vidas. ¡¡¡Amén!!!

Nuestro nombre no importa tanto a la hora de hablarle a los demonios para reprenderlo y echarlo fuera de algún cuerpo; un ejemplo claro lo podemos ver en la respuesta de Juan el Bautista a los sacerdotes y levitas:

Juan 1:22-23

Le dijeron: ¿Pues quién eres? Para que demos respuestas a los que nos enviaron. ¿Qué dices de ti mismo? Vs 23 Dijo: Yo soy la voz de uno que clama en el desierto: Enderezad el camino del Señor, como dijo el Profeta Isaías.

Impactante declaración de Juan el Bautista en un ambiente tenso rodeado de Guerra en los aires. Cuando a usted le pregunten ¿quién eres? ¿Cuál sería su respuesta? Colaboraré con sus instintos especulativos. La respuesta sería: "Siervo de Dios" Juan el Bautista con esta respuesta estaba diciendo: Mi nombre no importa pero el que viene detrás de mí, Él sí tiene nombre, Jesús el hijo de Dios.

Algo impresionante que el Espíritu Santo me ha impartido es que aún en las escrituras cuando analizamos a profundidad, la mayoría de las veces que Dios llamó a sus ungidos no los llamaba por su título sino por su oficio, "Siervo", es decir que primero usted es un siervo y después es un Profeta, Evangelista, Maestro, Pastor o Apóstol. Esto lo podemos ver claro cuando Dios le habla a Satanás y le dice: No has considerado a mi "Siervo" Job. Favor véase **(Job 1:8)** Otros escenarios bíblicos que confirman esta verdad está en **(Isaías 52:13)** Donde el mismo Jesús, el hijo de Dios, es considerado como "Siervo" en mi caso las veces que Dios me ha hablado para mostrarme algo nunca me ha llamado Israel o por algún título, como pastor o profeta;

siempre su dulce voz la escuchó llamándome "Mi siervo". Así que vaya olvidándose de nombre porque el nombre que en realidad importa es el nombre de Jesús. Cuando eres considerado un siervo por el reino de Dios, todos en el cielo consideran que sirves para algo jajajaja no se crea incapaz, si usted es siervo algún día Dios te sirve para que muchos se alimenten con lo que Dios ha depositado sobre ti. Grite conmigo: Soy siervo de Dios. Por eso me impacta la respuesta de Juan el Bautista: Una voz que clama en el desierto; en otras palabras, no llegue a promocionarme sino a promocionar el Reino de Dios.

Para aplicar...

Cuando alguien porta la unción del Espíritu Santo tiene autoridad para preguntarles a los demonios cuál es su nombre. Los creyentes hoy en día deben pedir a Dios autoridad sobre Satanás y sus demonios, no pasando por alto que para usted caminar en autoridad debe estar bajo autoridad, tanto a la de Dios como la que he puesta por Dios. **Recuerde muy bien que debes estar en obediencia para sacar un demonio de desobediencia de algún cuerpo, debes estar libre para ministrar liberación.**

A través de los años, Dios me ha enseñado cómo identificar los demonios sin tener necesidad de preguntarle su nombre. Pero para que esto suceda el don de ciencia por medio del Espíritu Santo debe estar activo.

En ocasiones, sí; le he preguntado con qué nombre están operando dentro del cuerpo, e inmediatamente le llamo por nombre y le ordeno salir y dejar ese cuerpo en el nombre de Jesús. En mucho de los casos, o diría, en su gran mayoría, cuando llegamos a nacer, ya nuestros padres han elegido un nombre para nosotros, y ese nombre poco a poco mientras vamos creciendo nos identifica; tanto en nuestra familia como en la sociedad en la que nos vamos involucrando. Es decir, que mientras vamos creciendo, nuestro nombre va desarrollando junto con nosotros una historia el cual nos da identidad, determinando para lo que somos capaces. Cuando una persona llega a tener autoridad, aún en su nombre, es porque también como persona ha ejercido autoridad sobre algún dominio. En cambio, los demonios no necesitan crecer porque fueron creados de un tamaño en lo específico y de acuerdo a su comportamiento se les va aplicando su nombre. Un ejemplo sencillo es el caso de la suegra de pedro; Jesús reprende al demonio que tenía la suegra, no piense que fue a la suegra que Jesús reprendió sino al demonio de fiebre que la atormentaba, indicando que hay demonios asignados para producir enfermedades empezando por la más sencilla. Y si la enfermedad más simple puede ser producida por un demonio, la iglesia debe estar llena del poder de Dios, aún para enfrentar el demonio más simple. Entienda que el demonio más inofensivo es ofensivo y desprabado.

Los nombres de los demonios se identifican de acuerdo al mal que realizan.

Demonio de fiebre: Lucas 4:39 (RV 1960) *E inclinándose hacia ella, reprendió a la fiebre; y la **fiebre** la dejó, y levantándose ella al instante, les servía.*

Demonio Mudo Y Sordo: Marcos 9:25 *Y cuando Jesús vio que la multitud se agolpaba, reprendió al espíritu inmundo, diciéndole: **Espíritu mudo y sordo**, yo te mando, sal de él, y no entres más en él.*

Demonio de destrucción: Marcos 9:15 (RV 1960) *Señor, ten misericordia de mi hijo, que es **lunático, y padece muchísimo**; porque muchas veces cae en el fuego, y muchas en el agua. Vs18 Y reprendió Jesús al demonio, el cual salió del muchacho, y éste quedó sano desde aquella hora.*

Demonio de Adivinación: Hechos 16:16 *Aconteció que mientras íbamos a la oración, nos salió al encuentro una muchacha que tenía **espíritu de adivinación**, la cual daba gran ganancia a sus amos, adivinando.*

Los demonios también son identificados como ángeles caídos o como espíritus sin gloria. El cristiano debe estar en el espíritu para poder combatirlo y echarlos afuera.

Efesio 6:12

Porque no tenemos lucha contra sangre y carne, sino contra principados, contra potestades, contra los gobernadores de las tinieblas de este siglo, contra huestes espirituales de maldad en las regiones celestes.

En otro ámbito; los discípulos en una ocasión fueron víctimas de ataques espirituales por demonios, produciendo en ellos incredulidad, no que estaban endemoniados basta aclarar, sino que el ambiente había sido saturado por espíritus contrarios. Es desde entonces que podemos comprender que la incredulidad es un espíritu nublatorio provocando en el ambiente una muralla que puede llegar a bloquear tu fe y de esta forma no ver con claridad lo que estás creyendo a la hora de una manifestación sobrenatural.

Marcos 16:14

*Finalmente se apareció a los once mismos, estando ellos sentados a la mesa, y les reprochó su **incredulidad** y dureza de corazón, porque no habían creído a los que le habían visto resucitado.* **(La incredulidad es contrario a la Fe, por lo que no proviene de Dios).**

Es sorprendente que dicho ataque fue realizado poco después que Jesús resucitó. Los demonios no se quedan de brazos cruzados o de alas cruzadas como usted lo quiera mencionar, de lo que sí estoy seguro, es que desde que el reino de Dios efectúa un milagro o maravilla, las tinieblas querrán opacar lo que traerá Fe y confianza en Dios. Permítame revelar la razón por la cual los discípulos fueron el blanco a atacar, primero que cualquier otro ciudadano de aquella región.

Lo primero que debemos tener en cuenta es el lazo familiar que Jesús tuvo con sus discípulos antes de su crucifixión y sepultura, ya que el mismo Señor en ocasiones específicas les llegó a revelar parte de sus actos proféticos que acontecerían en lo adelante. Y cómo nuestro Señor Jesucristo es de lo que promete y a quién le promete cumple, así mismo aconteció. Les dijo que resucitaría y a ellos se les apareció para convencerlo que la verdad habla la verdad. Pero los demonios no se hicieron esperar y lanzaron **dardos de incredulidad** *(Ataques externos que afectan internamente)* en los discípulos, aprovechando que el capitán no estaba en la barca pero sí venía de camino, 'por así decirlo'. No obstante esto no nos puede desesperanzar, porque si debajo de la tierra el mismo diablo y la muerte no pudieron detener al invencible Jesucristo; muchos menos los demonios que operan en el mundo lo detendrán.

Sin perder tiempo Jesús reprendió ese espíritu de incredulidad e inmediatamente quedaron libres. Tú que estás leyendo este libro, llénate del poder de Dios y echa fuera todo espíritu antagónico y contrario que quiera efectuar su maldad en tu familia, en tu iglesia, en tu trabajo, en tu generación. Repita conmigo en estos momentos: Espíritu de miedo e incertidumbre; FUERA, espíritu de incredulidad; FUERA, espíritu de desaliento y desánimo; FUERA, espíritu de mentira; FUERA, espíritu de soltería; FUERA, espíritu de murmuración: FUERA. No importa cómo se llame; FUERA En el nombre de Jesús.

Filipenses 2:10 (RV 1960)

Para que en el nombre de Jesús se doble toda rodilla de los que están en los cielos, y en la tierra, y debajo de la tierra.

Para aplicar...

Nombre sobre todo nombre es el nombre de Jesús, y aunque hallan personas hoy en día que tengan el mismo nombre, ya los demonios de inmediato reaccionan al nombre de Jesús, aquél que resucitó de entre los muertos. Es como si veinte personas mencionaran el nombre Jesús, refiriéndose cada persona a algún familiar en particular, y entre los veinte alguien se refiera a Jesús el hijo de Dios, de seguro que a ese nombre majestuoso los demonios reaccionarían; porque una cosa es llamarse igual y vivir diferente. Quizás en algún momento dado le toque a usted enfrentarse a algún demonio que esté hospedado en algún cuerpo, probablemente usted no se sepa el nombre del demonio y no encuentra cómo llamarlo para echarlo fuera, "Tranquilo" atrape esta instrucción profética que le voy a desatar. "El nombre que en realidad usted debe conocer es el nombre de Jesús".

Identificando los espíritus según su función y no conforme al nombre de la persona.

Vale aclarar que los demonios son demonios, espíritus sin cuerpo, con oportunidad de tomar uno. En ocasiones lo identifico como espíritus sin gloria; destinado a hacer el mal sin importar las consecuencias. En ocasiones he escuchado predicadores que utilizan nombres propios de personajes bíblicos con el objetivo de identificar algún espíritu. Y deberíamos siempre con cautela traer luz a los oyentes ya que puede haber alguna confusión al respecto. Pondré un ejemplo sencillo: Decirle a una persona que tiene el espíritu de Pedro porque es impulsivo, o de Judas (Iscariote) porque haya traicionado a alguien, no creo que sea la forma correcta de identificar algún espíritu de demonio, ya que el espíritu de cada persona proviene de Dios y tiende a tener libre albedrío en sus decisiones. Y si llega otro espíritu que no sea el espíritu de Dios, entonces, sí lo podemos identificar como demonio. Cada espíritu que logra entrar en la vida de una persona tarde o temprano se identificará con sus actos. Cuando una persona tiene demonio actúa en base al mal, es decir, que cuando tiene al Espíritu de Dios actúa en base al bien, a esto me refiero, al reino de Dios. A continuación haré referencias a algunos espíritus tomando como ejemplo reacciones infructuosas que dieron cabida en corazones perversos y manipulados por el mal.

Espíritu de Jezabel Es un espíritu muy sutil que lleva a incitaciones y manipulación aterradoras con tal de destruir y tomar decisiones fuera del sentir de Dios. En la mayoría de los casos contra los ungidos. Siempre apuntando a la cabeza de un hogar o de una congregación. ¿Por qué espíritu de Jezabel? Como les dije anteriormente, los demonios se identifican por sus actos, y aquellos que conocemos la historia de esta mujer, que incitó a su marido, el rey Acab, a matar a muchos profetas de Dios de aquel entonces, también es conocida como la enemiga de Jehová, levantó un templo a Baal e hizo imágenes de Asera. Donde lamentablemente los nobles del pueblo fueron arrastrados por su mala influencia, que a pesar que no fue Rey, se introducía en la cabeza del Rey con tal de ver sus planes malévolos hecho realidad. (No es que el espíritu de Jezabel anda de iglesia en iglesia como si estuviera viva, es el mismo demonio que la usó a ella y sigue usando a muchos hoy en día, tanto hombre como mujer).

Espíritu de inmundicia (Zacarías 13.2) Tales espíritus tienen como función en provocar a un pueblo o ciudad, hacer idólatras.

Espíritu de Apolión (en hebreo) y en (griego) Abadón Cuyos nombres son atribuidos a Satanás como el príncipe de los demonios. A través de los nombres nos damos cuenta que se refieren a encerrar al ser humano en lo más profundo del mal o del infierno. (Apocalipsis 9:11) otros nombres hacen referencia en (Mt. 12:24).

Espíritus de falsas doctrinas: (1 Timoteo 4.1) Son aquellos espíritus encargado de distorsionar lo genuino de la palabra de Dios trayendo confusión. En otras palabras, usa lo ya establecido para querer establecer otras enseñanzas erróneas.

Espíritu de mentira: Es un espíritu que se encarga de opacar la verdad divina usando medias verdades que en su resumen son mentiras, muchas personas son arrastradas por este espíritu; lo triste es, que son la gran mayoría; aún aquellos que se hacen llamar ministros. A través de los años de ministerio he aprendido que una mentira te puede sacar de un problema, pero ten por seguro que te introducirá en otro problema, y lo más probable sea mayor, la razón es la siguiente: Se siente herido usted que habla la mentira como al que se le miente, inmediatamente se introduce la traición junto con la venganza, los demonios tienden a tener más facilidad para controlar. Cuando se dice mentira el único beneficiado aquí es Satanás, por eso cuando hablamos la verdad de Dios en todas las áreas; Satanás y todo espíritu de mentira son destruidos. ¿Usted quiere destruir todo espíritu de mentira? Pues siempre diga la verdad. Tanto en el altar como cuando baje del altar. Así de simple.

Prefiero un verdad que me haga libre a una mentira que me ate. ¿Por qué? Porque una mentira te entretiene, una verdad te hace libre. Si amas la libertad también debes amar la verdad. Lo raro de una mentira es que la gente la cree como una verdad hasta que ve los frutos que esta destila por sí sola, note algo, siempre que se habla una mentira y esta es descubierta siempre se forma un caos, la misma trae consecuencias desastrosas, dividiendo matrimonios, expulsiones de trabajos, encarcelamientos.

En otras palabras, donde hay mentiras hay desorden, ¿ahora entiende porque cuando Satanás fue derribado del cielo dice la Biblia que cayó por tierra? por eso las escrituras afirman, y la tierra estaba desordenada y vacía, cómo no va estar desordenada si el padre de mentira fue derribado del cielo cayendo sobre la tierra, por tal razón hubo desorden, pero Dios ordenó todo, porque sólo la verdad organiza lo que la mentira desorganiza, sólo Cristo puede traer orden a tu casa, a tu matrimonio, a tu empresa, a tu ministerio a todo lo que te rodea. Es cierto que una verdad puede llevarte a una cárcel o puede llegar a quitarte algo valioso cuando de persecución se refiere. Ejemplificando los antiguos que por predicar la verdad muchos de ellos fueron perseguidos, hasta encarcelados; pero esa misma verdad de libertad porque así como la verdad prevalece, así también prevalece la justicia de Dios.

Cuando hablas mentiras abres una brecha no sólo a Satanás sino al mismo infierno. En otras palabras, cuando dices mentiras abres las puertas del infierno, pero cuando hablas la verdad abres las puertas del cielo, el mismo ser humano escoge por donde quiere entrar. No olvide que el mismo que dijo yo soy la verdad, fue el mismo que dijo: yo soy la puerta. Aleluyaaaaa!!! Le diré la verdad: Cuando dices mentiras revelas quién es tu padre. Favor léase **(Juan 8:44)** y cuando dices la verdad revelas quien es tu Dios. **(Juan 14:6)**.

Espíritu de Absalón: Es un espíritu que es patrocinado por la traición, se origina en el corazón de algunos de los líderes tanto en las iglesias o en algún ministerio en desarrollo.

Absalón: Hijo de David que traicionó a su padre, conduciendo al pueblo de Israel a revelarse, con el fin de usurpar y tomar control del trono. Favor véase: **(2 Samuel 15-1-6).**

Las estrategia que este espíritu busca para dar su primer golpe en ataque, es observar bien si hay alguna discordia, discrepancia o falta de comprensión en algún tema no resuelto dentro del marco de los líderes, tomando la iniciativa de querer implantar nueva visión para descarrilar la ya establecida por el pastor principal. Por otro lado selecciona a sus víctimas, principalmente a las más heridas hasta sacarlas de la iglesia provocando con esto más daño, cuando pudiera ver una solución.

Una de las señales más claras para darnos cuenta de este espíritu, es cuando vemos que el líder busca el promocionarse el mismo y no la visión que ya está establecida en la iglesia donde se congrega o al ministerio que pertenece. Jesús en el nuevo testamento fue atacado con este espíritu pero él, con sabiduría evadió con una buena respuesta.

Marcos 10:17

Al salir él para seguir su camino, vino uno corriendo, e hincando la rodilla delante de él, le preguntó: Maestro bueno, ¿qué haré para heredar la vida eterna? 18 Jesús le dijo: ¿Por qué me llamas bueno? Ninguno hay bueno, sino sólo uno, Dios.

Este Joven que se arrodilla, antes Jesús, era uno de esos ricos que cuando le tocas sus riquezas es como si le tocara la llaga de alguna enfermedad; ¿Por qué? Porque buscan su propia fama, se promocionan ellos mismos buscando su propia gloria, en cambio **Jesús teniendo gloria le da la gloria a Dios**, por eso responde: ¿Por qué me llamas bueno? Ninguno hay bueno, sino sólo uno, Dios. Quizás usted diga, pero si Jesús es bueno, no sólo bueno, buenísimo, la respuesta de Jesús era para evadir todo halago que no es adoración y que puede llevar al ser humano a auto elevarse a una altura que aún no le corresponde. Cuando en su congregación Dios lo esté usando con una función especial y alguien se le acerca con su segunda intención de halagarle, respóndale que lo que usted ha recibido no es por bueno, sino por lo bueno que ha sido Dios con usted. Bueno, sólo Dios.

"Si usted está dentro de estos renglones debe cuidarse"

- Evangelista, Diácono, Maestro, Líder de alabanza, Pastor, Líder de célula o grupo familiar en las casas, Ancianos, Líder en cualquier departamento que haya servido como secretario (a), tesorero, Profeta, entre otros. Si usted es un líder de influencia en su congregación es un blanco fácil para que el espíritu de Absalón le ataque o lo sedujo.

Consejo Práctico:

Cuide su mente de infiltraciones con otros conceptos que lo desvíen de lo que ya usted ha recibido, que le ha dado crecimiento espiritual, honre a Dios y a las autoridades que Dios ha puesto delante de usted, reprenda continuamente hasta que ese espíritu desaparezca por completo, evite raíz de amargura o falta de perdón. Conviértase en una atalaya de usted mismo, guarde su muro y guardará toda una generación. Recuerde que si usted divide algún día lo dividen, porque lo que se siembra tarde o temprano se cosecha. Absalón no tuvo un final feliz, si usted quiere tener un final feliz, sea fiel hasta el final. **(2 Samuel 18-8 Reina Valera 1960).**

Espíritu de Mammón: La palabra Mammón es una palabra Aramea significa "riqueza" hay otra palabra que alude a tesoro que es: MaTmon. Es un espíritu que lucha contra el dar y la generosidad, Jesús hizo mención sobre este espíritu en varias ocasiones: (Lucas 16:9-10) en (Mateo 6:24) también lo podemos encontrar donde dice; no se puede servir a Dios y a las riquezas. En otras palabras, Mammón no es el dinero, es más bien un espíritu que persigue el dinero con tal (tal vez el autor quiso decir "con tal" en vez de "contar") de crear en la vida del ser humano autosuficiencia de que sólo puede usarse para complacer los gustos propios y sacarlo a usted del diezmar u ofrendar en la casa de Dios.

Es por tal razón que la persona tiende a gastar miles de dólares o cualquiera que sea su moneda en su país. Lo cierto es que dejamos mucho dinero en esas tiendas y la sobra, o quizás nada para la casa de Dios. Es ese espíritu de Matmón que manipula el dar a tal magnitud que la persona llega a ganar dos mil y tiende a decir que gana menos. El salmista David rompió ese paradigma y puso un stop a ese espíritu cuando dijo: No le daré a Dios nada que no me cueste sacrificio, es decir, que lo que damos para Dios debe ser en abundancia y de seguro en abundancia vamos a recibir. ¿Cómo puede usted echar ese espíritu? "Dando, ofrendando y diezmando" jajajaj si le gustó la poesía de un amén...

Espíritu de lujuria: La palabra lujuria viene del latín *Luxuria* que significa: "apetito desordenado e ilimitado de los placeres carnales". En este renglón entra la ambición, la envidia, la desesperación por lo material, olvidando que debemos buscar el reino primero y que lo demás vendrá por añadidura. La inconformidad de lo que ya Dios nos ha dado como esposa o familia. Trayendo consigo apetitos hacia otra mujer ya teniendo una esposa, y por consiguiente lleva a las personas a destrozar familias ya formadas.

Consejo sabio: Este espíritu es muy peligroso y de la única forma que podemos vencerlo es crucificando nuestra carne en la cruz, así como Cristo lo hizo. Cuando algo está crucificado no va para ningún lado, puede hablar pero no puede accionar. En otras palabras, en el único lugar donde tu actitud orgullosa es humillada es en la cruz. **No olvides que la humildad fingida es orgullo**, pero en la cruz todo queda crucificado hasta la hipocresía, desde el pecado chico hasta el más grande. Jesús dijo: "Aprended de mí que soy manso y humilde de corazón" en otras palabras, La verdadera humildad comienza desde el corazón, de adentro para fuera, no se exhibe se percibe.

Espíritu de lascivia: Es un demonio que opera en base al descontrol sexual, tanto en el hombre como el la mujer, principalmente lo podemos ver manifiesto en pequeñas actitudes como movimientos sensuales de labios o en los ojos, es un espíritu que atrae o manda señal para pecar, tal espíritu trabaja en el interior del ser humano provocando sensaciones inusuales, también utiliza palabras de doble sentido para llamar la atención y desviar la conversación a inmoralidades que destruyen la vida espiritual del individuo.

Consejo sabio

Lo más satisfactorio es pedir a Dios que arranque de raíz todo espíritu de lascivia. Mi consejo es que usted no quiera hacerse el fuerte y combatirlo sino ignorarlo y huir de la tentación como lo declara (2 Timoteo 2:22). Es como en ocasiones suelo decir: No le hagas caso al ojo que no está en su cara porque puede provocar que se lo saquen.

Mateo 5:29 (R V 1960)

Por tanto, si tu ojo derecho te he ocasión de caer, sácalo, y échalo de ti; pues mejor es que se pierda uno de tus miembros, y no que todo tu cuerpo sea echado al infierno.

Evite conversaciones que no edifican, siempre una verdad opacará un mentira hasta desaparecerla y córtala de raíz. El mismo Jesús en la conversación contra Satanás en el desierto no pasó de tres preguntas que trajeron consigo respuestas consistentes y radicales. Algo que he aprendido a través de los años es: Satanás en el único deporte que es profesional es utilizando la mentira como verdad, por eso nunca ha podido ganarle a Dios, porque la verdad prevalece.

Sabemos y entendemos que Satanás no trabaja solo, esa es la razón por la que manda a sus secuaces para desarrollar su plan. Como no es suficiente con él, así como divide las iglesias, divide los espíritus por mando y posiciones para querer destruir en áreas específicas de algún pueblo o nación. Sin embargo, Dios no necesita identificarse con tantos espíritus, ya que sólo el Espíritu de Dios tiene la suficiente fuerza para sacar fuera (esta expresión forma una redundancia) todos los espíritus que puedan ocupar un cuerpo, una iglesia o una comunidad completa. (Como el caso del agareno, los sacó del cuerpo y también de Gadara). Satanás tendría que usar muchos espíritus para lograr destruir alguna iglesia o ministerio, pero Dios para destruir a Satanás, con él es suficiente. Diría un poco más; así como Dios es Dios de dioses, también es Espíritu sobre los espíritus, es como si dijera; que la sustancia de Dios le da existencia a ellos. Es por eso que aún los demonios no pueden ejecutar nada contra los hijos de Dios. Y si llegaran a hacerlo, es porque Dios lo ha permitido con el objetivo de Él mismo glorificarse. **Nunca lo creado podrá superar al creador.**

Lo importante de identificar los espíritus por nombre es que podemos darnos cuenta de las actitudes que éstos puedan tomar o causar sobre algún ser humano. De esta manera tendremos más ventaja de cómo combatir los distintos espíritus que buscan destruir a los hijos de Dios. Si ya usted sabe que su esposo o esposa tiene un espíritu de ira, recuerde lo que la Biblia dice; que la blanda respuesta aquieta la ira. Pero no creo que sólo quisiera que se aquiete ese espíritu; sino, que salga del cuerpo de inmediato. De qué vale que el demonio se duerma y que luego despierte. El objetivo no es atarlo sino desatarlo y echarlo fuera. Tome la actitud correcta y reprenda en el nombre de Jesús todo espíritu de las tinieblas que quiera traer división a su casa, iglesia o ministerio. No estamos llamados a entretener a los demonios porque si lo hacemos se hospedan hasta quedarse con todo nuestro territorio, como en el caso del endemoniado gadareno, que hasta la ciudad se le conocía como Gadara. ¿Quién le dijo a usted que los demonios tienen autoridad para ocupar lo que a la iglesia le pertenece? En ninguna manera. Cámbiale el nombre a tu ciudad que no se llame más tierra de los gadarenos sino tierra de Avivamiento donde Dios ha levantado un ungido para establecer su Reino de justicia.

A partir de ahora usted podrá darse cuenta que espíritus pueden estar rondando a fin de destruir su cosecha, mi consejo a la hora de descubrir tales espíritus; es establecer el Espíritu de Dios en cada área de su vida iglesia o ministerio. De esta forma podrás ahuyentar las aves de rapiña que quieran tocar el sacrificio que usted ha puesto en el altar de Jehová. En este caso tu adoración a Dios y todo lo que has dedicado para él.

Los nombres de los demonios no afectan lo que somos: Hijo de Dios con derecho legal.

Se nos ha dado un nombre la cual contiene promesas, privilegios, potestad y autoridad para aplastar todo lo que venga en contra del Reino y el cuerpo de Cristo que es la iglesia.

Juan 1:12 (RV 1960)

Mas a todos los que le recibieron, a los que creen en su nombre, les dio potestad de ser hechos hijos de Dios.

La palabra que debemos subrayar aparte de Hijos seria **potestad**, que significa: derecho legal para ejercer autoridad. La otra palabra sería **Hechos**, la razón por la que me llama a la atención hechos, es porque de la misma sustancia que está hecho mi Padre, de esa misma sustancia están hechos sus hijos; "De gloria" Nunca olvides que lo que somos es por lo que Dios es.

Identidad es estar seguro de quien eres en Dios, es reconocer lo que eres sin necesidad de esperar a alguien para que te lo diga. Jesús sabía quién era y es. Cuando Satanás le dijo: Si eres hijo de Dios convierte esta piedra en pan, favor léase **(Mateo 4:3 Reina Valera 1960)** es importante aclarar que esta amenaza sutil y engañosa fue después de una poderosa declaración del mismo Dios hacia su hijo cuando dijo: "Este es mi hijo amado en quien tengo complacencia" **(Mateo 3:17)** donde podemos ver la debilidad de Satanás en este ataque? "Sencillo" que cuando estás legal ante Dios Satanás es ilegal ante ti, y más si tú mismo estás convencido que eres hijo de Dios.

Así como los espíritus son identificados por nombre, Dios mismo identifica a Satanás en el momento preciso que quiere ejercer potestad como hijo.

Job 1:6 (Rv 1960)

Un día vinieron a presentarse delante de Jehová los hijos de Dios, entre los cuales vino también Satanás.

Como es que Satanás siendo el enemigo principal de los hijos de Dios tiene la facultad de infiltrarse entre los hijos de Dios?

Lo sorprendente de todo esto es que él era hijo y sigue siendo hijo, pero sin potestad sobre los hijos de Dios. Ahora bien, ¿cómo podemos diferenciarlo a él de un hijo de Dios? esto que le voy a revelar debe prestarle mucha atención porque le dará ventaja frente a su enemigo.

Efesio 4:30 (Rv 1960)

Y no contristéis al Espíritu Santo de Dios, con el cual fuisteis **sellados** *para el día de la redención.*

Aquí está la gran diferencia, que los hijos de Dios estamos sellados con el Espíritu Santo por eso lo puedes diferenciar, así como un sello identifica a un producto, así el Espíritu Santo identifica a los hijos de Dios. Ahora podemos entender cómo Dios se da cuenta al instante que entre los hijos que se presentaron ante él para hacer sacrificios, había algo inusual y extraño, y era que una oveja tenía una mancha negra jajajajaj si usted se quiere mantener genuino como hijo de Dios, mantenga su ropa limpia. Favor léase: **(Apocalipsis 6:11 Rv 1960)** En otras palabras: Algo que es falso está falto de identidad, y algo que está falto de identidad se introduce entre lo original para tratar de ser lo que originalmente no es.

Lo que identifica a un hijo de Dios es el Espíritu Santo. Así como Dios lo sacó a él de la reunión; usted como hijo de Dios tiene el mismo derecho de sacarlo de su vida, de su familia, de su ministerio, de su iglesia. Sáquelo en el nombre de Jesús, y si de momento él lo acusa diciendo: ¿y quién eres para sacarme? Responda de la manera más correcta: Hijo de Dios con derecho legal y autoridad delegada. Y si faltara algo. Hijo con promesa. ¿Y lo que Dios promete? Lo cumple porque lo cumple. La respuesta de Jesús cuando el tentador le lanza el primer dardo fue la siguiente: No sólo de pan vivirá el hombre sino de toda palabra que sale de la boca de Dios. Esto está más que claro; **Lo que sale de la boca de Dios aplasta lo que haya salido de la boca de Satanás.**

Salmos 91:4 (NTV).

*Con sus plumas te cubrirá y con sus alas te dará refugio. Sus fieles **promesas** son tu armadura y tu protección.*

La garantía de una victoria está sellada en aferrarse en lo que Dios haya dicho a nuestro favor. En otras palabras: Lo que el cielo ha dicho de ti la tierra lo verá de manifiesto.

Isaías 43:1

*Ahora, así dice Jehová, creador tuyo, oh Jacob, y Formador tuyo, oh Israel: No temas, porque yo te redimí; te puse nombre, **mío eres tú**.*

"Satanás nunca podrá apropiarse de aquello que le pertenece a Dios".

1 Pedro 2:9

Más vosotros sois linaje escogido, real sacerdocio, nación santa, pueblo adquirido por Dios, para que anunciéis las virtudes de aquél que os llamó de las tinieblas a su luz admirable.

"Dios ha llamado a su iglesia para gobernar sobre las tinieblas"

Deuteronomio 28:13

Te pondrá Jehová por cabeza, y no por cola; y no estarás debajo, si obedecieres los mandamientos de Jehová tu Dios, que yo te ordeno hoy, para que los guardes y cumplas.

Un desobediente nunca será cabeza, pero los que obedecen la voz de Dios son sentados en lugares celestiales".

Génesis 12:2

Y haré de ti una nación grande, y te bendeciré, y engrandeceré tu nombre, y serás bendición.

"Dios te ha marcado para que seas bendición, los lugares que pise la planta de tus pies sentirán el peso de gloria que está sobre tu vida y generación".

Si Dios es un Dios grande él te marcará para cosas grande, sólo tienes que obedecerle y hacer su voluntad.

El Espíritu de Verdad

La verdad descubre al diablo y desmantela su plan, es decir; que cuando establecemos la verdad de Dios destronamos las mentiras de Satanás. Lo que identifica en realidad al hijo de Dios es hablar y practicar la verdad. Así como un deportista requiere de ejercicios para mantenerse en forma, el creyente necesita practicar la verdad a diario y de seguro será más fuerte a la hora de enfrentar las tentaciones y ofertas de Satanás que siempre vienen disfrazadas con una verdad a media. Como he dicho anteriormente; una verdad a media, es una mentira completa, la verdad no cambia, la verdad es la verdad.

El que usa la mentira como un amuleto de suerte está abriendo la puerta del infierno. La Biblia literalmente revela que los mentirosos no entrarán al reino de los cielos, en otras palabras, las puertas del cielo están completamente cerradas para el que habla mentiras.

Verdad: Esta palabra proviene del término *aman* la cual tiene diferentes sentidos y connotaciones (Mantener, Apoyar, Ser fiel, Estar seguro, Creer en) De él se derivan otros, como *"Amén"* (que significa: que así sea, así es).

Cuando escudriñaba acerca de esto mi corazón saltó, y no de emoción sino de preocupación, ¿saben por qué? Por las tantas mentiras que nosotros los cristianos hemos hablado dentro de las Iglesias, y más cuando el pastor dice; ¿Cuántos van ayunar en esta semana? Y la mayoría grita: ¡¡¡Amén!!! Sin embargo, ese amén no tiene la suficiente fuerza para que en realidad sea un "así sea". ¿Cuántos van a visitar los enfermos? ¡¡¡Amén!!! ¿Cuántos vienen al retiro este sábado? ¡¡¡Amén!!! ¿Cuántos van ayudar al pastor a evangelizar? ¡¡¡Amén!!! ¿Cuántos van a dar una ofrenda para la construcción del templo? ¡¡¡Amén!!! Ese amén salió con un volumen muy bajo, pero Gloria a Dios por los cinco que dijeron amén. De un cincuenta por ciento, un diez por ciento hacen realidad ese amén. He aprendido a través de las escrituras que la verdad de Dios prevalece y si queremos prevalecer sobre los demonios y los ataques del infierno debemos mantener nuestra mente en alto para poner en alto la verdad de Dios, que es su palabra.

¿Cuántos quieren echar fuera demonios? ¡¡¡Amén!!! La verdad es que para echar fuera demonios debes echar primero la mentira de tu vida y de tu espíritu, porque si en dado caso estás echando fuera un demonio, el demonio no se irá porque pensará que le estás hablando mentira jajajajaja. Lo que en realidad echa fuera los demonios es que vivas lo que predicas; esa es la pura verdad. ¡Amén!.

Libre de la depresión:

La depresión como tal no aparece en la Biblia pero si están los que producen la depresión, 'los demonios' y el punto de partida es cuando el ser humano se encuentra solo, la soledad es un epicentro para que la depresión eche raíces, esta es la razón por la que nunca puedes sentirte solo, tienes que aprender a usar la soledad para estar a solas con Dios. Si Dios está en todos los lugares no importa el lugar donde Estés, Dios está ahí contigo solo necesitas creerlo y vivirlo. El ser humano por lo general es vulnerable cuando está a solas, no es lo mismo estar a solas con Dios que sentirse solo sin Dios. Un ejemplo claro es el caso del profeta Elías.

Y él se fue por el desierto un día de camino, y vino y se sentó debajo de un enebro; y deseando morirse, dijo: Basta ya, oh Jehová, quítame la vida, pues no soy yo mejor que mis padres.

¿Cómo es que después de salir de un tiempo de victoria ahora desea la muerte? ¿Cómo es que después de salir de un tiempo de Milagros ahora desea rendirse? Esto es muy extraño; luego de un tiempo de manifestación ahora una frustración. Esta es la razón por la que debemos creer que todo el tiempo Dios está con nosotros, en medio de la batalla y aún después de ella. No podemos obviar que después de una derrota, a las tinieblas siempre vendrá la venganza de parte del enemigo.

Lucas 4:13 (NBLH)

*Cuando el diablo hubo acabado toda tentación, se alejó de Él esperando **un tiempo oportuno.***

Lo que el profeta Elías estaba sintiendo eran dardos de venganza que lo perseguían, y el lugar vulnerable para ese ataque fue directamente a la mente del profeta. A pesar que un ángel enviado de parte de Dios le trajo comida del cielo para fortalecerlo, aun así el profeta seguía deprimido, tal situación lo llevó a un peor escenario. "Una cueva", la esperanza que podemos encontrar en esta terrible circunstancia es; que en tus peores escenarios, Dios es experto haciendo el mejor milagro. Dios visitó al profeta para seguir demostrándole que él no está solo.

Cada hombre ungido tiende a tener un área fuerte y una débil. En el caso del profeta Elías, era fuerte con la boca pero débil con el corazón, Sansón era fuerte con las manos y débil con el corazón. Cuantos hombres de Dios hoy en día suelen pasar por circunstancias similares en la que por una amenaza ya no quieren predicar más, o rápido dicen: saldré de las redes sociales y me recogeré un poco o limitar algunas cosas que estaban sirviendo de bien a la humanidad. En mi caso cuando escucho falsos testimonios eso me da más fuerzas para demostrarle al diablo y a sus enviados que lo que Dios habló de mí es verdadero, y se cumplirá desde una coma hasta un punto y seguido, sí, punto y seguido porque no será punto final jajajajaj.

¿Cómo ser libre de la depresión?

Lo primero es reconocer quién eres en Dios, porque la falta de identidad puede abrir las puertas a los demonios y hacerte creer que no vales nada.

Lo Segundo es mantener una relación bien estrecha con Dios, de manera que no haya espacio para otra cosa en tu vida.

Lo tercero es poner en práctica para lo cual has sido llamado.

Lo cuarto es no olvidar lo Segundo. ¿Por qué? Porque cuando tienes una relación con Dios nada puede relacionarse a ti, a menos que provenga del mismo Dios. Cuando tienes una relación con Dios lo del mundo y las tinieblas no tienen oportunidad en tu vida. Cuando miro a Elías calibrando en esta situación me doy cuenta de algo asombroso y maravilloso. El necesitaba una palabra a pesar de ser un hombre que cargaba una palabra, el necesitaba el fuego a pesar que era un hombre de fuego, necesitaba la presencia a pesar de ser un hombre en cuya presencia habitaba: Todo esto sucede con un propósito, porque cuando tienes una Amistad con Dios el día que no puedas visitarlo a él de seguro él te visitará a ti. Exactamente fue lo que sucedió; la visita que menos Elías esperaba llegó cuando él más la necesitaba.

Dios está interesado en usarnos pero lo primero que el hará es libertarnos, llevarnos a enfrentar eso que nos hace la guerra cara a cara en el diario vivir, y que podamos salir victoriosos. Usted debe comprender esta revelación, solo los libres libertan, debes haber superado tu propio gigante o superado tu propia tormenta o tormento para luego empoderarte sobre aquello que quiso destruirte.

Calidad vs Cantidad

Y le preguntó: ¿Cómo te llamas? Y respondió diciendo: Legión me llamo; porque somos muchos.

Cuando se habla de cantidad se habla de 'magnitud' usualmente se usa este término para identificar un valor numérico. En este pasaje bíblico Jesús se enfrenta a un demonio cuyo nombre es: Legión que significa 'Muchos' (Refiriéndose este a un ejército de soldados Romanos) la mayoría de nosotros nos inclinamos a lo mucho: Mucho dinero, mucho miembros en la iglesia, queremos ver muchos sueños realizar, y se nos olvida que la calidad vale más que la cantidad; usted podrá tener 10 monedas de plata y si tiene una de oro ya superó las diez de plata. Hago énfasis en esto porque en este escenario Bíblico aprendo algo maravilloso y es lo siguiente: Cuando sabes quién eres en Dios no importa a lo mucho que tengas que enfrentarte, lo que portas de parte de Dios es suficiente para vencer lo que este de frente.

Cuando doy vuelta y miro una vez más este pasaje Bíblico observo en un coliseo a Jesús en el centro rodeado de muchos leones que a su paso dependen de un sólo León; es como si dijera: Se ven muchos pero son pocos. En otras palabras: Sólo con vencer el León principal los demás huirán. Lo mismo sucedió con Goliat, desde que fue vencido los demás huyeron. Esta es la razón por la cual no podemos tenerle miedo a los demonios si Jesús venció el demonio más grande 'Satanás' los demás saldrán huyendo.

Lo poco que usted tiene de parte de Dios supera lo mucho que el diablo tenga en contra tuya. Usted debe atrapar esta palabra: las veces que los demonios quieran atacarte vendrán por cantidades. Sin embargo, cuando tu Fe es de Buena calidad, nada podrá neutralizar a lo cual tú has creído. Nunca lo olvide, usted está hecho de un material de calidad y donde hay calidad no hay desperdicio. Dios ha puesto en usted sus mejores recursos para que pueda encaminarse a cumplir el propósito para lo cual fue diseñado y separado. La cantidad es Buena, la calidad mucho mejor.

Cuidando vuestro territorio

Cuando el Espíritu Santo me inquietaba a escudriñar sobre la guerra espiritual nunca me imaginé que me encontraría con esto, que a continuación quiero impartirle, que aunque debo aclarar y reconocer, hablar y desarrollar un tema sobre el mundo invisible y de lo desconocido es bastante amplio, y a menudo nos encontraremos con pasajes bíblicos que nos revelarían algo nuevo que de pronto traería luz y revelación a nuestro espíritu.

Si somos hechos del polvo deberíamos prestarle suma atención a lo que el mundo rechaza. Nadie quisiera polvo en la sala de su casa, mucho menos en la cama donde te acuestas, tampoco dentro del carro ¿Por qué? Por la sencilla razón que nos podemos enfermar o adquirir alguna bacteria o terminar cogestionados, de manera que no pudiéramos respirar bien y terminaríamos siendo afectados por alguna comezón en la garganta; ¿Impresionante No? somos del polvo pero nos enfermamos con el polvo. Jajajajaja. Sin embargo, es una de las razones por las que los demonios nos atacan.

Me explico: Cuando Adán y Eva fueron sacados del huerto, ellos fueron sacados de un lugar puro donde, aunque había polvo, no se enfermaban porque hasta el polvo era santo y aún lo es. "El huerto del Edén" tras ser sacados de allí vagaban errantes sin saber dónde llegar a parar, a pesar que eran los únicos en el planeta tierra. Ahora entiendo por qué Dios le promete a su pueblo una tierra que fluye leche y miel, por la razón de que cada descendiente caminaba con la incertidumbre por dentro de encontrarse con ese lugar que por lo menos se pareciera al huerto del Edén, lugar que Dios había preparado para que su creación habitara. Desde que el ser humano fue creado del polvo Satanás y sus aliados, "los demonios", persiguen la creación de Dios con el objetivo de poderse infiltrar y hasta penetrar dentro del ser humano. Cuando vemos los antiguos luchando y teniendo batallas intensas, nos podemos dar cuenta que la mayoría luchaban por tierra, sí, así como lo está leyendo en esta ahora "Tierra"; Abraham luchó por tierra, Jacob luchó por tierra, Isaac luchó por un terreno, David luchó por tierra, la mayoría en los tiempos bíblicos lucharon por un terreno; hasta el mismo Moisés, y sin falta. al más importante en la escrituras que trae confirmación de todo lo es Cristo; Jesús también luchó por un terreno cuando descendió a las profundidades donde tomó las llaves del Hades y de la muerte.

Los demonios saben muy bien con claridad, a pesar que viven en tinieblas jajaja que como la tierra es un lugar para sembrar, Satanás quiere sembrar en muchos de nosotros sus artimañas para que en ésta se produzcan de manera que arrope toda la humanidad. Así como sembramos en la tierra una semilla la cual se convierte en un árbol, luego en frutos listos para comer; así, el enemigo quiere sembrar en la humanidad odio, rencor, división, falta de perdón y muchas otras cosas que son negativas, ya que el plan del diablo es multiplicarlas. Ya que él no se puede multiplicar lo quiere hacer a través de lo mismo que Dios ha creado.

Por eso nosotros como hijos de Dios y creación suya debemos cuidar ese terreno que es nuestro corazón y no permitirle al enemigo sembrar cizañas en nuestras vidas. Esta palabra usted debe ingerirla y adueñarse de ella, somos terrenos fértiles donde al único que debemos permitir como rey y Señor es a nuestro Dios celestial, creador del cielo y de la tierra, Satanás no tiene parte ni suelte en nuestra familia, si estamos marcados con la unción, y lavados con la sangre de Cristo somos propiedad privada.

En las escrituras podemos ver un ejemplo muy claro acerca de lo que le estoy impartiendo.

*Y arribaron a la **tierra** de los gadarenos, que está en la ribera opuesta a Galilea. 27 Al llegar él a **tierra**, vino a su encuentro un hombre de la ciudad, endemoniado desde hacía mucho tiempo; y no vestía ropa, ni moraba en casa, sino en los sepulcros.*

Aquí podemos ver claramente que los demonios tenían aquel lugar poseído, se habían adueñado de un terreno que no le correspondía. Hasta el nombre se le había cambiado, aquel pequeño pueblo que pertenecía a Galilea además, era un lugar que nadie se atrevía entrar, hasta que llegó el creador del cielo y de la tierra, aquél que tiene la autoridad de desalojar cualquier invasor. Por eso dice la Biblia en el verso veintisiete: *Al llegar él a **tierra**, ni siquiera habló solo piso la tierra y todo el lugar comenzó a conmoverse incluyendo el demonio que tenía poseído un cuerpo proveniente del polvo.*

Es interesante cuando leemos con detenimiento éste pasaje Bíblico, ya que contiene un trasfondo poderoso y sobrenatural. Lo mismo que los demonios usaron para implantar el terror y miedo, fue lo mismo que Jesús utilizó para traer paz y que de esta manera el evangelio de poder pudiera seguir siendo predicado. Los demonios utilizaron un cuerpo creado del polvo, Jesús utilizó ese cuerpo pero ya limpio y purificado. Observemos con detenimiento el verso veintiocho: vs28 *Éste al ver a Jesús, lanzó un gran grito, y postrándose a sus pies exclamó a gran voz: ¿Qué tienes conmigo, Jesús, Hijo del Dios altísimo?* En esta reacción de parte del demonio podemos notar dos puntos importantes: A) El demonio reconoce su posición de derrota anticipada, por eso dijo: ¿qué tienes conmigo? En otras palabras: yo conozco mi futuro que ya no tengo esperanza para salvación B) Jesús sin perder tiempo lo hecha fuera porque no le interesa el demonio sino el terreno (El hombre creado del polvo) donde se iba a introducir para que aquel hombre ya libre pudiera testificar de las grandezas del poder de un Dios que liberta.

Si Cristo te libertó pues es hora de testificar de su grandeza. Seas que hayas sido libre de la hechicería, pornografía, homosexualismo, alcoholismo, mentira, hipocresía, miedo o cualquier otra cosa; es hora de testificarle al mundo que eres tierra fértil para bendición. Usted debe decirse a usted mismo con fe: Soy propiedad de Dios para ser de bendición a las naciones, en el nombre de Jesús.

Capítulo 4

Detrás del telón

**Las batallas más Fuertes son aquellas
que peleamos en secreto**

El telón es una Cortina o lienzo que cubre la visibilidad entre el escenario de un teatro y los espectadores. Por lo general se utiliza éste método para preparar de manera silenciosa lo que luego presentarían en dicha plataforma. Todo revela un antes y un después. En otras palabras, es la pausa que se efectúa con el fin de dar continuidad a lo que se quiere interpretar, sea una obra de la vida real o algo inventado. Lo cierto es que lo que vivimos no es un cuento de hadas o una historia ficticia, son batallas reales las que peleamos en el diario vivir, enfrentando demonios y actitudes en vuestro carácter que deben ser removidas. Claro está, que sí hay una cortina o lienzo que cubre el escenario de los espectadores ya que el secreto que no revelamos es el que constantemente enfrentamos.

Uno de los momentos más intensos de Jesús no fue en la cruz, sino en el secreto donde decía: "pasa de mí esta copa", sin embargo en esa pausa algo se estaba formando y lo más seguro, tu próximo nivel.

Algo impresionante que pude observar cuando más pequeño participaba en dramas en la iglesia, y es que mientras se rueda la cortina para colocar los enceres para el próximo escenario, hay muchas cosas que se caen, errores que se efectúan pero como nadie en el momento está mirando se pueden corregir, sea que se haya caído una mesa o una silla o algún otro utensilio de lo que se vaya a colocar detrás del telón.

Algo que me daba bastante risa es cuando ya la Cortina se está moviendo para presentar la obra y de momento alguien hace una señal de que aún no, porque falta algo por colocar en el escenario, rápido la persona que movía la cortina aceleraba el paso para cerrar el escenario nuevamente y que no se viera dicho error. Lo que quiero interpretar es lo siguiente: Un espectador desconoce la batalla que cada persona a diario está luchando o a lo que se está enfrentando, sólo sabe que es un ungido por cómo lo ve ministrando después que el telón es removido; lo cierto es, que cada hombre y mujer ungido de Dios ha vivido su propia experiencia que le han ayudado a levantar a otros que pelean batallas similares. Detrás del telón está la verdadera historia, lo que nadie se atreve a contar, los errores que se han cometido, la diversidad de traiciones de amigos y colegas que en vez de impulsarte envidian lo que haces a favor del reino de Dios.

Por otro lado vemos los resultados pero oscurecemos de los efectos que lo producen, vemos la gloria pero desconocemos la historia, detrás del telón hay muchas cosas que se han caído, lo bueno es que la volvemos a levantar porque aprendemos a confiar en Dios y en nosotros mismos, la gracia de Dios es ese telón que no nos permite ver delante de Dios como lo rechazado o lo que ya no sirve, todo lo contrario, lo que el hombre rechaza Dios lo escoge y lo convierte en un vaso de honra y de bendición para saciar la sed de muchos sedientos.

Cuando apenas me propuse escribir este libro acerca de la guerra espiritual sabía conscientemente que muchas cosas se iban a manifestar en contra, lo que sí desconocía era la intensidad de la misma. Eran la cinco de la tarde cuando tomé mi Biblia y mi computadora para iniciar a escribir, me encontraba en un sótano cuando eso, por cierto, ahí viví al junto de mi esposa y mi hija por siete meses. Recuerdo muy bien que la puerta en la habitación que me encontraba estaba sema abierta de manera que podía ver si alguien pasaba pero no con tanta claridad, de repente, la puerta comenzó a moverse sola, pensé que había alguien conmigo llamé a mi esposa para ver si ella había entrado pero nadie respondía, luego verifiqué si había alguna ventana abierta pero estaban todas bien cerradas y más que en ese tiempo era invierno y en un sótano el frío es más intenso. Después de verificar regresé a la habitación, me encontraba en el piso ya que no teníamos cama para acostarme y allí nuevamente la puerta se movió sola pero aún más fuerte hasta que se cerró, sentía un ambiente muy escalofriante, pero a la misma vez me sentía seguro de que Dios habitaba conmigo en aquella habitación.

Al pasar algunos minutos ya la puerta cerrada, comencé a escuchar quejidos en la puerta como si alguien quisiera entrar, la verdad que no me podía concentrar hasta que el Espíritu Santo le habló a mi espíritu diciendo "ten calma yo estoy de tu lado, no estoy detrás de la puerta, estoy dentro de la habitación, no estoy del lado espectador estoy para participar contigo en esta batalla". En seguida le pregunté al Espíritu Santo qué era lo que estaba sucediendo, hasta que me contestó: Los demonios quieren interrumpir este momento porque lo que te vamos a revelar del mundo espiritual te dará ventaja sobre ellos.

A continuación le presentaré cinco pasos prácticos para iniciar una guerra espiritual, y estar preparado para enfrentarla y de hecho salir victorioso.

Paso número uno: Debes encerrarte con Dios, porque lo secreto se busca en el secreto.

Mateo 6:6

Mas tú, cuando ores, entra en tu aposento, y cerrada la puerta, ora a tu Padre que está en secreto; y tu Padre que ve en lo secreto te recompensará en público.

Paso número dos: Creer y tener Fe que Dios está de tu lado, él necesita confiar en alguien que confié en él.

Hebreos 11:6

Pero sin fe es imposible agradar a Dios; porque es necesario que el que se acerca a Dios crea que le hay, y que es galardonador de los que le buscan.

Paso número tres: Tener paciencia después de recibir una palabra profética, pues lo de Dios se cumplirá en el tiempo de Dios y no en el nuestro.

Hebreos 10:36

Porque os es necesaria la paciencia, para que habiendo hecho la voluntad de Dios, obtengáis la promesa".

Paso número cuatro: Debes estar consciente que si vas a hablar de lo espiritual debes estar en el espíritu.

Gálatas 5:25

Si vivimos por el Espíritu, andemos también por el Espíritu.

Esto conlleva ausentar la carne. No debes olvidar que a lo que te vas a enfrentar es espiritual y necesitas herramientas espirituales. **(Efesio 6:10).**

Paso número cinco: La obediencia a Dios y a su palabra, te ayudará a prevalecer sobre cualquier espíritu de las tinieblas; incluso sobre Satanás mismo.

Santiago 4:7

Someteos, pues, a Dios; resistid al diablo, y huirá de vosotros.

Estos cinco pasos son clave en un ministerio: Encerrarse con Dios, Creer en él y tener fe, apoderarse de mucha paciencia, vivir en el Espíritu y ser obediente a Dios; no olvides que en desobediencia no puedes echar fuera un demonio de desobediencia jajajaja. Cada punto es relevante e importante llevarlo a cabo, no sólo como teoría sino como práctica y verás los resultados.

Mi amada esposa y yo nos habíamos propuesto salir del anonimato, estando conscientes que una mala decisión podía llevarnos a la ruina, es como salir de Guatemala y entrar en guatapeor. "dicho Dominicano" aún así confiamos que Dios nos había ministrado lo que se aproximaba y tomó bastante tiempo tomar dicha decisión el remontarnos sobre las alturas sin alas. Si usted tiene algún llamado y es casado mi recomendaciones son: no tomar ninguna decisión sin antes consultar con su ayuda idónea, porque así como Dios la constituyó; "ayuda idónea" la necesitará donde quiera que Dios te envíe; nunca me moví de mi desierto, hasta que los dos estuvimos de acuerdo, muchas cosas se cayeron detrás del telón pero gracias a Dios la pudimos reparar y levantar.

En ocasiones después de llegar de algunas actividades mi amada y este servidor nos reuníamos para dar un vistazo al mapa de los Estados Unidos, para ver donde Dios quería llevarnos y levantar lo que luego sería un centro de adoración. Observábamos Atlanta, Georgia porque decíamos según recomendaciones que el clima era bastante agradable, también miramos el estado de la Florida, Virginia, North Carolina y muchos más; pero aún no nos habíamos decidido por cual, lo cierto es que seguíamos orando y pidiendo dirección a Dios que es lo correcto.

Un día de esos que llamas: Los de repente que llegan de repente, bendiciones que llegan cuando menos la espera; mi esposa me habla estando yo tirado en el piso, "mi amor creo que para donde deberíamos irnos es para Texas", yo sabía que mi esposa estaba indecisa, ya que ella no quería dejar a su familia, el estilo de vida en New Jersey en el cual estaba acostumbrada, la escuela donde uno de los anhelos de su padre era verla graduar de la universidad y ejercer su carrera, que por cierto en ese momento era maestra sustituta en la secundaria de North Bergen, yo, di un salto de la cama, digo, del piso jajajaja y le pregunté: "¿estás en serio?", me dijo "sí, estoy enserio", "pues déjame grabarte para estar seguro que lo dijiste, y si cambias de decisión te recordaré lo que salió de tu boca"; actúe de esa forma porque mi esposa de la forma que la conocí, cuando me prometía algo no retrocedía, de que lo cumplía lo cumplía, ella se echó a reír cuando le dije que la grabaría, sabía que no había vuelta atrás.

Miramos en el mapa donde exactamente dice: Texas, noté algo y es que Texas es bastante grande, en ese momento mi esposa me dijo; "Dallas, ¿qué te parece Dallas?", yo bajé mi cabeza y dije, "es buena idea Dallas"; por cierto, habíamos ido anteriormente y el clima es bastante agradable, Dallas es una ciudad donde grandes hombres de Dios se han levantado para revolucionar el evangelio a una magnitud impresionante. Sabía que era una buena tierra para fluir en el espíritu y tener como resultado una muy buena y grande cosecha de almas y establecer un centro de adoración para Dios. En ese momento recordé cuando efectuaba una campaña me habían llevado al famoso canal de televisión *Enlace* y las oficinas principales de *TBN* donde hombres como Benny Ginn, Billi Graham, Jimmy Swaggart, entre otros que han predicado en dicha cadena televisiva.

Al encontrarme allí sólo decía "no hay nada imposible para Dios, él puede llevarte donde menos te imaginas"; algo que me impactó, y hasta diría que el Corazón se me detuvo por unos Segundos, fue cuando él que me daba el tour, me dijo: "adelante siervo Israel, puede subir al escenario" en serio, fue la única palabra que me salió; sin perder tiempo subí allí, encendieron las luces y después de contar hasta tres comencé a soltar una palabra poderosa sobre José, más conocido en las escrituras como "el soñador". Pudiera tener motivo para elegir Dallas, pero en ese mismo momento mirando el mapa le dije a mi esposa, "¿qué te parece Houston?", "Sí" me dijo; fue desde entonces que cada segundo, minutos, horas, días, sólo pensaba en Houston, hasta me soñaba con ese lugar sin haber ido a ministrar; sí, así, como lo lee en este libro, una ciudad tan inmensa, llena de iglesias inmensas donde el evangelio ha sido predicado a diestra y siniestra y un detalle impresionante, es el estado con más personas que le dan seguimiento en las redes sociales a nuestro ministerio, principalmente en *youtube* donde millones de personas han visto los sermones y predicaciones que hemos impartido, lo sorprende de todo esto es lo siguiente: Estados Unidos tiene exactamente cincuenta estados o países de los cuales hemos visitado cuarenta; sin embargo, nunca llegué a recibir ni siquiera una invitación de dicha ciudad "Houston", más adelante comprendí la razón de lo que Dios estaba planeando a mi favor.

Iniciamos a organizarnos para luego realizar el viaje, al parecer todo estaba marchando con excelencia, empezamos a empacar nuestras cosas, lo más básico; lo demás lo regalamos a algunas amistades más cercanas como: La cama, juego de aposento, nevera, entre otras cosas más. Salimos con la ropa que íbamos a necesitar y algo de dinero, poco pero algo. No fue nada fácil pero no imposible, si supiera que tomaría dos días y diez horas de camino, de seguro que lo pienso tantas veces hasta que me decido por no ir, por eso Dios no te revela la bendición de primero, sino el proceso para que aprendas a pasarlo, si lo pasas la bendición te pertenece, recuerda que para tener autoridad sobre el proceso debes pasarlo primero, cuando pasas el proceso de la enfermedad tendrás autoridad sobre la enfermedad, si pasas la crisis tendrás autoridad sobre la crisis.

Quizás se pregunte ¿Cómo la pasó hermano Israel en ese camino tan largo? Pues haciendo lo que siempre he hecho para no sentirme aburrido, adorar a Dios y escuchar alabanzas; si eso lo aburre a usted creo que entra en el grupo de los aburridos, porque de algo estoy seguro, que la alabanza y la adoración nos lleva de vuelta a nuestro estado original donde no existe aburridos ni aburrimiento. "La presencia de Dios" mi esposa dormía mientras yo velaba, aprendí a ver el sol cuando sale y también cuando se oculta, aprendí que el sol nunca deja de alumbrar, simplemente se muda de lugar, así debemos ser nosotros los hijos de Dios; nunca dejar de alumbrar, no importa a donde nos movilicemos, ¡¡Aleluya!! Pude presenciar varios climas: fríos, templados, caluroso, lluvioso, nublado y de cada clima Dios me revelaba algo, aun cuando nos deteníamos a echar combustible, uno de los momentos más intensos era cuando me tocaba pasar valles en horario de la madrugada, era como estar dentro de una película de misterio, se sentía intenso, peligroso, solitario pero a la misma vez sentía paz porque sabía que Dios iba delante de mí, sí, pensaba regresar no lo puedo ocultar, pero pensaba y decía "si me devuelvo es como empezar de Nuevo, así que prefiero seguir"; más adelante tuve una visión de un ángel con una espada envuelta en fuego, que mientras corríamos en el vehículo el ángel volaba de manera violenta delante de nosotros, y le dije a mi esposa "¿viste eso?", me dijo "si"; es un ángel que va delante de nosotros, fue un viaje largo pero maravilloso.

El vehículo en el que andaba es un Honda y de manera jocosa le decía a mi esposa "no temas mi amor, andamos con Dios y con la Honda de David por si se atraviesa un gigante" jajajaja, fue divertido todo el viaje hasta que por fin llegamos a Houston; ten en cuenta que por más largo que sea la trayectoria siempre habrá un final. La batalla que estás peleando nunca durará para siempre, algún día saldrás victorioso.

Al llegar a nuestro destino nos conectamos con un amigo que nos esperaba para ubicarnos en el apartamento que habíamos separado desde antes de llegar. Pero al llegar al lugar, Dios me hace sentir que el ambiente no era el apropiado para vivir ahí, hablé con la manager del lugar y le dije "lo siento, pero creo que no es el lugar apropiado para mudarnos acá". Ella me preguntó "¿hay algún motivo por el cual no le gusta? ¿Sucede algo?", Le contesté "sí, sucede algo, y es que Dios me muestra que en esa área hay un espíritu de robo y secuestro muy fuerte, puedo ver el futuro de inmediato y un sacerdote que cuida su hogar protege y vela por su familia, por eso hasta para elegir dónde vas a vivir necesitas tener discernimiento de espíritu".

La manager sin titubear me dijo: "no es el único que ha sentido lo mismo, pero qué bueno que Dios se lo reveló a usted también. Creo que vamos a necesitar que alguien unja ese lugar".

Luego nos dirigimos al vehículo dirigiéndonos a un hotel ya que el sol se ocultaba e iniciaba la noche, Estábamos bastante cansados, queríamos reposar para recuperar fuerzas, pero fue cuando la batalla en los aires apenas iniciaba. Llegamos al hotel, era la mejor opción por el momento, ya que para iniciar el proceso de alquiler en un apartamento se tardaba mínimo dos meses, ya usted puede imaginarse lo que nos esperaba. Llegamos al hotel más cercano donde allí nos hospedamos por tres días, en ese mismo fin de semana fuimos a Puerto Rico a cumplir con un compromiso de una actividad que ya tenía pautada; por cierto, la gloria de Dios visitó aquel lugar. Cuando entramos a la habitación del hotel minutos antes noté a una mujer rara y muy extraña que subía al segundo nivel; por cierto, encima de la misma habitación donde mi esposa y yo nos quedamos.

Como a la una y media de la madrugada mi esposa empieza a tener una batalla espiritual donde un demonio se materializa a lo físico subiéndose en el lugar donde ella descansaba y comenzaba a tocarla, de momento ella echa un grito, usted sabe cómo son las mujeres jaajajajaj wayyyyy "¿qué es esto?" gritaba mi esposa, yo en cambio estaba en el tercer sueño, lo único que esuché del wayyyyyy fue la última y jajajaja rápido me levanté y le pregunté "¿qué sucede?", Ella me dijo: "hay un demonio en la habitación que me quiere tocar y no puedo dormir tranquila", le dije "no te preocupes, vamos a llenar la habitación de alabanzas y adoración a Dios, porque de seguro cuando Dios habite aquí el demonio tendrá que salir de este lugar". Nos mudamos de New jersey, pero eso no quiere decir que los demonios no nos sigan atormentando para querer detener el plan de Dios, a veces la gente se muda de lugar pero en todo los lugares los demonios están.

Lo que importa no es que te mueva de lugar sino quién va contigo donde quiera que vayas. Yo sabía que Dios nos estaba procesando y a la misma vez revelando los tipos de demonios que abundan en Houston, sólo hicimos llegar y los demonios se manifestaron. Es como sucedió con Jesús cuando sólo hizo llegar a la tierra de Gadara, que los demonios salieron de los sepulcros. Donde quiera que Dios te lleve, cuando cargas la unción los demonios se sentirán incómodos y tendrán que manifestarse.

Empezamos a clamar y adorar a Dios, en ése mismo momento la presencia de Dios nos visitó a tal magnitud que sentimos paz y pudimos dormir tranquilos. Mi esposa sólo me decía "¿por qué Dios me revela esto a mí y no a ti?", Le dije "tú y yo somos uno, y si Dios permite que tu conozcas qué tipos de demonios son los que abundan aquí en Houston, al tú conocerlos yo también me doy cuenta de ellos"; apenas llegamos y conocemos con lo que nos vamos a enfrentar.

Cuando logramos descansar nos levantamos muy relajados y contentos; al salir de la puerta la misma mujer que había visto al entrar, fue aquella mujer que bajando lentamente las escaleras con una falda color vino y un pañuelo verde en la cabeza me miraba con ojos de odio, como si dijera "se libraron de esta". Sé muy bien cómo se visten las personas que trabajan con hechicería, utilizan esos colores llamativos que para ellos simboliza lascivia y espíritu de división, para nosotros los hijos de Dios representa pacto así como portaba la túnica el hijo de Jacob, conocido como José "el soñador".

Lo impresionante de todo lo sucedido ocurrió en el momento de entrar a Houston, vimos el letrero que decía: "Welcome To Houston" que significa; "Bienvenidos a Houston", sentimos mucha alegría al ver que lo habíamos logrado; el ángel que nos acompañó toda la trayectoria se paró como un gigante en medio de la ciudad donde se miran todos los edificios y con sus Fuertes alas nos hacía el saludo como cuando un soldado saluda a otro soldado con manos en la frente, como si dijera, "a sus órdenes estoy para servirle y protegerle", no olvide que el ángel de Jehová acampa alrededor de los que le temen y los defiende.

Dos días y diez hora duró nuestra travesía, observé mi GPS, el cual es un aparato electrónico ,como si fuera una tableta, donde al poner la dirección nos conducía todo el camino, al llegar a nuestro destino, me quedé mirando bien el mapa y observé algo que me sacudió mi espíritu, toda la trayectoria desde New Jersey hasta Houston, ésta formaba un arco y entendí que al Dios introducirnos en Houston nos colocaba como punta de lanza para provocar un avivamiento en todo norte América el Caribe y centro América, comencé a hablar en otras lenguas porque al llegar comprendí parte de lo que Dios estaba planeando. Dios te dice en esta hora **2 Samuel 2:35** *Quien adiestra mis manos para la batalla, De manera que se doble el arco de bronce con mis brazos.* Dios te va a utilizar como un arco para alcanzar donde otros no han alcanzado, para llegar donde otros no han llegado, mientras tú estés en el plan A de Dios, no importa el plan B de Satanás; solo aduéñate de esta promesa y lo alcanzarás. Génesis 49:24 *Pero su arco permaneció firme y sus brazos fueron ágiles por las manos del Poderoso de Jacob (de allí es el Pastor, la Roca de Israel).* Dios lo hará porque él lo prometió. ¿Acaso has visto algo que llegue a estar en la mano de Dios que permanezca débil? No, eso indica que Dios te hará fuerte porque sus brazos son fuertes, tú eres el próximo arco que Dios usará para provocar un avivamiento.

Cuando lo único que te queda es creer

Después de esperar tres días para que nos aprobaran, luego de aplicar para un Nuevo apartamento, llegó la tan esperada llamada, fue entonces cuando nos dirigimos a las oficinas de dicho apartamento para firmar el contrato, nos llevaron al lugar para que pudiéramos mirar y aprobar de que en realidad nos gustaba.

Aún no lo había visto pero sí sentía en mi espíritu que era el lugar correcto. Debimos esperar tres meses y Dios lo redujo a tres días. Oramos a Dios y le presentamos el lugar al Señor para que sea él el primero en habitar en nuestro nuevo hogar, pasaron los días y ya nos estábamos adaptando, nuestra hija la habíamos dejado con mi suegra para no arriesgarla a un viaje tan largo como el que experimentamos y esto facilitaba que pudiéramos reubicarnos en todos los sentidos, desde hacer cambios de licencia entre otras cosas que íbamos a necesitar. Lo único que nos acompañaba en la sala del apartamento eran cuadros, sillas de esas que utilizas para ir al parque a recrearte, me sentía agradecido y conforme con lo que teníamos, la casa se veía vacía pero a la misma vez llena, quizás no teníamos lo material pero teníamos lo que materializa las cosas, la fe. Ese proceso lo único que produjo en mi vida fue creerle más a Dios aún cuando no teníamos nada, muchas personas necesitan las cosas para ejecutar el llamado que Dios le ha hecho, sin embargo, cuando Dios creó todo no había nada, si lo único que tienes es fe, portas el ingrediente más importante que produce que las cosas se vean donde no se ven. Donde no se veía una mesa por la fe decía: ahí va la mesa que vamos a tener, donde no se veía la cama decía: de este lado irá la cama y de aquel lado una lámpara, encima de una pequeña mesa; en la sala observamos donde iban los muebles o sofás, lo raro pero asombroso de todo esto era que no teníamos dinero, parecíamos locos mi esposa y yo decorando la casa cuando lo único que teníamos era fe. Lo maravilloso de un Dios maravilloso es que nunca nos dejó solos, y meses después lo que sólo eran palabras se convirtieron en hechos.

Estábamos conscientes a lo que habíamos llegado a Houston, iniciamos con los pasos de lugar en busca de un lugar para plantar el tan anhelado centro de adoración a Dios. Tocamos puertas de otras iglesias a ver si nos podrían rentar un espacio para de esta forma iniciar; donde quiera que tocamos no nos recibían, ya que donde no eres bienvenido tampoco eres recibido, pero no desistimos, no nos rendimos, cada rechazo nos provocaba a seguir intentándolo, al no encontrar un local que podamos decir, "bueno, aquí sí, vamos a dar inicio", nos dirigimos a la última opción que debería ser la primera, digo la primera, porque después de dar vueltas y vueltas decidimos abrir la iglesia en un hotel a tres minutos de nuestro apartamento. Allí dimos inicio con servicio de oración, estudios proféticos donde desatábamos revelación divina y fresca de la palabra, provocando hambre sobre los oyentes, las cuales eran en ese entonces tres jajajaja mi esposa, mi hija y este servidor, éramos tres, con la fe que seríamos cientos de personas adorando a un mismo Dios. Al comienzo no usamos ninguna fuente de promoción para dejarle saber a las personas que ahí nos encontrábamos levantado los muros de Houston; "espiritualmente hablando" cómo Nehemías en el tiempo de la construcción de los muros de Jerusalén, Sin recursos pero con la unción. **(Favor véase Nehemías 2:1).**

La unción del Espíritu Santo descendió como en el aposento alto, todo el hotel se estremeció bajo la unción, personas sin nosotros conocerlas, mucho menos sin invitarlas bajaban de sus habitaciones a recibir la palabra, algunos de habla inglesa, otros borrachos, personas jefes de empresas que allí descansaban, otros que venían de otros estados y estaban hospedado en aquel lugar; a todos ellos la presencia de Dios los cubrió y los tocaba tan profundo que algunos caían al piso del toque especial del Espíritu Santo. Mi esposa y este servidor solo decíamos "Dios amado ¿qué es esto?" Gracias por visitarnos Espíritu Santo, si este es el comienzo ya quiero que llegue el final, una semana después personas que se enteraban que en aquel salón estaban levantando una iglesia llegaban con necesidades espirituales y Dios las suplía. Un día común donde no esperábamos más que los tres hermanitos que nos habíamos ganado para el Señor, los cuales hasta el día de hoy perseveran, ese día no encontrábamos dónde ubicar las personas, llamamos al encargado en el hotel que si pudieran facilitarnos más sillas, "amazing" fue lo que dijo aquel empleado, como si dijera; "Increíble" y así lo hizo; buscó más sillas y logramos sentar aquellas vidas que habían llegado a la casa de Dios.

Fue un tiempo glorioso, nuestra fe se aumentó a tal magnitud, que ya sentíamos que Dios siendo tan grande no se adaptaba a aquel lugar, eso es lo que me gusta de Dios, que siendo un Dios grande se adapta donde vuestra fe se adapta; por eso cinco meses después decidimos salir de aquel lugar porque creímos que Dios siendo un Dios grande nos llamó para cosas grandes. no menospreciamos aquel lugar pequeño, todo lo contrario, valoramos el que nos hayan abierto la puerta para que ese lugar se convirtiera en la ante sala de lo que ya Dios había prometido y profetizado sobre mi vida, familia y ministerio. Quizá usted me pregunte, ¿Cuál ha sido el secreto del pastor Israel Jiménez? Lo único que puedo decir es lo siguiente: creí a lo que Dios me dijo, sólo eso puedo decir; Dios nos llevaba de forma acelerada, donde aprendí que lo que Dios acelera el diablo no lo alcanza, si Dios te ha dado una palabra solo créele y muévete en fe. No necesitas muchas cosas, sólo la fe, esa fe que ve lo imposible posible, no necesitas que otros crean en ti, tú eres el que tiene que creerle a Dios, y él pondrá donde no hay para que haya, Dios mismo traerá desde el más pequeño hasta el más grande para que sirva a la visión que Dios ha depositado en tus hombros. Esto que te daré a continuación debes atraparlo y atesorarlo; Cuando la gente no cree en ti, ya Dios creyó porque él fue que depositó las estructuras del diseño divino que luego se formará en propósito y terminará como misión cumplida. Al final y al principio se trata de Dios y no de nosotros.

Presencia

Llegó el tiempo de movilizarnos de local, pero no lo hicimos sin antes confirmar con Dios primero, él debe ser lo primero como lo principal. Le dije; Señor si tu presencia no va no me saques de aquí; su respuesta trajo confianza a mi vida; Mi presencia irá contigo.

Necesitas la presencia de Dios; porque sin presencia no hay resultados, pudiera buscar algunos significados Hebreos o Griegos acerca de qué significa presencia de Dios, pero a la verdad permítame definirlo de manera sencilla; tal y como una madrugada Dios me ministró cuando buscaba qué significa presencia de Dios. Significa: Dios delante y usted detrás, Dios peleando y usted ganando, Dios abriendo camino y usted cruzando; cuando Dios está presente le acompaña su carácter, si él es poderoso prepárate para ver manifiesto su poder, si él es grande debes estar listo para ver la grandeza de Dios manifiesta a tu favor, sólo imagínese por unos segundos qué sería si nos mudamos de un lugar pequeño donde sentíamos la presencia de Dios en su máximo esplendor; y luego llegar a un lugar grande y que no sintamos su presencia, sería como bañarnos sin agua, vestirnos sin ropa, como comer sin comida, sería conducir un vehículo sin combustible. En otras palabras, saltar y saltar sin sentir la unción del Espíritu Santo, a eso le llamo energía malgastada, ahora entiendo muy bien a Moisés cuando dijo: "si tu presencia no va no me saques de aquí".

Esta es la razón por la que titulamos a nuestro primer congreso internacional y a la misma vez nuestro aniversario, porque para dicha fecha cumplíamos un año como iglesia; Lo titulamos: "Presencia". Desde que iniciamos todos los servicios han sido cargados de presencia divina, donde hemos visto liberación, salvación, restauración, palabra profética y sanidades; entre ellas una mujer postrada en cama, la cual los médicos la habían desahuciado pero un joven amigo de la señora postrada en cama fue a nuestra vigilia de avivamiento, donde Dios allí me había revelado la situación y la razón por la cual aquel joven se encontraba en nuestra iglesia aquel día; él sirvió como puente para que aquella señora cruzara a su milagro, todos oramos unánimes, porque donde hay presencia hay unidad; activamos la unción del Espíritu Santo y en aquel instante Dios hizo el milagro; mientras oramos en la iglesia la mujer recibió el milagro en su casa, ¿Cuál es el resultado de esto? "Presencia", porque la presencia de Dios está en todo lugar y se manifiesta donde se le provoca con vuestra fe. Una semana después, el joven apareció en la iglesia con aquella mujer que no se podía ni siquiera parar de la cama, Dios es fiel y cumple sus promesas.

El hecho que tú cargues presencia o que de paso la presencia de Dios vaya contigo; eso no quiere decir que no pases por el desierto, de hecho necesitas la presencia de Dios para sobrevivir en el desierto. a menudo muchos piensan que desierto es un lugar donde no hay agua, pero a la verdad sí hay agua, sólo que pasa por debajo de la tierra de forma muy profunda, lo que no le permite al que cruza el desierto tomar de ella a menos que caiga del cielo; una razón más para entender y estar totalmente convencido que necesitas la presencia de Dios, porque solo él puede hacer llover en el desierto, tanto de arriba para abajo, como de abajo para arriba; así como hizo sacar agua de una roca, también lo puede hacer en el desierto.

Esto me impresiona bastante, ya que lo único que se benefician en el desierto son las raíces de algunas plantas que sobreviven en los desiertos, por eso no me quejo en el desierto; todo lo contrario, le doy gracias a Dios que usando el desierto alarga y fortalece mis raíces.

Literalmente cuando una persona pasa por un desierto no tiene como comunicarse con otras personas, aunque sea en este tiempo de mucha tecnología; por eso cuando pasas por momentos similares o más difíciles tiendes a pasar tu proceso en silencio; donde solo tú y Dios saben lo que estás atravesando. Cuando tomamos la decisión de mudarnos de local, lo hicimos en fe porque no teníamos recursos, aún seguíamos sin muebles en la casa, preferimos que la casa de Dios esté amueblada antes que la de nosotros, la pasión por Dios y por un avivamiento nos mantenía apasionados por su presencia, sólo anhelábamos que llegue el servicio para ver las almas llegar y sentarse a adorar a Dios; aunque nosotros después de llegar a la casa no teníamos donde sentarnos, por eso le digo a la gente: no te sientes en la silla, siéntate en la presencia de Dios. Favor léase: **(Salmos 110:1).**

Esta es la realidad de lo que he aprendido de los desiertos; no son lugares para habitar o vivir allí, por eso no debes preocuparte si pasas por un desierto en tu vida, si tienes la presencia de Dios de tu lado cruzarás y saldrás victorioso, tal y como lo hizo Jesús; lo crucificaron pero la cruz se quedó vacía, lo sepultaron y la tumba se quedó vacía, ¿por qué? Porque no son lugares para alguien que carga propósito viva allí, el desierto que estés pasando si lo estás pasando con la presencia de Dios, ten paz, porque ese desierto quedará como lo que es, "Desierto".

Ten la seguridad que sólo tus huellas quedarán en el desierto o prueba que estés atravesando, nunca pero nunca te des por vencido, mejor date por bendecido. te diré algo más que sacudirá tu espíritu; ni aún vencido, no te des por vencido jajajaja "muy fuerte", recuerda muy bien que el lenguaje que hables determina de dónde vienes, y si provienes del cielo, ese es el lenguaje que debes mantener en tus labios. Dios proveerá, él cumplirá sus propósitos en mí, nada ni nadie me hará frente, él convertirá las aguas saladas en aguas dulces, Dios aumentará las fuerzas; aún del que no tiene ninguna, en otras palabras: Si eres hijo de Dios debes hablar como Dios habla. No lo olvides que presencia significa: Dios al frente y usted detrás, es decir; que hablamos de lo que vemos que Dios hace ¡¡¡Aleluyaaa!!! My God.

Dios no te ha llamado a quedarte estancado en un mismo lugar, tienes que moverte, no puedes conformarte con diez miembros en la iglesia; la mentalidad de Dios es muy distinta a los de los hombres, mientras que hay pastores que se conforman con veinte miembros, en cambio, Dios no quiere que nadie se pierda sino que todos vengan al arrepentimiento, lo que te lleva a conquistar más, es que Dios quiere más, pero la mayoría de las veces debes moverte, sé muy bien que no será nada fácil porque cada gloria demanda de mucho sacrificio y compromiso, pero debes entrar en movimiento porque la palabra de Dios tiene más eficacia cuando está en movimiento que cuando está detenida, permítame soltarle una palabra que lo motivará más de lo que está.

Un ejemplo claro lo podemos ver en: **Lucas 17: 14** *Cuando él los vio, les dijo: Id, mostraos a los sacerdotes. Y aconteció que mientras iban, fueron limpiados.*

¿Qué podemos aprender aquí? Sencillo pero poderoso, que muchas veces el milagro dependerá del movimiento que hagamos, por eso dice: *Mientras iban, fueron Limpiados*; en otras palabras: Cuando entras en movimiento es una viva señal que la palabra se está cumpliendo, hoy Dios te dice: muévete aunque parezca imposible.

Más cerca que nunca

Mientras más te aproximas a la cima los vientos contrarios se sentirán cada vez con más intensidad, en la guerra espiritual sucede lo mismo.

Primero: Luchas contra tu propia carne "aquí se manifiesta lo de adentro que afecta lo de fuera" Pensamientos no constructivos, mentalidad negativa, desánimo, orgullo.

Segundo: Luego lucharás con lo que esté a tu alrededor; Tu enemigo principal Satanás buscará la manera de poner en contra aquellos que debieron estar a tu favor; Tus amigos, familia, hermano, jefe del trabajo, tu líder en el ministerio, tu novia (o) Tu esposa (o) el mejor amigo, con el fin de desenfocarte y llevarte a una guerra física, cuando es una guerra espiritual.

Testimonio: En una ocasión, un quince de Julio del 2016, nos preparábamos para efectuar nuestra cuarta vigilia de avivamiento que se efectúan cada mes; por cierto, las más esperadas en Houston Tx; de momento después de haber culminado la predicación, la cual había hablado bajo el tema: "Diestro para la batalla" entramos en un tiempo de adoración donde estamos conscientes que la adoración es la que prepara la atmósfera para que la unción del Espíritu Santo descienda, si usted va a iniciar una guerra espiritual, debe comenzar con adoración y la garantía de obtener victoria será: un noventa y nueve punto nueve por ciento.

Cuando puse mis manos sobre aquella joven, lo que hay dentro de mí chocaba con lo que había dentro de ella; con furia y enojo aquel principado reaccionó removiendo mis manos ungidas las cuales estaban sobre su cabeza; y me decía: "te voy a destruir"; rápido toda la congregación empezó a reprender mencionando el nombre de Jesús; algunos con miedo corrieron cerca de donde estaba la puerta de salida, otros tomaron posición de guerreros, porque a los demonios no se le huye, se les enfrenta.

Los demonios a través de la joven seguían queriendo golpearme cada vez más fuerte; si yo estuviera en la carne le lanzo un derechazo pero de eso se trata lo que quiero revelarle; si hubiera actuado en la carne, inmediatamente me salgo de la guerra espiritual y comienzo a luchar una guerra física; después de unos quince minutos logramos en el nombre de Jesús echar fuera aquel principado; la joven luego testificó con sus propias palabras: "sentí que un tormento salió de mi vida". ¡¡¡Aleluya!!! La guerra que está peleando la iglesia no es física, es más espiritual que física, por lo general no se debe actuar con golpes de manos sino con golpes de rodillas estando de rodillas, esto es: Orando y Ayunando.

Tercero: Tendrás que enfrentarte a uno de los primeros rangos de demonio, "**Principados**".

Principados: En Griego *arjái* que significa: puesto de príncipe, alguien al que se le asigna un territorio, también puesto por alguien cercano o de confianza; en otras palabras: en base a que se ha ganado la confianza de su líder "Satanás" fue puesto en esa posición, es decir, alguien al cual se le ha encomendado algo, y de diez; quizá una vez ha fallado. Alguien principal. En otras palabras, alguien al que debes enfrentar, que si nosotros fallamos él gana, pero si nosotros le hacemos fallar a él, nosotros ganamos.

Romanos 8:38

*Por lo cual estoy seguro de que ni la muerte, ni la vida, ni ángeles, ni **principados**, ni potestades, ni lo presente, ni lo por venir, vs 39- ni lo alto, ni lo profundo, ni ninguna otra cosa creada nos podrá separar del amor de Dios, que es en Cristo Jesús Señor nuestro.*

Aquí podemos ver claro que cuando amamos a Dios de todo corazón y nos aferramos a él, ningún principado, sea como se llame o el rango que tenga, nada en lo absoluto nos podrá separar del amor de Dios que es en Cristo Jesús. En otras palabras: sólo aquel que lo ha vencido tiene potestad sobre cualquier principado. Favor léase: **(Colosense 1.16).**

Cuarto: La autoridad que portas de parte de Dios; será medida frente a otra autoridad. "**Potestades**".

Potestad: Poder o autoridad que se tiene sobre una persona o sobre una cosa; estos tipos de demonios no son del mismo rango que los principados, aunque debo aclarar, son demonios que operan de manera distinta con el mismo objetivo, la gran diferencia es que los principados tienden a tener autoridad sobre un territorio principalmente una ciudad completa; en cambio, las potestades ejercen autoridad sobre una persona en lo específico. Es como un permiso para controlar a alguien; en otras palabras, es como hablar de una autoridad prestada o delegada.

Y he aquí, un hombre de la multitud clamó diciendo: Maestro, te ruego que veas a mi hijo, pues es el único que tengo;39 y sucede que un espíritu le toma, y de repente da voces, y le sacude con violencia, y le hace echar espuma, y estropeándole, a duras penas se aparta de él.

La parte que debemos subrayar aquí es cuando el padre reclama y dice: Es el único hijo que tengo; aquí podemos apreciar claramente, como hay potestades que pueden atormentar a alguien en lo específico, por ejemplo: puede darse el caso que en una familia de cinco personas, sólo uno esté siendo atormentado por potestades, lo escalofriante de estos tipos de demonios es que han marcado ese cuerpo de tal magnitud, que el día que quieran salir y operan en otro cuerpo, lo pueden hacer sin problema; de igual manera el día que quieran regresar pueden seguir operando como si ya fuera su casa dentro de aquel individuo que tienen dicha potestad. Atrape esto que le voy a desatar: Todo lo que se revela del mundo espiritual a lo físico, es para que el hijo de Dios sea glorificado, los demonios pueden llegar a tener potestad, pero Cristo tiene autoridad sobre cualquier demonio no importando el rango que tenga. Me encanta cómo el verso cuarenta y dos lo revela; Vs42 *Y mientras se acercaba el muchacho, el demonio le derribó y le sacudió con violencia; pero Jesús reprendió al espíritu inmundo, y sanó al muchacho, y se lo devolvió a su padre.* El demonio quiso intimidar a Jesús pero se chocó con una autoridad mayor; es como si una piedra chocara con una roca, por cierto, esa roca es Cristo.

Continúa diciendo el verso, pero Jesús reprendió al espíritu inmundo, sanó al muchacho, y lo devolvió a su padre ¿Impresionante no? la última frase dice: y lo devolvió a su padre, por eso le dije al principio, que potestad significa: autoridad prestada, y lo que se presta se devuelve jajajajaja ¡¡¡Aleluya!!! Cuando Jesús sacó el demonio del cuerpo, devolvió el muchacho a su padre como si dijera: no es tuyo entrégalo.

La palabra potestad viene del latín; **potestati** que significa: Facultad, poder legal o capacidad para algo. Enfrentarse a una potestad de manera ilegal sería una derrota anunciada; me explico, si usted está en pecado, tiene algún rencor en su corazón y no ha pedido perdón, o no diezma, es desobediente, rebelde, no tiene una cobertura o un mentor, predica; pero no se congrega, usted siempre estará ilegal frente a los demonios, y más si son frente a potestades que es lo que estamos descifrando. Es una guerra de autoridad; quien se deja intimidar pierde; note algo, alguien que tiene autoridad sobre la enfermedad, es porque está sano, cuando Satanás y los demonios llegan a tener potestad y autoridad sobre alguien, es porque esa persona ha permitido que el pecado tenga potestad absoluta de su vida, la solución; es estar legal ante Dios, para que los demonios estén ilegal frente a ti.

Testimonio: Cuando apenas iniciaba en el ministerio como evangelista, tuve una de esas experiencias que nunca puedes olvidar, recuerdo que me preparaba para ministrar con el tema: "Cuando Cristo pasa algo pasa" y a la verdad, algo paso allí, muchos milagros, almas corrieron a los pies de Cristo aquella noche, personas con espíritus inmundo de diferentes rangos fueron liberadas por el poder de Jesucristo. Fue la primera vez en ver tantas personas siendo libres al mismo tiempo, la última ocasión sucedió recientemente en México; imagínese por un momento este escenario: yo siendo muy infantil, por así decirlo, apenas iniciaba en el ministerio, no tenía la experiencia necesaria pero sí la unción oportuna jajajaja, en aquel mismo instante cuando de pronto al ver tantos demonios pensé frustrarme pero el Espíritu Santo habló a mi vida diciendo: "Tú haces el papel de niño; yo hago el papel de hombre" jajajaja ¡¡¡aleluya!!! "¿Cuál es el papel de un niño en la mayoría de los casos? Sencillo, pedirle a su padre lo que él no pueda hacer, él lo resuelva.

Así lo hice, clamé al padre con mis ojos dirigidos hacia el cielo, medité en Abraham y en todas las promesas que Dios le hizo y me adueñé de ellas como si fueran mías también, claro está, a través de la fe, porque cuando puse mi vista al cielo miré muchas estrellas, ya que era al aire libre aquella campaña de salvación y milagros. Clamé y dije: Padre, en el nombre de tu hijo amado Jesucristo, desciende en este lugar y muestra tu poder y tu gloria; inmediatamente se produjo un fuerte viento donde literalmente los árboles comenzaron a moverse de manera violenta, el pueblo de Dios comenzó a adorar de voz en cuello y el reino de Dios aplastó el reino de las tinieblas aquella noche. En nuestro primer libro "Espíritu Santo un guerrero dentro de ti" había escrito algo acerca de Jesús cuando fue tentado por el diablo en el desierto, la Biblia dice que Satanás lo dejó por un tiempo, el apóstol Pablo dice: y habiendo acabado todo está firme; en estos dos escenarios podemos aprender que cuando hay una liberación de demonios, los espíritus inmundos dejan el cuerpo pero con la intención de volver, "No se rinden hasta verte rendido". Fue una noche intensa, mi cuerpo casi no lo sentía, cinco vasos de aguas no eran suficientes para reponerme, después de terminar solo veía cama en mis ojos pero a la misma vez agradecido de Dios por la victoria que habíamos obtenido.

La actividad aún no se había terminado, aún faltaban dos días más; reconozco que en ése momento estaba un poco inmaduro en base a lo que es guerra espiritual, no me percataba que los demonios volverían con sed de venganza, y esta vez, no cualquier demonio sino un principado mayor. Debo aclarar que estos tipos de reacciones demoniacas tendrán que manifestarse, en otras palabras, no podrás evitarlas, en un instituto bíblico podrán enseñarte echar fuera demonios, pero sólo en el campo de batalla sabrás cómo echarlos.

Al día siguiente, no fueron tantos demonios que se manifestaron en la campaña, ya el ambiente estaba despejado jajajajaja pero pareciera que todos los demonios salieron de los demás cuerpo y se introdujeron en un solo, como si dijeran: "vamos a enseñarle a la iglesia que en la unidad está la fuerza" jajaja; pero esto no es un asunto de cantidad sino de calidad, y el ejemplo más claro lo podemos ver en: (Mateo 8:30) cuando Jesús siendo uno solo, se enfrentó a legiones de demonios. Precisamente eso fue lo que me aconteció al día siguiente; el ambiente se sentía muy tranquilo, parecía que había paz; así como la que había en el huerto del Edén, tenga cuidado, porque cuando el ambiente está muy tranquilo, la serpiente antigua se está arrastrando "Muy fuerte" gloria a Dios por su Espíritu Santo que nos guía y da el discernimiento necesario para darnos cuenta por donde será el próximo ataque de las tinieblas.

En medio de la predicación el Espíritu Santo me interrumpe, si hay algo que me gusta del Espíritu Santo es cuando me interrumpe, sé que algo él quiere hacer, en ése momento él tomó la rienda y el control de todo, y me llevó entre la multitud mirando las personas una por una, algunos se sonreían, otros meditaban, algunos adoraban a Dios en voz baja; pero noté algo muy extraño en los ojos de una mujer, cuando la miré fijamente a los ojos me cortaba la mirada, y entre que me cortaba la mirada, no me podía ver fijamente a los ojos, esta es una de las formas más rápidas de darse cuenta que una persona tiene un espíritu contrario. Inmediatamente el Espíritu Santo me moviliza directamente donde estaba aquella mujer, cuando intenté ponerle las manos encima no pudo resistir y se sacudió con violencia como si dijera "no me toques", en ese instante el Espíritu Santo le dijo a mi espíritu; "es una mujer hechicera y está encargada de hacerle la guerra a la iglesia, y busca la forma de interrumpir la campaña de salvación, provocando división, desánimo, pereza y muchas otras cosas más que no provienen de Dios".

Cuando el Espíritu Santo me habló de esa forma, me puse en posición de batalla y comencé a reprender aquel principado, cuando le dije "en el nombre de Jesús sal de éste cuerpo", me dijo "tú no me puedes echar fuera a mí", yo le contesté "si, tienes razón, yo no puedo echarte pero Jesús sí puede", y me decía más fuerte "tú no puedes echarme fuera", y más fuerte le gritaba "¡sal de este cuerpo en el nombre de Jesús!", y aquel principado nada de salir; hasta que me gritó y me dijo entre cortado la voz "tú no puedes echarme fuera, porque ayer por teléfono le hablaste mal a tu madre y eso es estar en desobediencia". Cuando escuché que dijo esto, me frisé como cuando la nevera o el refrigerador congelan algo, me quedé sin palabras, y a pasos lentos caminé hacia atrás retrocediendo lentamente hasta que no pude echar fuera aquel demonio.

En ese momento no entendí lo que ahora entiendo; cuando estás ilegal ante Dios, los demonios pueden llegar a estar legal ante ti, también me doy cuenta que los demonios y Satanás siguen nuestros pasos buscando una manera de acusarnos delante de Dios, así como la visión que tuvo Zacarías del sumo sacerdote Josué.

*Me mostró al sumo sacerdote Josué, el cual estaba delante del
ángel de Jehová, y Satanás estaba a su mano derecha para acusarle.*

En lo personal le digo esto con toda sinceridad porque si le
llega a suceder a usted sabrá cómo lidiar con esta guerra espiritual, y salir victorioso en vez de rendirse.

No pude terminar la predicación, mucho menos la ministración, ¿por qué Dios permitió todo esto? Porque de seguro algo
me quería enseñar que no me enseñaron en el instituto bíblico,
y no es que estoy en contra del instituto bíblico no me valla a mal
interpretar, porque soy una persona que apoya la educación ministerial, y más si se trata de estudiar las escrituras. Dios no sólo
constituyó pastores, evangelistas, profetas, apóstoles; también
constituyó: Maestros, pero usted más que nadie debe saber esta
gran realidad, los demonios que no se manifiestan en una clase
bíblica pueden manifestarse en una campaña cuando estés ejerciendo el llamado para el cual fuiste escogido y diseñado.

Me fui al lugar donde estaba hospedado, frustrado conmigo
mismo, no con Dios, cuando lleguen frustraciones por los errores
que cometemos no nos enojemos con Dios, él no tiene la culpa
en esto, somos nosotros los que tenemos que cambiar y seguir
las instrucciones que Dios establece en su palabra; usted sabe
muy bien lo que le sucedió a Saúl por desobediente, fue dese-
chado y por esa razón no tuvo la valentía de enfrentar a Goliat
porque estaba ilegal delante de él ¿Qué debemos hacer en éste
caso? La respuesta no tenemos que adornarlas con términos fi-
losóficos sino con la verdad, ¿Cuál es la verdad en éste caso? Humillarse y pedir perdón; a Dios, y a quien hemos ofendido;
Aquella noche no me fue posible llamar a mi madre y pedirle
perdón porque estaba muy tarde y además no contaba con minutos en mi celular, ya que en mi país, Republica Dominicana, no
es de tanto desarrollo como Estados Unidos, donde resido ahora,
donde puedo llamar gratis a cualquier teléfono no importando
la hora; en aquel momento las dificultades hasta de ir a comprar
una tarjeta de minutos se me hacía muy difícil porque las perso-

nas ya tenían sus negocios cerrados, no tuve de otra que esperar que el sol saliera y despertar con la esperanza de dar los pasos correctos.

Con valentía y determinación me levanté como a las nueve de la mañana para dirigirme al colmado o ventorrillo, como se le conoce en mi país, compré la tarjeta de minutos, llamé a mi madre y sin darle explicación alguna, le pedí perdón y terminé diciéndole que la amo.

Deténgase conmigo por un momento analizar esta ilustración real, observe todo lo que tuve que pasar para estar legal ante Dios, no sé lo que le tocaría a usted hacer pero si le digo en esta hora, debes tener: valentía y determinación, haz lo que tengas que hacer que Dios se encargará de lo demás.

En ése instante algo en el mundo espiritual se activó a mi favor, ahora los demonios tienen la de perder y yo tengo la de ganar; están ilegal ante mí, mientras que yo estoy legal ante Dios.

Para no hacerle larga la historia, ése día sentía la atmósfera cargada de una presencia impresionante, sentía que el cielo completo se había mudado para la tierra esa noche, cuando llegó la ministración; Dios me había revelado ocho personas que estaban en una lista, conocida como: "la lista Negra", cuando inicié mencionando los nombres, así en orden iban pasando al frente para entregarle sus vidas a Cristo, en ese momento aquel mismo principado que me había desafiado, usando como Puente el cuerpo de aquella mujer hechicera, corrió al frente gritando "No, No, No te pertenecen", en cambio, la miré fijamente a la cara, con una sonrisa espiritual y de confianza, de esas que te le ríes a alguien cuando sabes la verdad aunque esa persona busca la manera de mentirte; y le dije "te reprendo en el nombre de Jesús", sin titubear rápido me contestó: "Tú no puedes echarme fuera a mí".

Aquel demonio pensó que iba a preguntarle ¿por qué? Sin embargo, sabiendo en mi espíritu la confianza que sentía de parte de Dios en aquel momento, sólo le contesté "tienes razón, no soy yo el que te va a sacar, sino el que está en mí, que es más poderoso que yo, en el nombre de Jesús sal de ella ahora"; al instante aquel principado al escuchar el nombre de Jesús, en los labios de un hijo legal ante Dios, echó un grito y cayendo a tierra se revolcaba de diestra a siniestra, hasta que aquella vida fue: "LIBRE" pero para que ella fuera libre, primero tuve que ser libre, muchas veces hacemos de algo sencillo algo tan complicado, ¿Qué le quiero interpretar? Primero sea libre antes de ministrar liberación; ¿Cómo me doy cuenta que necesito liberación? No espere que el demonio se lo diga jajajaja, como aquel endemoniado de Gadara más conocido como "el endemoniado gadareno", que postrado ante Jesús clamaba diciendo: "Sé quién eres, eres el Santo de Dios", como si le enseñara a los discípulos a adorar a Jesús, no espere que los demonios le enseñen lo que usted debe hacer, muéstrele a los demonios lo que Dios es capaz de hacer con alguien que está legal ante él ¡¡¡Aleluya!!!.

Consejo Práctico del capítulo 3

A. Antes de tomar una decisión; consulte con Dios primero y luego con su pastor o mentor.

B. Asegúrese que la esposa que tiene es ayuda idónea y no errónea, porque en medio de la trayectoria necesitarás su ayuda y compañerismo. Y si usted como cabeza y sacerdote del hogar no la puede convencer, espere que Dios lo haga, si él la sacó de la Costilla de Adán; sabrá también cómo introducirla al propósito; o, vice versa, en caso de que sea la mujer que necesite de su esposo.

C. Mantener la fe, es mantener el propósito con vida. Medite siempre en la promesa que Dios le ha hecho, y no en la crítica que hagan los demás."Enfoque".

D. Si no tienes los recursos, comience con lo que esté a su alcance, lo demás Dios lo alcanza para colocarlo en sus manos, porque cuando Dios visita a un hombre o una mujer, nunca llega con las manos vacías.

E. Honrar a Dios con tus diezmos y ofrendas; ya que tanto el primer sueldo de mi esposa, como el mío, cuando ya empezamos a producir claro está, se lo dedicamos a Dios para su obra, no tomamos ni un centavo menos ni un centavo más.

F. Estar alerta, porque lo que Dios construye, el diablo quiere destruirlo. Esto conlleva a ser un constante atalaya y cuidar con mucha cautela lo que con tanto sacrificio se ha logrado; sean las almas recién convertidas, la armonía en el hogar, la presencia de Dios en su templo, el primer amor, la comunión e intimidad con Dios y sobre todo; su salvación.

G. La G viene de Gigante, así que tenga por seguro que los demonios, principados, gobernantes, potestades, huestes de maldad de las regiones celestes se van atravesar en el medio del camino para impedir el avance, pero usted siga peleando con perseverancia, porque la G también porta otro nivel: Gloria jajajajaja. Después del gigante viene Gloria, después del proceso viene Victoria, y no *Victoria's Secret* jajajajaja. Si eres de Manhattan NY entiendes éste lenguaje.

H. En tiempos de los patriarcas las guerras se pelearon contra humanos, desde el tiempo de Juan el Bautista hasta hoy es una guerra espiritual contra demonios, la falta de discernimiento puede llevarte a pelear contra el enemigo equivocado. "Discierne".

I. Esta es la que más resultado nos ha dado cómo ministerio y de manera personal. Intercesión, porque si no intercedes Dios no interviene. La intercesión interrumpe los planes del diablo, y cuando el diablo es interrumpido; los demonios son confundidos.

Capítulo 5

Guerra en los aires

Todo comenzó desde la ventanilla de un Avión

Siempre hay una motivación o una inspiración para dar inicio a algo, en éste caso escribir dicho libro, que dicho sea de paso con el tema: "Guerra En Los Aires". Todo comenzó a desarrollarse desde aquel momento que cada vez que Dios me daba la oportunidad de predicar en diferentes estados de los Estados Unidos u otras naciones, acostumbraba a escoger la ventanilla, donde observaba con mis ojos la belleza de la naturaleza y creación de Dios desde aquella altura, que aún hasta el día de hoy, no deja de sorprenderme. Es maravilloso estar allí arriba pero a la misma vez tenebroso como si estuvieras participando de una película de ciencia ficción donde tienes la esperanza que vas a llegar a tu destino pero no sabes cuándo, son tantas las experiencia que vivo cada fin de semana que Dios me permite volar en el más conocido: pájaro de acero; <de acero>; porque de carne no tiene nada, sólo los que estamos dentro jajajajaja. En la mayoría de los casos siempre escojo la ventanilla, o *window* cómo se le conoce en Inglés, puedo llegar a deducir, que siempre escojo la ventana; de un diez, un nueve.

Cuando inicié mis primeros viajes las personas que me compraban los *tickets* de avión, escogían asiento bien retirados; en mi hermoso país le llamamos: "la cocina", en otras palabras, "los asientos de atrás", no era de sorprenderme porque soy del tipo de persona que me da igual sentarme detrás como sentarme delante, no soy conformista cuando se trata de lograr más, pero cuando se trata de lo que Dios quiere permitir que suceda, sólo sonrío y doy gracias a Dios por todo. Mantuve la misma costumbre de cuando me tocaban tomar los diferentes autobuses que me transportaban a diferentes provincias en la República Dominicana, de donde soy natal, donde de igual manera siempre me dirigía hacia la cocina, "La parte de atrás". Hoy en día viajo en primera clase con privilegios que concede esta posición. Sin embargo, no es muy alentador estar sentado allí delante aunque te llegas a encontrar con artistas reconocidos y hasta actores de películas que viajan en primera clase; digo que no es muy alentador para mí en lo personal, porque si el avión se estalla los primeros que sufren son los primeros: "Los de primera clase" es como si dijera: los de primera clase se van en primera clase jajajajaja por lo menos sentado detrás le da tiempo de arrepentirse ante Dios si le ha fallado jajajajaja.

Allí mi imaginación se liga con mi mente espiritual y terminamos observando y pensando cosas inimaginables. Lo primero que me pasó por la mente al estar allí arriba es ver que al igual que yo, hay otros aviones volando con más personas y, eso me lleva a pensar que así como hay movimiento en la tierra, también hay movimiento en los aires, (aquí hablo con mi mentalidad espiritual) de igual manera que hay guerra en la tierra, hay guerra en los aires; en otras palabras, así como ves que los aviones se transportan de nación a nación y de país a país; hay ángeles que también entran en ese movimiento, la diferencia es que el avión lo puedes ver con los ojos físicos, los ángeles necesitan visión espiritual.

Mi intención en este libro no es demostrar alguna habilidad lírica o literaria, mucho menos socavar en el corazón del lector la perspectiva de que vaya a decir "que profundo o ingenuo es el pastor Israel", al poder con denuedo y tenacidad jugar con las palabras para hacerle creer algo que no hemos visto o experimentado, en ninguna manera, esa no es mi intención; mi mayor satisfacción como ministro en estas páginas es recordarle y llevarle a retomar el conocimiento de la guerra en los aires que se está librando a nuestro favor, la cual es realmente real. No es una batalla de aves, mucho menos una guerra de aviones; es más, que eso es una guerra de ángeles de Dios contra ángeles caídos, o espíritus sin gloria. "Demonios", Mientras miraba por la ventana meditaba en mi espíritu y trataba de conectar mi vista con el aire pero nunca fue posible, ¿saben por qué? Porque el aire no se ve aunque se sienta; lo impresionante de esta experiencia en los aires es, que el avión para mantenerse en los aires a parte de las fuertes turbinas requiere de los fuertes vientos lo cuales le ayudan a mantener un balance y una estabilidad estática que lo mantiene firme; por cierto, hay una altura donde las turbinas la ponen a descansar y es donde el aire comienza a formar parte del mejor amigo del avión, "Los vientos" así sucede de igual manera con las águilas, que por cierto dicho sea de paso, vuelan con más tenacidad con vientos contrarios.

Mucho de nosotros pensamos que sólo en el principio cuando Dios creó Adán fue la única vez que Dios sopló, pero en realidad observando por aquella ventana mi espíritu se conectaba con el espíritu de Dios; donde él me enseñó que constantemente está soplando, las aves dependen del viento, el avión depende del viento, el ser humano depende del viento; el viento es el soplo de vida que Dios ha permitido que sintamos aunque no lo veamos, eso me da a entender que hay guerra en los aires, que hay ángeles parloteando sus alas fuerte para poder volar en el mundo espiritual. Eso me da entender que sí hay algo que se siente y no se ve, hay otro mundo por descubrir y es el invisible. Las veces que llegué a subir al monte a orar, observaba con mucha cautela y circunspección cómo el viento que no se ve, mueve los árboles que sí se miran con vuestros ojos físicos; esto muestra como evidencia de manera precisa, de que algo invisible puede llegar a contrastar o dominar algo físico. Lo que quiero interpretar es lo siguiente: lo espiritual puede tocar lo físico, pero lo físico no puede tocar lo espiritual, es decir: Un demonio puede entrar en un cuerpo, pero un cuerpo no puede entrar en un demonio; esta es una evidencia convincente y razonable para entender la guerra intensa que hay en los aires, donde los ángeles caídos quieren introducirse en cuerpos humanos mientras que los ángeles de Dios luchan por impedirlo; Descifremos este enigma conforme a las escrituras.

Pero la serpiente era astuta, más que todos los animales del campo que Jehová Dios había hecho; la cual dijo a la mujer: ¿Conque Dios os ha dicho: No comáis de todo árbol del huerto?

En ningún momento Eva se imaginaba que hablaba con Satanás, y eso puede llegarle a pasar a usted o a mí, que estemos hablando con alguien y detrás de esa persona esté hablando un demonio; y hasta el nombre de Dios esté usando. Por eso en el ministerio usted necesita tener a su esposa a su lado, porque el día que no le dé oportunidad de utilizar el discernimiento, ella le ayudará con su astucia de sospecha jajajajaja si usted está casado entiende éste lenguaje, y si no lo está reprenda ése espíritu de solteriti y cásese jajajajaj.

La serpiente en ningún momento se introdujo a Satanás, fue Satanás el que se introdujo en la serpiente, no cabe duda que los espíritus ven los cuerpos humanos; pero los humanos no pueden ver los espíritus a menos que estemos en el espíritu. Usted podrá colocarse el mejor vestido para ir a la iglesia, o el mejor traje con una muy lúcida y combinada corbata; sin embargo, nada de eso impresiona a los demonios si llegamos a pensar y meditar que los espíritus de las tinieblas dejaran de atacarnos porque nos pongamos algún vestido que llame a la atención; o nos haga más santos que los demás, nuevamente le reitero; estamos equivocados, los demonios quieren tu cuerpo no tu ropa, quieren tu alma y no tu vestido; esto no quiere decir que usted va a andar desnudo, no, en ninguna manera; cubrirse, es cubrir vuestra vergüenza que fue producto del pecado por la desobediencia de Adán y Eva, pero se nos olvida lo primero de lo principal: fortalecer nuestro ser interior.

¿Se ha preguntado usted cómo miraba Satanás a Eva? Porque si pensamos que Satanás está dentro de la serpiente, por cierto; se ha descubierto que los animales cuando ven a su alrededor no miran a color sino blanco y negro ¿Cree usted que Satanás miraba a Eva blanco y negro? La respuesta es "No", escudriñe esto conmigo con mucha cautela, algo que no tiene color no tiene sentido de ser, la túnica de José causaba envidia no solo por su contenido de pacto sino también por sus colores reales que lo colocaban a él como un príncipe sin reinado, como un gobernante sin gobierno hasta que llegó el día del cumplimiento. Lo que quiero enfatizar es lo siguiente: Satanás sintió envidia en ver en Adán y Eva aquel resplandor de la gloria de Dios impartida en una semejanza traspuesta a un polvo que entró en color cuando Dios sopló aliento de vida; recuerde muy claramente que cuando Adán y Eva desobedecieron se vieron que estaban desnudos; la pregunta es, si se vieron que estaban desnudos, ¿Con qué estaban vestidos? Diga conmigo: vestido de gloria, así es como los demonios y Satanás lo ven a usted, cuando tienes una relación con Dios; "vestido de gloria" la Biblia enseña que Cristo es el resplandor de la gloria de Dios, en otras palabras, cuando estás vestido de gloria portas un resplandor que los demonios no pueden acercarse a nosotros, lo mismo sucedió con Moisés cuando bajó del monte después de haber tenido contacto con Dios, esa gloria se le pegó y luego; "Resplandecía".

Hebreos 1:1

Ciertamente de los ángeles dicen: El que hace a sus ángeles espíritus, Y a sus ministros **llama de fuego**.

En otras palabras, somos una llama de fuego caminando en la tierra, Jesús dijo: Vosotros soy la luz del mundo, créalo hermano, en esta hora usted porta la luz de Cristo, y esa luz es la que Satanás y los demonios quieren apagar, vosotros somos una llama de fuego caminando en la tierra de los vivientes; y nuestro trabajo es mantener esa llama ardiendo. Si usted como creyente e hijo de Dios mantiene ése fuego ardiendo, nunca un demonio podrá introducirse en su cuerpo.

Aquella madrugada eran aproximadamente las cinco de la mañana, el capitán había anunciado que en media hora se efectuaría el descenso, ósea, el aterrizaje. En ése momento se me ocurrió abrir la ventana para observar hacia fuera, las nubes se veían hermosas, juntas y sin moverse para ningún lado; parecía otra ciudad sin edificios y sin tráfico, comencé a meditar en ese y tan esperado momento en el cual el hijo de Dios venga de regreso a rescatar a su iglesia en las nubes, sólo meditaba en eso cuando de repente mis pensamientos fueron interrumpidos por dos ángeles que salieron de entre las nubes, uno queriendo volar hacia abajo, y el otro buscando la manera de impedir que aquel que quería descender; no bajara. Por naturaleza tengo los ojos pequeños o chicos, como suelen decir en otros países, esto para mí siempre será un enigma por resolver, porque usualmente para mirar o ver bien las cosas necesitamos abrir bien nuestros ojos, en cambio personalmente mientras más se van cerrando es cuando más me estoy enfocando, y así sucedió, enfoqué mis ojos para identificar aquella visión que el Espíritu Santo me permitió observar, puedo asegurar que era algo real, porque seguía escuchando las personas hablar dentro del avión.

Eran dos ángeles muy gigante, fuertes, con alas, en ninguna manera pude interpretar sus rostros, pero sí pude notar algo sorprendente y asombroso, era algo como visible lo invisible a la misma vez, me explico, cuando miraba su cuerpo era transparente, pero se identificaba su forma de ángel por las alas paradas hacia arriba; lo que me dejó impactado era que yo esperaba una guerra de esas que miras en un ring de boxeos donde luchan por quien dé el mejor o primer golpe; aquellos ángeles no luchaban por darse algún golpe, sólo observaba que uno quería bajar y el otro lo resistía.

En ése instante el Espíritu Santo habló a mí vida diciendo: es una batalla de **"Resistencia"** resistid pues al diablo y de vosotros huirá; ¿le es familiar éste verso? si usted es de los que guarda la palabra de Dios en su corazón, entenderá perfectamente el tipo de guerra espiritual que estamos peleando como iglesia.

Aquellos ángeles mostraban resistencia, uno por bajar y el otro por impedir que descendiera, cada vez que chocaban se producían rayos y relámpagos; uno resplandecía, el otro no, entonces pude entender que uno era un ángel caído y el otro un enviado de parte de Dios, para interrumpir algún plan o propósito que Satanás había estado planificando, mi corazón humanamente estaba latiendo, porque en los años que tengo como Cristiano nunca había visto algo así. Y mucho menos estando yo en los aires.

Luego aquellos ángeles desaparecieron mientras que yo meditaba; cuando salgo a ministrar siempre cargo conmigo dos cosas; una Biblia y un diccionario, es lo único que necesito para preparar un sermón, lo primero que tomé fue mi diccionario, que por cierto un amigo evangelista me lo había enviado de Jerusalén, la tierra donde Cristo nació, creció, caminó, murió y resucitó ¡¡¡Aleluya!!!

Se me ocurrió por buscar el significado de la palabra "ángel" donde allí pude tener más entendimiento de aquella visión que el Espíritu Santo me había mostrado, pero no fue hasta que fui a las escrituras donde ciertamente quedé asombrado y maravillado;

Daniel 10:5-6

Y alcé mis ojos y miré, y he aquí un varón vestido de lino, y ceñidos sus lomos de oro de Ufaz. Vs 6 Su cuerpo era como de berilo, y su rostro parecía un relámpago, y sus ojos como antorchas de fuego, y sus brazos y sus pies como de color de bronce bruñido, y el sonido de sus palabras como el estruendo de una multitud.

No se trata de cualquier cosa, son seres espirituales muy poderosos, por eso nosotros como hijos de Dios debemos con vehemencia aferrarnos al poder de Cristo; porque es el único poder que tiene la capacidad de destruir los demonios y su plan.

Efesios 6:10

Por lo demás, hermanos míos, fortaleceos en el Señor, y en el poder de su fuerza.

Que pude aprender de esta batalla de resistencia en los aires, Que ciertamente los ángeles de Dios están peleando a nuestro favor, estoy totalmente convencido que en cualquier lugar del mundo hay millones de ángeles luchando en las alturas contra demonios que están convocados en ir a la tierra para ocupar un cuerpo; como hijos de Dios y representante de dicho Reino, debemos dejar a un lado la ociosidad de pelear por poderes físicos o por posición ministerial; que si mi iglesia es más grande que la tuya, que Dios me usa más a mí que a ti, que tengo más seguidores en las redes sociales más que tu ministerio, que Dios me usa en el fluir de palabra pero tú sólo brincas y saltas. Que significa todo esto, sencillo, estamos haciendo resistencia contra los enemigos equivocados, y cuando gastamos energía en algo que nunca formó parte de nuestro destino profético, es donde Satanás y los demonios han ganado ventaja, debemos con urgencia caminar en el poder del Espíritu Santo, tal y como Cristo caminó; usted tiene que atrapar esta palabra: **Jesús no tuvo la necesidad de poner resistencia sobre los demonios, porque los demonios no lo pudieron resistir** jajajajaja Aleluya, alguien tiene que soltar un amén con fuerza.

Marcos 1:24

Diciendo: !!Ah! ¿qué tienes con nosotros, Jesús nazareno? ¿Has venido para destruirnos? Sé quién eres, el Santo de Dios.

El endemoniado de la sinagoga en Capernaúm es el vivo ejemplo de resistencia; Los versos anteriores muestran una paradoja un poco irresistible, ya que el verso veintiuno dice: *Y entraron en Capernaúm; y los días de reposo, entrando en la sinagoga, enseñaba.* Este verso me pone pensativo y a la misma vez reprensivo con un celo santo en pensar que día de reposo; también el demonio estaba reposando, sí, así como usted lo puede leer en la Biblia; en la sinagoga, lugar de adoración y comunión con Dios, donde los demonios no deberían acomodarse sino sentirse incómodo, porque están en un lugar donde la presencia de Dios reposa, pero lamentablemente una iglesia que sólo se enfoca en religión y no en una relación con Dios; estos serán los resultados. Pero qué bueno es saber que Jesús trajo reposo al día de reposo, y quiero que usted se abroche los cinturones en estos momentos; porque lo que está a punto de recibir activará la unción del Espíritu Santo en su vida.

!!Ah!! Decía el demonio ¿Qué tienes con nosotros, Jesús nazareno? ¿Has venido para destruirnos? sé quién eres, el Santo de Dios, aquí podemos apreciar claramente tres puntos principales.

A- Los demonios salen en el nombre de Jesús, de manera que Jesús no tiene necesidad de usar su propio nombre; porque ya el demonio anunció su derrota, cuando dijo: "Jesús nazareno", Impresionante, el demonio sabía hasta la dirección donde Jesús vivía.

B- El demonio reconoce que sólo Jesús puede destruirlo; no sólo echarlo fuera "destruirlo" En otras palabras: **Cuando tienes a Jesús por dentro, los demonios y Satanás siempre estarán fuera.**

C- Esta es la más importante, porque a partir de esta dependerán las demás; el demonio reconoció su impureza cuando le dijo a Jesús: "sé quién eres, el Santo de Dios. Eres puro, apartado del mar, no eres uno de nosotros, no te familiarizas con el pecado, eres diferente por eso haces la diferencia, no sólo tienes autoridad; eres la autoridad". Qué más le pudiera decir, si ya el demonio lo dijo todo: Eres SANTO. Impresionante; los demonios recordándole a los de la sinagoga la adoración de los veinticuatro ancianos y querubines que dicen: "Santo, Santo, Santo". No dude que éste demonio que se manifestó en la sinagoga, sea un principado con experiencia de querubín, porque sólo los querubines están cerca de la santidad de Dios; y, como Satanás arrastró la tercera cuarta parte de los ángeles, quién sabe si también arrastró querubines que se dejaron seducir por la cola de Satanás que es la avaricia de poder. Favor léase: **(Isaías 6:2,3).**

Si eres hijo de Dios, también tienes poder sobre Satanás y sus demonios, no importa contra qué rango te enfrentes, si el rango mayor está de tu lado, los demás son rasos jajajajaja no olvide que Cristo es el Rey, nosotros somos príncipes y los demonios siguen siendo siervos que colaboran con el diseño de Dios en nuestras vidas; usted tiene que asimilar esta palabra y hacerla suya; lo que llega a tu vida de manera negativa es para sacar lo positivo que hay de Dios en ti, aquel demonio se manifestó simplemente para revelar delante de los escribas, fariseos y doctos de la ley; la autoridad que tiene el hijo de Dios sobre los demonios. Ciertamente eso sucederá con usted, si estás ungido por el Espíritu Santo, con alguna asignación en la tierra; lo que venga en tu contra, sacará el poder y la autoridad de Dios que llevas dentro. En otras palabras, lo que sea que te esté sucediendo no descargue esa autoridad contra tu prójimo, sino contra los demonios que son tu verdadero enemigo. Jesús nunca echó la persona de la sinagoga; echó el demonio fuera de la sinagoga, y exactamente es lo que nosotros debemos hacer en el nombre de Jesús.

El ser humano no fue diseñado para vivir en los aires, pero sí para habitar en las alturas por medio del Espíritu Santo; Jesús mientras estuvo en la tierra mostró autoridad sobre los demonios, por la relación íntima que siempre ha tenido con Dios; este ejemplo queda demostrado que siendo humano se puede vivir una vida en el espíritu que te lleva a empoderarte sobre cualquier espíritu de demonio. Habitar con Dios en su presencia es habitar en las Alturas.

Salmos 110:1

Jehová dijo a mi Señor: Siéntate a mi diestra, Hasta que ponga a tus enemigos por estrado de tus pies.

Cuando habitamos en la presencia de Dios, es como estar a su diestra, usamos nuestros pies para caminar en la tierra, y nuestro espíritu para habitar en las alturas. De manera particular puedo testificar de lo que se siente estar en la presencia de Dios y anhelar no querer salir de allí, de la misma manera puedo también dar testimonio de lo que se siente estar en un avión y anhelar querer bajar jajajajaja por eso en cuanto a las alturas se refiere, prefiero habitar en la presencia de Dios que habitar en un avión, un avión nunca podrá permanecer en las alturas pero la presencia de Dios sí. Y para poder ganar la batalla contra los demonios; el mejor lugar para pelear contra ellos, es estando en la presencia de Dios.

Indiscutiblemente, lo creas o no, estamos peleando una batalla intensa, y dicha batalla se originó en el cielo y luego dio continuidad en la tierra. ¿Por qué en la tierra? Pudo ser en el planeta Martes, Miércoles o Jueves jajajaja pero afortunadamente la tierra fue el lugar que Dios diseñó para plantar su creación y, como en la mayoría de los casos suele pasar, alguien quiso arruinar la fiesta y lo hizo de la manera que siempre lo ha hecho, con mentiras, engaños e hipocresía. Pero esta vez, usando lo creado.

¿Por qué lo creado?

Lo creado es el puente que los demonios usan para cruzar al mundo físico. Es sólo a través del cuerpo humano que ellos pueden funcionar y actuar, no tienen imagen física, por eso quieren la que Dios nos dio a nosotros los seres humanos, ellos son conscientes de lo que son "Espíritus" y por cuanto son espíritus no se ven, y por cuanto no se ven quieren darse a conocer usando lo creado por Dios. Sí, así como usted lo está leyendo en esta hora; lo creado por Dios es lo que los demonios y Satanás usan para ejecutar sus planes malévolos y querer destruir lo que en un principio Dios creó como imagen y semejanza, como ellos no pueden destruir al que imparte la semejanza, quieren destruir la semejanza impartida en la creación, esto me pone a pensar y meditar ¿Cómo ellos "Los demonios" descubren tal habilidad? Yo diría, aprendiendo de su maestro que se introdujo en una serpiente, pero el maestro observó a su superior, Rey y dueño; introducir su espíritu "Soplo De Vida" en un polvo; sin duda alguna, esta es la razón por la que como creaturas que somos debemos salir de la óptica de Satanás y entrar en la óptica de Dios.

En otras palabras, sólo si estamos en la carne ellos pueden ocupar nuestro cuerpo, pero si llegamos a estar en el Espíritu eso le pone un stop o pare, porque respetan que somos uno con Dios. Observe algo asombroso, cuando Adán y Eva fueron creados, Satanás no pudo ocupar sus cuerpos, tuvo que usar un plan B porque el A no le dio resultado, aquí podemos apreciar claramente la única razón contundente; porque estaban en el espíritu y vestidos de gloria, es tan sorprendente esto que la Biblia revela que cuando ellos desobedecieron se vieron desnudos; preste mucha atención, porque esto apenas se pone interesante, se vieron que estaban desnudos porque salieron de lo espiritual y entraron a lo físico, donde exactamente Satanás lo quería "En la carne" por eso un espíritu no se atrae por otro espíritu, así que deje de estar diciendo que Satanás es un sucio, cuando un espíritu no se ensucia; simplemente échelo fuera en el nombre de Jesús.

Cuando vivimos en el espíritu y en obediencia a Dios, tenga por seguro que para los demonios será un intento fallido ocupar nuestro cuerpo, ya que cuando estamos en el espíritu inmediatamente pasamos a ser templo del Espíritu Santo, esta es la razón por la que debe usted reconocer la autoridad que Dios le ha dado sobre Satanás y los demonios, no es usted el que debe ser sacado del lugar que Dios diseño para ti, son los demonios que deben ser sacados de su entorno. Algo que aprendí en el espíritu escudriñando este escenario bíblico de Adán y Eva, en el principio y es que ahora entiendo porque ellos no pudieron echar fuera a Satanás; por la razón que el nombre de Jesús aún no había sido activado sobre nosotros, por eso Dios permitió todo esto, que de seguro algún día iba a suceder, pero Dios antes de permitir las cosas ya tiene todo sumamente calculado, a él nadie lo sorprende. Por eso, nosotros, "La iglesia" tiene hoy en día autoridad sobre Satanás y los demonios, porque como hijos de Dios el nombre de Jesús está activo a nuestro favor, tan poderoso es esto que los Demonios son tan hábiles que pueden introducirse en un cuerpo, pero los hijos de Dios tan poderosos que podemos sacarlo de allí. "En el nombre de Jesús" My God alguien tiene que decir ¡¡¡Aleluya!!!...

Lo creado produce

Todo lo que Dios creó produce, el sol produce claridad y resplandor, las aguas producen peces, la tierra produce plantas, y las plantas árboles y los árboles hojas, y desde las ramas salen frutos ¿Impresionante No? pues eso te puede llegar a imaginar lo que Satanás comenzó a maquinar -Como todo aquí produce menos yo jajajajaja necesito algo que produzca lo que yo no puedo producir"- Es portentoso y a la misma vez curioso, observar cómo un ser tan poderoso se vale de algo tan simple para querer dar inicio a un plan que venía seguido de destrucción y desalojo, para Adán y Eva. Esto es una muestra más que Satanás es muy astuto, tan astuto que también utilizó la astucia de la serpiente y no la de Chespirito, "No contabas con mi astucia". Siendo tan poderoso se camufló en algo simple y credo por Dios, en cambio Eva le seguía la corriente a la serpiente, así como la curiosidad mató al ratón, así de igual manera la curiosidad destruyó esa comunión que tenían Adán y Eva entre lo creado y el creador, digo Adán y Eva porque son una sola carne. **(Favor léase: Génesis 5:2).**

La serpiente que no hablaba Satanás la puso hablar; se imagina usted que su mascota sea un perrito chihuahua. Algo así como el que teníamos donde mi suegra, y que de repente le grité: "Hey, no me has dado comida hoy" ¿cómo usted se sentiría? Sorprendido y a la misma vez espantado y si tiene la autoridad de Cristo lo reprende en el nombre de Jesús jajajaja o en dado caso de no querer salir, de seguro que lo saca o lo lleva donde el veterinario, que dicho sea de paso, deseando que el veterinario sea alguien espiritual para poder lidiar con ése espíritu infiltrado.

Sólo con Eva ver una serpiente hablando debió entender que algo andaba mal, en mi caso rápido me doy cuenta cuando alguien cercano a mí me está hablando con inseguridad, y siento en mi espíritu que algo no anda bien; Adán sólo le puso nombre a los animales pero no le dio autoridad a la serpiente para que hablase; de hecho, Dios tampoco le había dado autoridad a la serpiente para que pudiera hablar, eso no estaba en el diseño original. Esto muestra cómo Satanás con su astucia puede dañar el diseño original en una persona introduciendo malos pensamientos y desviándolo de la fe en Cristo. Si Dios no lo llamó hablar mentira, no la hable mucho menos la diga, si Dios no lo llamó a ser hipócrita no lo sea, mucho menos lo intente; alguien tiene que estar entiendo lo que estoy expresando en estos momentos; **todo lo que Satanás toca lo daña, pero todo lo que Dios toca lo bendice.** Aleluya.

En una ocasión yo decía predicando, que Satanás y sus demonios son estéril; "No pueden producir" en otras palabra, no tienen el don creativo para crear, sólo Dios es el creador de todo, hasta del mismo Satanás, y como Satanás no puede crear por eso quiere usar lo creado, para crear división, malos entendidos, desobediencia, pleitos, ira, enojo, desánimo y muchas otras cosas más que él puede crear usando lo creado, la serpiente no tenía la culpa pero al final se vio como culpable, porque cuando Satanás no logra verte como culpable; buscará la manera que seas cómplice tan siquiera, ¿Cómo podemos escapar de ser usados por Satanás? Es simple esta respuesta: Dejándonos usar por Dios, y para eso debemos vivir una vida de obediencia a Dios.

Cuando es el Espíritu Santo que te está usando, Satanás tiene que respetar ese espacio que alguien mayor está ocupando, él sabe muy bien la razón por la que lo sacaron del cielo, por querer ocupar asientos reservados jajajajajaja uy, alguien tiene que adorar a Dios con esta palabra, cuando Satanás quiera llegar a tu vida con ofertas nubladas, o de inseguridad debes gritarle: "Estoy ocupado, el Rey de Reyes ya vive en mi corazón". Esta palabra alguien tiene que atraparla y hacerla suya; Lo que Dios ha reservado para ti Satanás no podrá tocarlo, en las sagradas escrituras podemos ver un ejemplo impresionante que nos lleva abrir nuestra mente espiritual al respecto.

Sin trono

Nunca podemos llegar a decir que Satanás fue destronado, pues nunca tuvo trono, la Biblia no dice destronado, dice: Derribado. (Biblia de las Américas)

Isaías 14:12

¡Cómo has caído del cielo, oh lucero de la mañana, hijo de la aurora! Has sido **derribado** *por tierra, tú que debilitabas a las naciones.* En otras palabras: "Cortado" como lo muestra la Biblia reina Valera.

Este verso revela la seriedad de la guerra espiritual que estamos librando, él busca entronarse en una ciudad, en un barrio, alguna escuela, o alguna nación. En otras palabras, lo que él no pudo conseguir en los cielos quiere tratar de conseguirlo en la tierra, esto es más serio de lo que usted se imagina; Dios sabiendo la intensión de Satanás en querer buscar un lugar para sentarse, elige en darle las coordenadas a Moisés para construir el tabernáculo, que por cierto toda la estructura fue fomentada bajo un diseño divino y celestial; si observamos con atención el tabernáculo estaba compuesto por: **A)** La puerta de inicio conocida como la Cortina de entrada **B)** El altar de sacrificio **C)** El labacro o más conocido como la fuente de bronce donde el sacerdote y sumo sacerdote la utilizaban como espejo para observar su vestidura **D)** El lugar santo donde se encontraba; La mesa de los panes sin levadura, El candelabro, conocido como las siete lámparas del testimonio y también el altar de incienso **E)** En el lugar santísimo ya sabemos lo que se encontraba allí, el arca del testimonio o pacto que representaba la misma presencia de Dios.

Todo estaba bien estructurado conforme al diseño divino, pero si observamos, en ningún lugar apreciamos una silla, ni siquiera para que el sumo sacerdote se sentara, pero todo fue a propósito, porque Dios conocía la intensión de Satanás que había sido derribado del cielo porque su único objetivo era poner su trono al lado del de Dios y ser semejante al altísimo, nosotros como hijos de Dios debemos entender que en el cielo sólo hay un trono alto y sublime y el que está sentado es poderoso y lleno de gloria y majestad, cuando estás ante su presencia no te queda otra alternativa que postrarnos antes sus pies; cosa que lucero "Satanás" no quiso, y lo que él rechazó nosotros los hijos de Dios nos apropiamos y empoderamos de esa actitud que nos hace ver pequeños ante Dios pero grandes ante Satanás y su reino de las tinieblas. Nunca lo olvidé: **Mientras estamos a los pies de Cristo, somos pequeños ante él, pero grande y gigante frente a Satanás y sus demonios.**

Job 1: 6-7

"Un día vinieron a presentarse delante de Jehová los hijos de Dios, entre los cuales vino también Satanás. 7Y dijo Jehová a Satanás: ¿De dónde vienes? Respondiendo Satanás a Jehová, dijo: De rodear la tierra y de andar por ella.

Cuando Dios le preguntó a Satanás que donde había estado, Satanás le respondió que había estado en la Tierra, "andando por ella". En otras palabras: "En los aires", sí, en los aires, porque desde arriba se tiene mejor vista para tomar o atacar a una presa. No cabe duda que Satanás es un Querubín con alas que vuela de diestra a siniestra buscando a quien devorar, En **Efesios 2:6-7**, el Apóstol Pablo llama a Satanás el "príncipe de la Potestad del Aire". La referencia a "aire" se refiere al aire que rodea a esta tierra; esta es otra forma de decir "Tierra" El ejemplo de Pablo aquí es el de Satanás siendo el dictador (príncipe) absoluto de esta tierra. ¿Qué busca Satanás? Busca atacar a los justos porque a los injustos lo tiene justo en su plan y atados, pero busca la manera de desviar a los justo de la justicia divina, pero los hijos de Dios que practican la justicia no tienen de qué atemorizarse porque tenemos un Dios que sí hace justicia y pelea a favor de aquellos que sirven al Señor con todo su corazón. ¿Se imagina un príncipe sin trono? Pues así anda Satanás rondando la tierra en busca de un trono para sentarse y recibir adoración. Es tan profundo esto que le estoy impartiendo, que lo podemos comprobar cuando Jesús enfrenta a Satanás en el desierto cuando el mismo diablo le pide a Jesús que tan sólo le adore.

Mateo 4:8-9

---

*Otra vez le llevó el diablo a un monte muy alto, y le mostró todos los reinos del mundo y la gloria de ellos, -9 y le dijo: Todo esto te daré, **si postrado** me adorares.*

Él está diciendo con esto, tú te postras a adorarme mientras yo me siento a recibir tu adoración. Pero la respuesta de Jesús fue más cortante que una espada de dos filo cuando le dijo: al Señor tu Dios adorará y a él sólo servirás; en otras palabras, sólo hay un trono y el que está sentado en ese trono sea la gloria y toda la honra por siempre amén.

Ciertamente Satanás, que el Señor lo reprenda en el nombre de Jesús; al no poder dar con su cometido, se ve obligado a establecer su trono en algún lugar de la tierra, había expresado de que este perverso enemigo de los hijos de Dios, anda buscando un lugar para entronarse y establecer su imperio y al no lograrlo en los cielos, ahora busca algún lugar para fomentarse, y desde ese punto de partida ejecutar el malévolo y engañoso plan. Pero aun queriéndose ocultar Dios como está más alto que él, sabe y conoce muy bien sus movimientos, por eso **Apocalipsis 2:13**

Dice: *Yo conozco tus obras, y dónde moras, donde está el **trono de Satanás**; pero retienes mi nombre, y no has negado mi fe, ni aún en los días en que Antipas mi testigo fiel fue muerto entre vosotros, donde mora Satanás.*

Entonces por fin ya dimos por certero donde está ubicado el trono de Satanás, esto es importante saberlo, ya que la ley de guerra muestra y enseña, que si conoces donde está ubicado el trono o reinado de tu adversario, será más fácil hallarlo y derrotarlo. Efectivamente a través de éste verso bíblico podemos comprender que el trono de Satanás se encuentra donde le dan la bienvenida, donde hay idolatría, en Pérgamo fue donde se le dedicó aquella ciudad al dios Zeus y como consecuencia Satanás literalmente colocó su trono.

Que aunque no podemos deducir si aún se encuentra allí ya que él se ubica donde más cómodo se sienta, y es probable que ya otra ciudad haya sido empoderada por la idolatría, lo cierto es que en la iglesia no se puede sentar porque es el único lugar donde se siente incómodo y tiene que pararse, ¡¡¡aleluya!!! Usted tiene que declararlo sobre su ciudad, sobre su iglesia, sobre su municipio; mientras Dios ocupe ese lugar que a él le corresponde en su vida, Satanás nunca podrá entronarse, por eso soy de los que digo que Satanás no puede sentarse en Sur América ni en el Caribe, de donde soy, porque habemos creyentes por donde quiera, de manera que el reino de Dios sigue creciendo y tomando cada esquina y rincón de Latinoamérica, el Caribe y todo Europa, no sé cómo su espíritu lo visualiza pero yo lo visualizo de esta manera: "Un solo creyente es una llama de fuego ardiendo caminando en sur América, norte América y el Caribe.

Ilustración: Imagine que Satanás anda buscando un trono, y que haya escogido el Caribe para allí colocarlo, "por así decirlo" o más bien que por causa de muchos cristianos con miedo al qué dirán o temor a no querer ejercer su llamado, ese lugar que le corresponde está vacío, y al estar vacío Satanás diga: como está vacío ese es el lugar que voy a ocupar, pero al querer sentarse haya una llama de fuego en ese asiento, ¿Qué cree usted que sucederá? Lo obvio sería que Satanás al intentar sentarse tendría que pararse. Realmente eso es lo que está sucediendo en el Caribe, Sur América y Norte América. Satanás no puede colocar su trono aun habiendo un asiento vacío porque el fuego del espíritu de Dios no le permite sentarse, sólo aquellos que estamos destinados, señalados por Dios para ejercer ese llamado profético podremos sentarnos en esa silla que Dios ha preparado para nosotros, refiriéndome a sentarnos en la mesa con Cristo para de esta forma conocer para lo que en realidad hemos sido llamados, alguien tiene que entender esta palabra aquí y ahora. La llama del Espíritu que está ardiendo no podrá permitir que Satanás opere donde tu como hijo de Dios serás colocado. Dios ha determinado colocarte en tu ciudad, trabajo, barrio, escuela, hogar o iglesia para impedir que Satanás se siente allí. Recuerde que nuestro enemigo se sienta donde más cómodo se sienta, por eso yo declaro que en mi casa, en mi iglesia, en mi ciudad nunca se sentará, mientras que el fuego del Espíritu me acomoda, a Satanás lo incomoda; "poderoso" por lo menos grite AMÉN.

Nuestro enemigo Satanás a pesar de que está derrotado tiene toda la de perder, nosotros como hijos de Dios tenemos toda la de ganar, como decía en una ocasión; no podemos darnos por vencidos sino por bendecidos pues tenemos la bendición, y al que bendice de nuestro lado, mientras que el nombre de Satanás proyecta terror, el nombre de Dios revela confianza, seguridad y autoridad.

Alguien escribió en una ocasión, cuando sabes quién es Dios y para lo que es capaz, no tienes necesidad de conocer quién es el diablo, es una gran realidad; pero eso tiene su propio análisis, ya que debemos también saber quién es nuestro enemigo para saber cómo defendernos y como atacarlo, lo que sí importa a la hora de hacerlo es que Dios esté de nuestro lado.

La gran diferencia hace la diferencia

• Dios todo poderoso
-Satanás ángel caído

• Dios Eterno
-Satanás imparcial y limitado

- Dios es creador
  -Satanás creado

- Dios multiplica
  -Satanás estéril

- Dios habita en todo lugar
  -Satanás donde le coja la noche

- Dios es verás
  -Satanás Mentiroso

- Dios amoroso y misericordioso
  -Satanás engañoso y perturbador

- Dios victorioso
  -Satanás derrotado

- Dios es Dios
  -Satanás creatura

- Dios Glorioso
  -Satanás sin Gloria

- Dios es Santo
  -Satanás inmundo

- Dios no se oculta
  -Satanás se disfraza

- Dios es fiel y sólo él permanece fiel,
  Así como hay un solo Sol, hay un sólo Dios.

En los estribillos anteriores no trato de comparar, sino de deshabilitar a Satanás a tal punto que la distancia que hay entre él y Dios no se puede medir porque ni siquiera encontraríamos por dónde empezar, pues Dios es el Alfa y la Omega; principio y fin, Satanás ni siquiera está en el centro. Lo que sí quiero demostrar con esto, la posición tan elevada que se encuentra nuestro único y verdadero Dios, recuerde que Satanás no es un dios, es un ángel caído, y si llegara a hacer un dios; eso no nos debe preocupar, pues Dios es Dios de dioses jajajajajaja Aleluya.

Guerra en los Aires

Para lograr obtener victoria en los aires, primero hay que enfrentar lo que perturba en la tierra. En otras palabras, no podemos enfrentar los demonios que operan en los aires, cuando aún no hemos sacado fuera aquellos que habitan en los cuerpos de las personas que nos rodean. Esta ley de guerra espiritual la podemos ver implantada por el mismo Jesús, al llegar a la tierra y luego ascender a los cielos, mientras estuvo en la tierra, sacaba los demonios de los cuerpos, cuando ascendió al cielo subió para tener absoluto control de lo que dominaba los aires, esto revela la razón por la que Jesús tiene dominio en la tierra y en los aires. Pues no lo detuvieron cuando bajó, mucho menos cuando ascendió con gloria y majestad, alguien me preguntó en una ocasión; ¿A qué vino realmente Jesús a la tierra, aparte de morir por toda la humanidad? Yo le conteste: a tomar impulso para alzar el vuelo nuevamente a las alturas.

Hay una guerra espiritual muy intensa que se está peleando en los aires, quizás usted no pueda ver con sus ojos literales la capa de ozono que cubre la tierra para protegernos de los fuertes rayos solares, pero lo que sí se sabe es que por la gran contaminación producida por los tóxicos de grandes y pequeñas empresas que suben al aire en forma de humo, esto está produciendo una futura catástrofe que sólo Dios que intervenga nos puede librar; esto me da a entender, que si esto sucede en lo literal, que le deja meditar y pensar lo que está sucediendo en el mundo espiritual. El profeta Daniel que es uno de esos profetas privilegiados en tener visión dada por Dios, nos explica mejor la tendencia de lo que realmente sucede en el mundo espiritual. Y como un arcángel enviado por Dios fue interrumpido en los aires, con el objetivo de detener la respuesta de lo que Dios había enviado a su siervo.

*Mas el príncipe del reino de Persia se me opuso durante veintiún días; **pero he aquí Miguel**, uno de los principales príncipes, vino **para ayudarme**, y quedé allí con los reyes de Persia.*

Sietes Principios de guerra espiritual, aprendido sólo de éste pasaje bíblico

1- Si usted sabe de alguien que está peleando una guerra espiritual, ayúdelo, pues si los ángeles se ayudan unos con otros, los hijos de Dios también.

2- El hecho que te hayan interrumpido no quiere decir que te han detenido, sigue luchando hasta cumplir con lo que Dios te ha mandado.

3- Pueden llegar momentos donde te enfrentes a principados que son más Fuertes que tú, pero no más fuertes que el que te envió.

4- La ayuda siempre será necesaria, nunca piense que lo puede lograr solo.

5- Cuando Dios le da una palabra debes estar preparado para enfrentar lo que no quiere que esa palabra se cumpla.

6- Cuando una respuesta viene dada por Dios, llegará a su destino final; Pase por donde tenga que pasar, de seguro llegará

7-Debemos interceder aún por los ángeles que Dios envía a nuestro favor, pues el ángel le dijo a Daniel "no temas, porque desde el primer día que dispusiste tu corazón a entender y a humillarte en la presencia de tu Dios, fueron oídas tus palabras, y a causa de tus palabras yo he venido". La versión NTV dice: desde que empezaste a orar y a humillarte delante de tu Dios, tu petición fue escuchada en el cielo. Y luego continúa diciendo "He venido en respuesta a tu oración". En otras palabras, he llegado por causa de tu oración, si sientes que algo se ha tardado, es probable que usted se haya tardado en su oración, actívese ahora y comience a pelear su bendición de rodillas.

Hace aproximadamente diez años, experimenté una visión en un lugar conocido como el "Monte Santo" en el municipio Consuelo San Pedro de Macorís, donde allí nací y crecí. Acostumbraba a ir de día por lo menos una hora y en ocasiones de noche donde amanecía orando. Fue entonces cuando cruzamos la conocida montaña de la prueba que estaba ubicada a las afuera del monte santo un poco más retirado del punto principal donde todos los que llegaban allí se arrimaban. Recuerdo muy bien que eran como la una y media de la madrugada, cuando de repente miré hacia arriba "Los Aires" y Dios me permitió ver aún con los ojos literales un ejército de demonios que parecían soldados bien organizados y en uniforme, cada uno estaban identificado con un sinto que le cruzaba del extremo del hombro derecho hacia la cintura, donde encima de cada sinto estaban escritos los nombres de los cinco ministerio. Osea, el ministerio quíntuple; Maestro, Evangelista, Pastor, Profeta y Apóstol, conmigo andaban seis jóvenes, esa madrugada, cuando le dije de la visión, se activaron en el espíritu y lograron ver lo que estaba pasando en el mundo espiritual.

Los demonios que llevaban distinto nombre en cada sinto, representaban hacia quienes ellos venían a atacar; le pregunté al Espíritu Santo, ¿por qué llevaban esos nombres si son demonios, ángeles caídos? A lo que él me respondió, "están asignados por su príncipe Satanás en atacar a la iglesia, pero con especificaciones, y esta vez directo a los líderes o a la cabeza. En ése tiempo no tenía suficiente experiencia de lo que era el mundo espiritual y la guerra en los aires; por cierto, uno de los jóvenes que andaban conmigo empezó a tomar piedras de las que habían en la montaña y comenzó a tirarla hacia arriba, donde lo único que hacían las piedras subían y bajaban.

No encontrábamos cómo reaccionar, donde todos terminamos con piedras en las manos, hasta que llegó a mi mente el versículo de la Biblia que dice:

Porque las armas de nuestra milicia no son carnales, sino podero-sas en Dios para la destrucción de fortalezas.

Fue cuando entonces les dije a mis compañeros "suelten esas piedras, porque con lo que es físico nunca podremos vencer algo que es espiritual", y uno de ellos me preguntó, "¿y con qué lo vamos a derribar?" Ni siquiera esperé que terminara la pregunta cuando le conteste: "con la alabanza". Aleluya, gloria a Dios, ben-dito sea el Señor por los siglos de los siglos, tú que reina a la dies-tra, en el nombre de Jesús de Nazaret, gloria al que resucitó, magnífico Jesucristo, Jehová barón de guerra.

Cada vez que soltábamos una alabanza, era cuando un demo-nio caía, y antes de caer a tierra, desaparecía, fue allí donde Dios me dio un tema de un sermón que se titula: "Suelta La Alabanza" está comprobado, por medio de las escrituras, que la adoración a Dios confunde a los demonios, así que el día que usted se sienta confundido, mejor confúndalo usted a ellos y demuéstrele que el Dios que usted le sirve está vivo y pelea a favor de sus hijos. En otras palabras, Cuando tú adoras a Dios, eso demuestra que tipo de hijo eres, y al Dios recibir y aceptar tu adoración, él se encargará de mostrar qué tipo de Dios él es ¿Estás listo? Pues suelta tu mejor alabanza donde quiera que te encuentres.

Atar y desatar

Mateo 18-18

De cierto os digo que todo lo que atéis en la tierra, será atado en el cielo; y todo lo que desatéis en la tierra, será desatado en el cielo.

Lo más probable es que tu bendición se encuentre atada en los aires, o retenida por algún principado; pero donde tienes que atar y desatar realmente es donde estás ubicado, "La tierra". esto demuestra que donde primero debemos conquistar es en la tie-rra, para luego apropiarnos de lo que está en los cielos.

Atar, atar significa: dejar sin fuerza o sin privilegio, también hace referencia a dar permiso o impedir el paso.

Debemos atar las maldiciones y desatar las bendiciones

Atar las maldiciones significa: Prohibir a la enfermedad enseñorearse de nuestro cuerpo, es impedir que todo espíritu de miseria y pobreza toque nuestra vida y generación; significa también, neutralizar los planes de Satanás que se forman en la tierra y en los aires, en contra de la iglesia, nuestras familias o ministerio. Usted como hijo de Dios puede prohibirle a Satanás y los demonios que dividan su iglesia, puede impedir en querer destruir su matrimonio, o como lo dicen las escrituras: "todo lo que desatáis" en otras palabras: cualquier otra cosa.

Desatar las bendiciones significa: Apropiarnos de lo que Dios ha soltado del cielo a nuestro favor. Es provocar que las bendiciones lleguen a su destino, por cierto; lo que ya Dios bendijo, nadie puede maldecirlo. Desatar quiere decir; soltar, dejar que corra, traer, libertad. En otras palabras: lo que el cielo ya soltó a tu favor, no hay demonio que lo impida.

En éste pasaje bíblico de **Mateo 18:18**, y en **Mateo 16:19**, Jesús le habla a Pedro en lo específico, revelando la autoridad que tiene un hijo de Dios al recibir las llaves del reino. La razón por la que Jesús se expresa de esta manera señala a los ataques que se viven en la tierra como los que se efectúan en los aires, por cierto en el verso 19. Jesús le dice a sus discípulos, *También os digo, si dos de vosotros estáis de acuerdo acerca de cualquier cosa que pidieren, les será hecho por mi padre que está en los cielos.* Tanto el verso 18 del capítulo 18 de Mateo; como el verso 19, hay completa armonía, que demuestran que no podemos hacer nada en la tierra, si luego no es aprobado por Dios en los cielos. En otras palabras, lo que se pida en la tierra, será aprobado en los cielos. Aristóteles escribió en una ocasión: **"No se puede desatar un nudo sin saber cómo está hecho."** Esto me da a entender que Dios conoce a Satanás y a los demonios; es decir, que no hay cosa alguna que él no pueda atar y desatar. Dios puede hacerlo, porque él conoce lo que ha creado.

¿Podemos realmente atar a los demonios y a Satanás?, Quizás no tenemos fuerzas para hacerlo, pero si la autoridad de hijo de Dios para atar y desatar;

Apocalipsis 20:1

*Vi a un ángel que descendía del cielo, con la llave del abismo, y una gran cadena en la mano. Vs2- Y prendió al dragón, la serpiente antigua, que es el diablo y Satanás, y lo **ató por mil años**.*

Éste capítulo confirma lo que en verdad sucede en el mundo espiritual, a pesar que es un acontecimiento futuro, no impide que podamos creer, o confirmar lo que Jesucristo dejó plasmado; que lo que atemos en la tierra será atado en los cielos, y lo que desatemos en la tierra, será desatado en los cielos, no hay duda que cuando los hijos de Dios en la tierra gimen en oración, el Dios del cielo ejecuta o atienda nuestras suplicas. Tal y como lo dice Apocalipsis 20;1, Si el Ángel descendió del cielo, con la llave del abismo, y una gran cadena en la mano, está más que claro que dos o más se pusieron de acuerdo en la tierra para que esto suceda.

La autoridad que Cristo le ha delegado a la iglesia es impresionante, es como vivir en el mundo físico, y tener la oportunidad de entrar al espiritual, de hecho cuando Jesús le dijo a Pedro que le entregaría una llave; es exactamente lo que quiso decirle, puedes abrir la puerta del mundo espiritual y hacer que el reino de los cielos se haga materia a lo físico. Esa llave Pedro la usó cuando encontró al cojo que siempre colocaban en la puerta llamada "La Hermosa", había una puerta llamada "Religión "que no le permitía la entrada de aquel cojo al templo, hasta que Pedro abre la puerta espiritual al revelarle el reino que trae gracia y favor, fue cuando entonces el saltando y adorando a Dios entró al templo. Por cierto, es la única y primera vez que se registra un caso como éste, porque cuando tú tienes la llave del reino, tienes la capacidad de revelar lo nuevo. Cuando tienes la llave del reino puedes atar y desatar, y eso fue exactamente lo que Pedro y Juan hicieron, lo desataron. Al entrar él al templo saltando, los que estaban allí decían: "¿Qué es esto? ¿Qué le pasó a éste?, Porque el que está atado a una religión, no entiende en la libertad del espíritu en la que te mueves, lo impresionante de esto es que pudieron criticarlo, pero no contenerlo, no pudieron atarlo porque ya estaba desatado; Desatar también quiere decir "sacado de la opresión".

Pedro seguía utilizando esa llave que de manera profética Jesucristo le había cedido o entregado; un vivo ejemplo lo podemos ver en **Hechos 8:13-16.**

Hechos 8:13-16

*También creyó Simón mismo, y habiéndose bautizado, estaba siempre con Felipe; y viendo las señales y grandes milagros que se hacían, estaba atónito. Cuando los apóstoles que estaban en Jerusalén oyeron que Samaria había recibido la palabra de Dios, enviaron allá a **Pedro y a Juan;** vs.15 los cuales, habiendo venido, oraron por ellos para que **recibiesen el Espíritu Santo; Vs16 porque aún no había descendido sobre ninguno de ellos,** sino que solamente habían sido bautizados en el nombre de Jesús.*

Una cosa es caminar en el poder de Dios y otra, impartir ese poder a otros, Felipe bautizaba en agua, hacía liberaciones de demonios "En el nombre de Jesús" pero hacía falta algo más y eso no sucedía hasta que mandaron a buscar a Pedro, **el hombre que Jesús le había entregado la llave para impartir el poder del Espíritu santo**, es bueno desatar una palabra poderosa con un lema que la gente pueda decir "wuaoooo qué palabra"; pero eso no es suficiente, hay que abrir esa puerta a lo sobrenatural para que otros sean empoderados y enviados. Debemos impartir el Espíritu Santo en aquellos que ya han sido libres, de eso se trata la llave que Jesús le entregó a Pedro, la unción que ata a los demonios, pero desata el mover del Espíritu Santo.

A eso nos envió Dios a Houston Texas, a desatar la unción del Espíritu Santo, a provocar un avivamiento. A darle órdenes a los demonios que suelten las almas que pertenecen al reino de Dios.

Recuerdo cuando ya Dios había confirmado movernos a Houston Texas; donde está ubicado nuestro centro de avivamiento: Puachurch; le comenté a un amigo pastor a quien respeto mucho, la cual me dio una estrategia de conquista, y desde que llegué la puse en práctica.

Cuando le comenté que me movilizaba a Houston, a levantar una Iglesia, él rápidamente fue activado en el espíritu y me dijo "recuerda que vas a una ciudad donde la atmósfera en los aires está cargada de muchos principados, así que primero antes de hablarle a la gente de Dios, háblale de tu Dios a los aires para que sean despejado, y que cualquier principado que estorbe abra el paso de inmediato".

Recuerdo que le había preguntado, y ¿Qué me sugieres? ¿Cómo puedo hacer eso? A lo que él me contestó "sube a uno de los edificios altos que haya en la ciudad, y desde allí declara con autoridad lo que de antemano vas a conquistar", y así lo hice, subí y empecé a atar y desatar, ato todo espíritu de brujería y de hechicería, ato en el nombre de Jesús todo espíritu en los aires contrario a la verdad de Dios, y todo aquello que venga en contra de la iglesia y del ministerio que Dios nos ha entregado; Ato todo espíritu de confusión que quiera gobernar sobre la mente de cada persona, Ato todo espíritu de miseria que quiera afectar el crecimiento financiera de la iglesia y de los creyentes, ato todo espíritu de envidia que quiera traer discordia entre los pastores colegas, ato al hombre fuerte de esta ciudad en el nombre de Jesús de Nazaret.

Luego de atar comencé a desatar: desato la unción del Espíritu Santo que se apodera de cada persona, trayendo sanidad, milagros, restauración, avivamiento; declaro que miles de vidas vienen a los pies de Cristo. Desato la bendición del eterno sobre cada hijo de Dios, desato la unidad del pueblo de Dios y aquellos ministerios que han sido enviados con la misma encomienda de traer la presencia de Dios a esta ciudad de Houston. Así lo hice y así lo estamos viendo. Las escrituras lo revelan de esta manera:

Marcos 3:27

*Ninguno puede entrar en la casa de un hombre fuerte y saquear sus bienes, **si antes no le ata**, y entonces podrá saquear su casa.*

Mentalidad Renovada

Los pensamientos o la mente (el alma) siempre será un punto clave para Satanás atacar al creyente, la razón por la que tenemos que renovar nuestra manera de pensar es para no darle cabida a los pensamientos lanzados por los demonios, como suelo llamarlos "Pensamientos infiltrados", esos pensamientos que llegan de repente sin que uno no esté pensando en ellos. Que de momento pienses que la vida no tiene sentido, o que de pronto todo está bien, pero piensas que no lo vas a lograr, que quizá es mejor volver a la vida pasada, pensamientos como: nadie me quiere, mejor prefiero quitarme la vida, o quedarte en el anonimato y que nadie sepa el potencial que cargas de parte de Dios. Todo eso y más, son pensamientos que se filtran para querer debilitar la fe que tenemos en un Dios poderoso, que nos creó con propósitos grandiosos para vencer todo aquello que se nos oponga en el camino, para de esta manera llegar al destino profético que él marcó desde antes de la fundación del mundo a nuestro favor.

Efesios 4:23

Y renovaos en el espíritu de vuestra mente

Cuando renuevas tu mente le das oportunidad al espíritu de traer lo nuevo y borrar lo viejo. Pasas de ser una mente humana, a un humano con una mente espiritual. La versión NTV Dice: *En cambio, dejen que el espíritu les renueve los pensamientos y las actitudes.* ***"Si usted quiere saber lo que una persona piensa, observe cómo actúa"*** Es como si dijéramos "cuando lleguen esos pensamientos distorsionados y negativos, denle la oportunidad al espíritu que sea él el que responda. Y de seguro tendremos una actitud diferente frente a las circunstancias.

En varias ocasiones pasaron por mi mente esos pensamientos de rendirme y no continuar la obra, ya que el compromiso de renta era bastante fuerte, tener que hacerte responsable del celular, la internet, parte de la renta de la iglesia, la casa, el seguro del carro, la comida y otras cosas más, es lógico que tu mente se carga a tal intensidad que piensas que no lo vas a lograr, pero es ahí donde eres interrumpido por el Espíritu Santo que le habla a tu espíritu diciendo: *Deuteronomio 8:18 – Pero acuérdate de Jehová tu Dios, porque es el que te diere el poder para hacer las riquezas, a fin de confirmar su pacto que juró a tus padres, como es el día de hoy; Filipenses 4:19 –* También hace referencia a una promesa que debemos tener presente en nuestra mente y pensamientos a la hora de la crisis y la dificultad. **Mi Dios, pues, suplirá** *todo lo que os falta conforme a sus riquezas en gloria en Cristo Jesús.* No podemos evitar pensamientos de desánimos que en muchas ocasiones se infiltrarán en nuestra mente, lo que sí podemos hacer es renovar nuestra manera de pensar, y para eso debemos pensar en el espíritu; una cosa es pensar con la mente; y otra captar con el espíritu.

Mente: viene del hebreo *Leb*. Con relación al corazón (En medio de) "Decisión" En otras palabras, Satanás y los demonios no pueden pensar por usted, mucho menos deciden por usted, a menos que usted piense que ellos sí pueden hacerlo, desde entonces ellos podrán ocupar su mente y sus pensamientos. Es decir, que usted decide quién entra a su mente. Dios tampoco lo creo para controlar su mente, usted decide qué quiere que more en su mente; si lo bueno o lo malo.

La palabra griega **enhtumesis** también hace alusión a lo interno y tiene que ver con lo que imaginamos en nuestra mente, pero sólo es afectado el interior de acuerdo a lo que **vemos, escuchamos o palpamos**. Ejemplo: Satanás no podía entrar en la mente de Eva, pero por lo que le planteo y ella escuchó, eso trajo imaginación y la imaginación despertó curiosidad hasta que la llevó a ejecutar lo que Satanás quería lograr (Génesis 3). Conocer el misterio de la mente (el alma) nos lleva a desarrollar una manera de protección contra los dardos del enemigo; Tenga mucho cuidado con lo que usted **ve o mira**, con lo que **escucha u oye** y con lo que **toca o palpa**, son puntos estratégicos de Satanás y los demonios para querer entrar a su mente.

Nuestro archienemigo sabe que lo que pensamos se puede llegar a convertir en una realidad, por eso está muy interesado en atacar nuestra mente y afectar nuestros pensamientos.

La mente entiende y el espíritu conoce

La mente entiende: La mente entiende lo lógico y lo razonable, hay personas que entienden que hay un Dios, pero no lo buscan en entrega total, entienden que Pedro pudo ver caminado por encima del mar pero no lo creen cien por ciento, la mente que entiende sólo se queda en creer, pero no ve el milagro que suceda. De la única forma que la mente entra a otra dimensión es cuando es renovada.

El Espíritu conoce: El espíritu no sólo entiende que Jesús resucitó de entre los muertos también conoce cómo sucedió, conoce muy bien que sólo él es capaz de hacer eso. Cuando somos renovamos en el espíritu de vuestra mente conocemos que sólo hay alguien que puede hacer lo imposible posible, que cuando un doctor no puede curar a una persona entonces tu mente renovada ejemplifica y clasifica que sólo Cristo puede hacerlo. En otras palabras, el Espíritu Santo capacita al espíritu para que conozca y nuestro espíritu instruye a la mente (el alma) para que entienda y obedezca. El Espíritu sabe que tiene que diezmar, congregarse, orar, ayunar, amar al prójimo, evangelizar, predicar la verdad, ser esposo de una mujer, someterse a Dios y aquellos que Dios ha puesto al frente como sus líderes y mentores hasta que llegue el día que lo envíen. Todo esto sabe y conoce nuestro espíritu, la mente (el alma) sólo entiende hasta que conoce y para eso tienes que tener una mente renovada. Ejemplo, Cristo: él sabía que iba a resucitar al tercer día, por eso no estaba pensando en rendirse. Favor léase: (**Mateo 16:21**) Cuando tu espíritu conoce, sabes para dónde vas y con quién vas; "A resucitar y a sentarte en lugares celestial".

Hablar de mente no es lo mismo que hablar de mentalidad, la mentalidad revela tu manera de pensar las cosas, Satanás quiere afectar nuestra manera de pensar para que pensemos como él piensa, pero eso nunca lo vamos a permitir si tenemos la mente de Cristo.

Porque ¿quién conoció la mente del Señor? ¿Quién le instruirá? **Más nosotros tenemos la mente de Cristo.**

Jeremías también hace alusión cuando tenemos la mente de Dios.

Jeremías 29:11

Porque yo sé los **pensamientos** *que tengo acerca de vosotros, dice Jehová,* **pensamientos de paz,** *y no de mal, para daros el fin que esperáis.*

Nuestro enemigo Lucifer junto de sus colegas y colaboradores quieren no sólo controlar la mente de la gente, sino también su manera de pensar, para traer discordia, pensamientos contrarios a los de Dios, es decir, que Dios piensa cosas buena a favor de nosotros, está más que claro que Satanás no piensa nada bueno, amigo que lee este libro, no se deje engañar por Satanás, usted tiene la mente de Cristo. Cuando lleguen esos pensamientos negativos, utilice las promesas de Dios como casco protector que impide que se formen y logren cabida en su corazón, el salmista dijo: (**Salmos 91**) NTV: *Con sus plumas te cubrirá y con sus alas te dará refugio.* **Sus fieles promesas son tu armadura y tu protección,**

Lo que realmente sucedió en el desierto, aquella guerra campal, entre Satanás y Jesús "Face to Face" "Cara a Cara" (**Mateo 4**) fue una **"Guerra de pensamientos"** *Y vino a él el tentador, y le dijo: Si eres Hijo de Dios, di que estas piedras se conviertan en pan. vs4 El respondió y dijo: Escrito está: No sólo de pan vivirá el hombre, sino de toda palabra que sale de la boca de Dios.*

Eso es realmente lo que debemos hacer como hijos de Dios cuando lleguen esos pensamientos lanzados por Satanás a nuestra mente, destruirlo con la palabra de Dios.

En una ocasión alguien me llamó y me dijo: Pastor Jiménez quiero que ore por mí, estoy pasando un momento muy difícil, siento muchos ataques del enemigo en mis pensamientos, que me dice "vuelve a lo que hacías antes, no ves que desde que te convertiste y le entregaste tu vida al Señor todo te sale mal, y en vez de ir para adelante estás retrocediendo". Yo le contesté "debes ser valiente, y si el enemigo te ataca con un pensamiento, atácalo a él con otro pensamiento, cuando te diga que estás retrocediendo, contéstale que él está equivocado, que simplemente estás tomando impulso para saltar más alto, si te pone una canción recordándote el pasado, canta una adoración para Dios recordándole a él el futuro que Dios tiene para ti". "Así lo haré" me contestó aquella mujer, "Así se piensa" le contesté.

Lo que la Biblia muestra acerca de la mente y los pensamientos

Mente Espiritual:
- Mateo 26:41
El Espíritu siempre está dispuesto

- Marcos 2:8
Se conoce a si mismo (Identidad)

- Lucas 1:47
Siempre se regocija

- Marcos 8:12
Gime con intensidad en su espíritu

- Juan 4:23
Su adoración es verdadera no fingida

- Lucas 9:53
Siempre se inclina a la misericordia

La Biblia hace referencia a la mente carnal, mente corrompida, mente entenebrecida, mente vana, mente cauterizada, mente reprobada. Si una persona tiende a tener éste tipo de mente, tendrá ese tipo de mentalidad y actitud. ¿Qué produce miedo en tu mente? La mentalidad miedosa ¿Qué produce fracaso en tu mente? La mentalidad de pensar que nunca puedes lograrlo, ¿Qué produce escasez en tu mente? La mentalidad mediocre que siempre pone excusa a la hora de diezmar o dar una ofrenda aun teniendo para dar.

Mentalidad religiosa es aquella que sólo está enfocada en los errores de los demás y esto produce ceguera hasta tal punto que evita ver u observar el potencial en los demás. Como el caso de Simón el fariseo, que decía en su corazón (Pensamientos) **Lucas 7:39**; *Cuando vio esto el fariseo que le había convidado, **dijo para sí:** Este, si fuera profeta, conocería quién y qué clase de mujer es la que le toca, que es pecadora.* La palabra que hace referencia a la mente es: "dijo para sí" pensó dentro, pero los pensamientos de Dios son muy diferente a los pensamientos de los hombres, Simón pensó y vio una mujer pecadora, Jesús vio y pensó en una profeta que estaba ungiéndolo para el tiempo de su sepultura, y en vez de declarar mal sobre ella, la marcó con una palabra profética.

La mente espiritual experimenta todo lo contrario a la mente carnal o religiosa; tiene paz, entiende y conoce el propósito de Dios para con su vida y en los demás, medita siempre en la palabra o promesa que le fue dada, decide inteligentemente, sí "Inteligente**mente" y sobre todo: Es libre**, cuando tienes una mente espiritual también es una señal que tienes la mente de Cristo. Por cierto, todo aquel que va a decir una mentira primero la piensa, de ahí es que se deriva la palabra: Mentira "Mente" **Men**tira. Lo que usted debe en realidad pedir a Dios es que renueve su mente y la cambie de una mente carnal y religiosa, a una mente espiritual y le aseguro que verá la diferencia. No sólo en sus pensamientos, también en sus actitudes; Los demonios no pueden entrar a la mente de Cristo, porque si llegaran a hacerlo controlarían sus actitudes. Tener la mente de Cristo es prohibirles a los demonios tomar posesión hasta de lo que pensamos. ¿Cómo obtengo la mente de Cristo? Pensando en él y en su palabra.

Ataque personalizado

La forma más común que Satanás usa para descubrir nuestros pensamientos, cuando no puede introducirse en nuestra mente, es personalizar un ataque para que expresemos palabras con nuestros labios, y de esta forma descubrir al aire nuestra mente. En el caso de Pedro pidió zarandearlo para de esta manera descubrir su corazón, esto indica que Satanás en muchas ocasiones provoca situaciones difíciles al exterior, para descubrir lo que estamos pensando en el interior. La batalla que estamos peleando contra Satanás no es la misma que los antiguos pelearon; pues ellos pelearon una guerra física, nosotros ahora una espiritual. Las batallas en los tiempos antiguos usualmente eran a distancia, la guerra que peleamos ahora es de cerca, "Cuerpo a cuerpo" "Face to Face" Cara a cara. La Biblia revela que Satanás anda como león, rugiendo buscando a quien devorar, "rondando de cerca" así como quiso acercársele a Job, usó a Judas Iscariote para de manera indirecta acercársele a Jesús. La misma estrategia que usó contra Adán en el huerto, atacando a Eva para llegar a Adán. Cuando él no puede de manera directa acercase a nosotros lo hará de manera indirecta, usando una segunda opción, procure ser la primera opción de Dios para que no se convierta en la segunda opción de Satanás.

Lucas 22:31

Dijo también el Señor: Simón, Simón, he aquí Satanás os ha pedido para zarandearos cómo a trigo.

¿Qué buscaba Satanás en éste zarandeo? Saber en realidad en lo que Pedro estaba pensando. Lo mismo sucede en nuestra época actual por ejemplo, te levantas con mucho ánimo para ir a la iglesia adorar a Dios; limpias el carro para llegar con mejor presentación a la iglesia, te pones la mejor vestimenta que tienes para ese día de reunión en la casa de Dios, de momento cuando estás a punto de llegar, la llanta o goma del carro, como suelen decir en mi país Republica Dominicana, se produce una avería de manera que ya no puedes continuar.

¿Qué dirías en ése momento? no tenía que venir hoy a la iglesia, o para qué me prepare tanto para que me suceda esto o aquello, porque Dios sí me ama permite estas cosas, mejor me hubiera quedado en la casa y nada me pasa. Si te quejas en vez de darle gracias a Dios, esa será la excusa de Satanás para iniciar una guerra espiritual en tu mente. Hay escenario que no están creados por Satanás, pero la gran mayoría de las veces sí, por ejemplo: una persona que de su boca no salen palabras buenas, sino malas palabras, que cree usted que Satanás provocará? un ambiente incómodo donde usando un cuerpo de una persona que le guste tener discusiones fuera de control, son ambientes que debemos manejarlos con muchas prudencia y carácter, si no tenemos una mente fomentada en la palabra de Dios terminaremos siendo arrastrados por la atmósfera cargada de ira y discusión, y al final nuestra mente termina siendo afectada. Por eso debemos reprender comenzando desde la mente, en nuestro interior, más adelante le presentaré un manual de cómo combatir al enemigo, cuando pone pensamientos negativos en la mente.

Creadores de atmósfera

¿Ha llegado alguna vez a lugares donde se siente un ambiente cargado de una pesadez o pereza, donde aparentemente todo está bien, pero no se siente ni siquiera un pedacito de cielo? Pues tengo noticias que darle, usted debe convertirse en un creador de atmósfera.

Los creadores de atmósfera no se adaptan al ambiente, ellos traen el ambiente, por eso es importante entender lo que el Salmista David dijo: *Entrad por sus puertas con acción de gracia y alabanza.* En otras palabras, sino hay un ambiente sublime que se respire la presencia de Dios, usted debe comenzar a provocarlo, el objetivo principal no es tener un encuentro con las personas; es tener un encuentro con Dios.

Los creadores de atmósfera no dependen si el que está al lado suyo o alrededor está o no adorando, él sabe a lo que ha llegado. En ocasiones no entendemos esos ambientes pensados que solemos experimentar en ciertas actividades cristiana, y debemos estar consciente que si el reino de Dios está siendo implantado y edificado en ese lugar tendremos visitas que no fueron invitadas, en este caso, los demonios o Satanás mismo. **Favor léase (Mateo 13:19).**

"Cuando la fe crea una atmósfera de Milagros"

Atmósfera: Ambiente o situación que rodea a una persona o cosa. La atmósfera puede ser negativa como positiva; puede estar cargada de presencia de Dios, o "malicia" provocada por los demonios. "Podemos convertirnos en transformadores de atmosfera" y cambiar el mal por el bien, la tiniebla por la luz.

Como hijos de Dios debemos convertirnos en transformadores de atmosfera.

Marcos 14:3

Pero estando él en Betania, en casa de Simón el leproso, y sentado a la mesa, vino una mujer con un vaso de alabastro de perfume de nardo puro de mucho precio; y quebrando el vaso de alabastro, se lo derramó sobre su cabeza.

En esta historia trazada por Marcos y vivida por el mismo Jesús; aprendemos que una mujer al quebrar aquel vaso de alabastro sacó lo malo que estaba oculto, y reveló lo bueno que ella tenía por dentro. Un "Corazón rendido en adoración" debemos quebrar nuestro corazón y soltar esa adoración que hará del ambiente una atmósfera con olor fragante.

2 Reyes 4:40,41

Después sirvió para que comieran los hombres; pero sucedió que comiendo ellos de aquel guisado, gritaron diciendo!!Varón de Dios, hay muerte en esa olla! Y no lo pudieron comer. Vs41 El entonces dijo: Traed harina. Y la esparció en la olla, y dijo: Da de comer a la gente. Y no hubo más mal en la olla.

El Profeta Eliseo fue un precursor de lo profético cambiando la atmósfera de muerte, en una atmósfera de vida y regocijo. Un profeta no trae confusión sino que manifiesta entendimiento en lo que profetiza. Eliseo, el profeta, fue a un lugar donde había hambre, y dijo: "traigan una olla grande y preparen un guisado para los profetas" pero alguien había metido en la olla una especie de calabazas silvestres, o sea, un fruto semejante a la naranja o al pomelo, muy amargo, que causaba un fuerte dolor de barriga causando diarrea. El profeta echó harina en la olla, y declaró la palabra de fe y todos pudieron comer. Alguien dijo en una ocasión: "Satanás o te mata de hambre o te envenena, no quiere "que comas" porque él sabe que si comemos vamos a llenarnos de fe.

2 Crónicas 5:13

Cuando sonaban, pues, las trompetas, y cantaban todos a una, para alabar y dar gracias a Jehová, y a medida que alzaban la voz con trompetas y címbalos y otros instrumentos de música, y alababan a Jehová, diciendo: Porque él es bueno, porque su misericordia es para siempre; entonces la casa se llenó de una nube, la casa de Jehová. Vs14 Y no podían los sacerdotes estar allí para ministrar, por causa de la nube; porque la gloria de Jehová había llenado la casa de Dios.

La casa de Dios se llenará de Gloria; "cuando llenemos el cielo de alabanza". Si hay algo que transforma la atmósfera negativa; en un tiempo del mover de Dios, es la adoración y la alabanza.

Génesis 39:22-23

Y el jefe de la cárcel entregó en mano de José el cuidado de todos los presos que había en aquella prisión; todo lo que se hacía allí, él lo hacía. Vs23 No necesitaba atender el jefe de la cárcel cosa alguna de las que estaban al cuidado de José, porque Jehová estaba con José, y lo que él hacía, Jehová lo prosperaba. Satanás o te mata de hambre o te envenena, no quiere "que comas" porque él sabe que si comemos vamos a tener fe.

Cuando eres un transformador de atmósfera aun estando en una cárcel te sientes "Libre" nadie había prosperado en la cárcel hasta que Dios permitió que José llegara allí. Por más difícil que veas un escenario el Dios que tú le sirve te ha dado la capacidad y la unción de transformar cadenas en eslabones continuos que te conectan con tu bendición. La cárcel no te detiene cuando eres tú quien tiene la llave.

A continuación le presentaré algunos puntos estratégicos para crear una atmosfera agradable a la hora de ministrar la palabra de Dios.

Los Intercesores: Cada ministerio para lograr tener victoria debe con sabiduría asignar personas ungidas que sirvan como atalaya. Yo les llamo: "Los invisibles" Personas que nadie sabe quiénes son, pero en la mayoría de los casos forman un papel importante a la hora de hacer guerra espiritual. Un intercesor se da a conocer en el mundo espiritual; por eso es invisible al mundo físico; Usualmente los comparo con los edificios de la ciudad de Nueva York, que la gente les tira fotos a los edificios pero nunca a las columnas, porque no se ven, "lógico" pero son las columnas la que sostienen todos esos edificios.

Forme un grupo de intercesión y actívelo a la hora de usted ir a ministrar, pueden ser cinco, siete o diez personas, pero que estén bajo el mismo sentir porque nada dividido tiene resultado en el reino. **(Hechos 12:5)**

Grupo de rompimiento: Este grupo es seleccionado poco antes de iniciar el servicio de adoración y avivamiento; y tiene como objetivo, hacer una oración que provoque que los cielos se abran y que esa unción pueda descender con facilidad. Suelo llamarle: "Oración Violenta".

Levitas y adoradores: La adoración es una parte fundamental porque da continuidad a que Dios se siga moviendo. Quién ejerce este llamado u oficio; debe hacerlo con humildad y entusiasmo y estar bien delante de Dios en santidad e integridad. Es recomendable reunirse con dicho grupo, incluyendo los músicos y adoradores, antes de su participación para expresarle que el objetivo principal es traer la presencia de Dios al ambiente, para que la atmósfera esté lista para fluir por medio de la palabra. Así que si usted busca una palabra que lo catapulte, y lo lleve a otro nivel de Gloria; usted debe empezar adorando y terminar adorando. **(Salmos 22:3)**.

La Voz profética: Es el hombre de Dios que trae la palabra revelada directamente del corazón de Dios. Debe estar en completo reposo, pues si está cansado, ministrará cansancio y la palabra tiene como propósito llevarte a descansar en la presencia de Dios, el que ministra debe vivir lo que predica pues la palabra tendrá más efecto cuando la declare.

El ungido de Dios para llevar una palabra debe esforzarse por compartir algo fresco y nuevo, imagínese que tenga que comer la misma comida todos los días, la palabra es nueva cada mañana, dicen lo mismo, pero revelan algo diferente cada vez que la escudriñamos. "Lo nuevo siempre produce cosas nuevas" el mensaje debe ser cien por ciento bíblico. Cada vez que se termina de ministrar es de suma importancia ir a un lugar a solas y darle gracias a Dios por lo que hizo en ese momento y a la misma vez, cubrirse con la sangre de Cristo de todo espíritu de venganza que quiera venir contra la vida del hombre de Dios. En el caso de Jesús, en muchas ocasiones después que hacía un milagro, venía la represalia de parte del enemigo, en otras palabras, cuando usted obtenga una victoria manténgase alerta. (**Efesios 6:13**).

No se distraiga: 2 Corintios 2:11 revela que no podemos ignorar las maquinaciones de Satanás, en otras palabras, sus planes o ardides. Uno de los planes de Satanás y los demonios es distraerlo para que no seamos empoderados bajo una palabra profética, he observado como el enemigo ha ganado ventaja en algunas personas que asisten a la iglesia, campañas y congresos, como con algo tan simple pierden el enfoque. Algunos en vez de escuchar la palabra de Dios muestran más interés en los mensajes que le envían al celular; que sólo reaccionan cuando miran a su alrededor y el que esta arlado se levanta y celebra la palabra que fue dada en ese momento, preguntándole "¿qué dijo?- ¿qué dijo?".

Otros entran al servicio, disfrutan las alabanzas y luego salen a fuera perdiéndose la parte más importante que es la predicación de la palabra, donde Dios da dirección y salida a cada uno de nuestros problemas. No se distraiga mucho, menos se vaya a la casa, cuando Dios no ha terminado de hablar a través de sus siervos los profetas. Recuerde que usted es parte del ambiente y que también puede convertirse en un creador de atmósfera. El ambiente no determina la atmósfera, así como la salvación es individual, también lo es la bendición. Llegarán momentos que aunque el que está a tu lado no esté conectado, usted sí debe estarlo.

Atmósfera celestial. Para que el cielo baje, la adoración tiene que subir; al ya creada la atmósfera apropiada para navegar en la presencia de Dios, tu espíritu se conforta y se siente como los aviones en los aires "Listo para seguir volando"; de igual manera debe ser el Cristiano a la hora de provocar la presencia de Dios, que lo establece en las alturas. El avión sube a una cierta altura para luego el piloto sentirse seguro; es impresionante que las dos partes más fundamentales en un vuelo son: El despegue y el aterrizaje. En otras palabras, tener una mente clara en querer subir, pero también reconocer que debes humillarte. El que tenga oídos para oír que oiga.

En mi caso viajo mayormente de madrugada, porque es cuando el cielo está despejado, se siente una paz impresionante. Es como si estuviera en el balcón de tu casa sentado en una silla inmóvil, sólo mirando hacia al frente sin pensar que te estás moviendo, aun estando en movimiento. Esa atmósfera es la que debemos crear en nuestros servicios y reuniones de avivamiento, donde facilite la provisión divina y la palabra pueda fluir con libertad haciendo el efecto para la cual fue soltada y enviada. Yo siempre me preguntaba cómo las azafatas servían la comida en el avión; hasta que lo vi con mis propios ojos. No puede haber turbulencia o un mal ambiente en el momento de servir la comida, todos deben tener puesto en cinturón de seguridad. Una vez entrando la calma, las azafatas toman el banquete listo para servir, lo mismo sucede en un servicio de avivamiento o campaña evangelista. No debe haber turbulencia, mucho menos distracciones, y para eso el avión debe volar más alto o el piloto lidiar con ese mal tiempo hasta encontrar la calma. Necesitamos crear atmósfera donde la presencia de Dios sea ese avión que nos lleve a volar al trono de la gracia.

La atmósfera celestial es aquella atmósfera de milagros, palabra revelada, no es presunción, es la misma unción del Espíritu Santo pudriendo los yugos. Donde el predicador, o la voz que representa a Dios en la tierra te habla, y piensas que es el mismo Dios hablándote al oído. La atmósfera celestial es un pedacito de cielo mudado en la tierra.

Eran las tres de la madrugada cuando salimos de un servicio de jóvenes en la ciudad de San Antonio, Texas, la atmósfera que fue creada allí era una atmósfera de gloria, era como si todos estuviéramos en el mismo vuelo cantanto y adorando a Dios diciendo: "Sea la gloria, sea la gloria y el poder, aaaaal que está sentado en el tronooooo" y que en ese momento la nube espesa de Dios nos arropara. Pues literalmente eso fue lo que aconteció después del servicio. La cual se había terminado como a las once de la noche y todo el grupo de adoración de nuestra iglesia Pua Church nos había acompañado. Salimos del restaurante con destino a Houston ya que al otro día teníamos servicio de adoración, yo y mi amada esposa íbamos descansando en la parte de atrás del vehículo cuando de momento me da con abrir los ojos para observar que todo estaba marchando bien; fue en ese momento que al mirar por la ventana vi las nubes que arropaban el carro como si estuviera en el aire en algún avión. Grité "¿Dónde estamos?", "Con destino a Houston, pastor" me contestó uno de mis escuderos que estaba manejando el carro; yo le contesté "pensaba que estábamos en el aire por las nubes que están a nuestro alrededor tan cerca de nosotros"; Cuando el conductor miró a los lados gritó: "¡wuaooooo si las nubes están cerca de nosotros!", "sí" le dije "es la nube de la gloria de Dios que nos acompaña". El cielo literalmente bajó esa madrugada. Cuando eres un creador de atmósfera la presencia de Dios te acompaña donde quiera que te muevas.

Capítulo 6

Manual de Guerra Espiritual

Preguntas y Respuestas

-Pregunta: *¿Cómo se inició la Guerra entre Satanás y Dios? ¿el reino de los cielos contra el reino de las tinieblas?*

-Respuesta: Todo empezó por Lucifer "Satanás" se reveló contra Dios –quiso colocar su trono arlado del de Dios. La razón: querer recibir adoración, es por eso que cuando adoramos al único merecedor de adoración que es Dios; Satanás es derrotado. Para conocer más sobre como sucedió lea: **Zacarías 5 (RV 1960).**

-Pregunta: *¿Puede Satanás y los demonios entrar o dominar vuestros pensamientos, Siendo ya creyentes?*

-Respuesta: Con seguridad podemos decir que !No! "sólo si se lo permitimos".

-Pregunta: *¿Quienes tienen la capacidad para ministrar liberación, a alguna persona atada por demonios?*

-Respuesta: Quien ejerce esa función debe estar ungido, pues la Biblia dice que recibimos poder cuando ha venido sobre vosotros el Espíritu Santo. También la persona debe estar libre para ministrar liberación.

-Pregunta: *¿Pueden los demonios poseer algún creyente?*

-Respuesta:!No! Sólo si este le abre alguna brecha por causa del pecado; De lo contrario cuando tienes al Espíritu Santo ese cuerpo o tempo está ocupado, y los demonios solo poseen gente vacía.

-Pregunta: *¿Pueden los demonios influenciar algún creyente?*

-Respuesta: Cuando el creyente muestra o revela cierta debilidad puede ser un blanco fácil para Satanás quererlo influenciar. La influencia son ataques exteriores, "no internos", por lo que concierne que estamos expuestos a recibir dardos del enemigo. Mientras estamos en esta vida hay ataques que no lo podemos evitar, pero sí enfrentarlos y vencerlos. En el caso de Pedro fue del círculo apostólico de los doce y fue zarandeado e influenciado.

-Pregunta: *Qué hacer en el caso de no poder dormir; ya que siento pasos en la casa, o ruidos extraños que no provienen de las personas que me rodean o viven conmigo en el mismo hogar.*

-Respuesta: Los demonios saben que no pueden entrar a la casa de un hijo de Dios que está lavado con la sangre de Cristo, así que la excusa que ellos utilizan es hay algo en la casa que los atrae, algo del pasado: Sea algún CD de música mundanas de las que usted cuando no Cristiano escuchaba, algún amuleto que se haya hecho algún pacto con los demonios, sea: pañuelo, alguna pulsera, ropa extraña con imágenes que apunten a la idolatría, revistas o videos de pornografía, algún cuadro con un ídolo falso. ¿Qué debo hacer en éste caso? "Limpie su casa".

-Pregunta: *¿Cómo lidiar con interrupciones de espíritus perturbadores aún en mis sueños?*

-Respuesta: Mis recomendaciones son sencillas y básicas; No tener contacto con películas de misterios antes de acostarse, mejor leer la Biblia u orar, por lo menos una hora antes de ir a la cama. Segundo, no dormir desnudo si es soltero, y si es casado después de sostener relaciones íntimas con su pareja "Ya casados" cubrirse a la hora de dormir, por cierto, los demonios buscan un cuerpo; Uno de los objetivos de Satanás era descubrir la desnudez de Adán y Eva y en caso de ser atacado por demonios en sueños, repréndalos en el nombre de Jesús.

-**Pregunta:** *¿Cómo puedo darme cuenta que tengo un llamado de liberación?*

-**Respuesta:** Cuando eres atacado fuertemente por los demonios. Pues ellos querrán destruir lo que lo puede destruir a ellos. "Un hombre o mujer lleno del poder de Dios"

-**Pregunta:** *Por qué los demonios pueden ocupar un cuerpo y los ángeles de Dios no.*

-**Respuesta:** Los demonios son ángeles caídos o sin gloria, son conocidos en las escrituras como espíritus **in**mundos que no son de este mundo y por eso se convierten en invasores queriendo invadir la tierra entrando en un cuerpo. Los ángeles del Señor son mensajeros y son mencionados en las escrituras como ángeles administradores y sujetos a la voluntad de Dios. Tanto la pregunta como la respuesta sobre por qué los demonios si tienen esa facultad, habilidad o permiso para entrar en un cuerpo y los ángeles de Dios no, se basa en un punto teológico. Según los eruditos aseguran, basado en el libro de Enoc, que Dios había mandado al arcángel Miguel a destruir a los demonios de la edad pre adámica que habían descubierto, lo que en el cielo era un secreto, Tomar un cuerpo. Por lo que al parecer Dios no le permite a los ángeles ni ser adorados mucho menos tomar un cuerpo. También se entiende que los ángeles tienen su propia imagen los demonios no. Por cierto, tanto en el antiguo como nuevo testamento era usual la visitación de ángeles donde el que lo veía lo podía identificar como tal.

-**Pregunta:** *¿Qué hacer con una persona después de que sea liberada de demonios?*

-**Respuesta: Después de obrar liberación en una persona, esto es, después que el demonio abandona el cuerpo,** *el siguiente paso es: pedirle al Espíritu Santo que ocupe el lugar que* *está vacío, así evitamos que los demonios ocupen ese lugar que abanderaron.*

-Pregunta: *¿Cómo puedo enfrentar a* Satanás *y a los demonios?*

-Respuesta: Estando y viviendo en el espíritu.

-Pregunta: *¿Tiene* Satanás *alguna debilidad?*

-Respuesta: !Si! Lo que para nosotros es nuestra fortaleza para él es su debilidad, cuando oramos, ayunamos y escudriñamos las escrituras y somos obedientes a ella, nos convertimos en cristianos resistentes para que Satanás no nos resista. Resistid al diablo y de vosotros huirá. **La debilidad de Satanás es lo que para los creyentes es nuestra Fortaleza.**

-Pregunta: *¿Es en realidad* Satanás *príncipe de este mundo?*

-Respuesta ¡No! el simplemente es príncipe del aire, Dios habita y mora en todo el universo.

-Pregunta: *¿Puede el creyente atacar a* Satanás *hablando en otras lenguas? "lenguas en el espíritu".*

-Respuesta: Todo del punto de vista espiritual que lo quiera interpretar. En mi caso !No! la razón es porque el hablar en lenguas no es para hablar contra Satanás, hablar en otras lenguas es hablar con Dios. Así que si usted escucha por ahí- ¡¡hablen en lenguas!! Destruyan a Satanás hablando en lenguas- tenga en cuenta que Satanás no entenderá nada de lo que usted dice, porque hablan en lenguas es hablar misterio con Dios. Algo que también debe tener presente es, no hablar en lenguas porque otro le diga que hable en lenguas pues la Biblia es clara y dice: que ellos hablaban en lenguas según el espíritu le daba que hablasen. En otras palabras, "Espere que el espíritu se las dé".

Pregunta: *¿Es necesario subirse a un avión o helicóptero para ungir una ciudad o país?*

-Respuesta: en mi caso daría una respuesta un poco jocosa, así como para que usted se ría pero a la misma vez se ponga serio. Si tengo la oportunidad de hacerlo lo hago, pero si puedo hacerlo desde la tierra no tengo necesidad de subir a los aires cuando Dios nos ha dado autoridad como hijos de Dios para atar y desatar. En otras palabras, usted como hijo de Dios lo ata en la tierra; Dios lo ata en los cielos. "Los aires".

-Pregunta: *¿Cuáles son las tres cosas que Satanás y los demonios le temen?*

-Respuesta: A) La palabra B) La sangre C) El nombre

> 1- La palabra: La palabra porque lo que sale de la boca de Dios es invencible, indestructible y poderoso para la destrucción de Fortaleza.

> 2-La sangre: La sangre porque te limpia de todo pecado y te lleva al arrepentimiento.

> El nombre: El nombre de Jesús porque es el único nombre en el cual se doblaran toda rodillas.

-Pregunta: *¿Pueden los demonios atar el alma del ser humano? A pesar que somos tripartitos: espíritu, alma y cuerpo.*

-Respuesta: !No! "Solo si Dios lo permite" o, el pecado abre dicha puerta. En la historia de Job aprendemos que Dios le dijo a Satanás: Puedes tocar todo lo que él posee, pero no puedes tocar su "alma". Al parecer el salmista David sentía que su alma estaba siendo encarcelada por algún ataque del enemigo a tal punto que le rogaba a Dios "saca mi alma de la cárcel para que te alabe". Cuando el enemigo logra tocar el alma su próximo ataque es al espíritu donde quiere destruir la relación profunda que tenemos con Dios. "No se lo permita".

Espíritu; El espíritu es lo que es compatible con Dios, pues Dios es espíritu. En la estructura sistemática del orden espiritual; es lo que se encuentra en el fondo del ser humano. "Después del alma".

Alma: Es el centro del ser humano donde se encuentran los sentimientos.

Cuerpo: Es el barro que proviene de la tierra, es como si habláramos de una vasija o recipiente. Es el caparazón del alma y el espíritu. También es lo que revela el hombre exterior.

Una forma más práctica de entender estas tres esferas es el tabernáculo. Los atrios es la parte de afuera, lo que llamaríamos, "El cuerpo" el lugar santo es la parte del centro en este caso; "El Alma" y damos por terminado, "El Espíritu" El lugar santísimo donde Dios mora y habita, y solo los que viven en el espíritu pueden morar con él allí.

En el Nuevo testamento está revelado a través de la Trinidad; padre, hijo y Espíritu Santo. Jesús vino a la tierra a sanar nuestro cuerpo de maldiciones de pobrezas y enfermedades incurables, el Espíritu Santo conforta nuestra alma consolándonos y dándonos reconciliación con Dios. El Padre se adueña de lo que nos ha prestado; El espíritu o en hebreo como se conoce; *"Rujah"* soplo de vida. Esto lo vemos en Jesús cuando en la cruz dijo: "Padre en tu manos encomiendo mi espíritu".

¿Cómo tratar con una persona con ataduras y ligaduras a un nivel de liberación personal?

- Al consultar con esa persona lo más recomendable es ir a la raíz del conflicto.
- Mirarla de frente a los ojos y pedirle que sea honesto y sincero.
- Tener en cuenta cada punto a tratar, ya que cada espíritu o ataduras tienden a tener sus propias reacciones.
- Después de conocer la raíz del problema llevar a la persona a confesar y a renunciar de cualquier atadura demoniaca.
- Preguntar si esa persona fue abusada cuando pequeño(a) o pasó por algún trauma familiar, pues hay demonios que se manifiestan de generación en generación persiguiendo a la misma familia años tras años.

• Y por último; la persona debe estar dispuesta a ser libre y confesarlo con su propia boca, mencionando el nombre de Jesús. Después de ser libre la persona se le aconseja a no volver a ese pecado que le agobia, pues el pecado es la principal puerta a la atadura y ligadura.

La manera en que podemos tratar con ataduras y ligaduras es conociendo el espíritu que ata a dicha persona. En ocasiones he consultado a personas que me dicen: "Pastor, siento ataduras fuerte de demonios que interrumpen mis sueños donde se encarnan en una persona y quieren sostener relaciones sexuales conmigo", a partir de aquí podemos comprender que la persona está siendo perseguida por demonios de lascivia que llevan a la persona a la fornicación o el adulterio y a la masturbación. A esto yo le llamo: "Instinto demoniaco" que estimula o impulsa a la persona a cometer lo que no quiere.

Otros me han dicho: "Pastor siento a mi alrededor pasos, como si alguien me estuviera persiguiendo, aún a la hora de dormir". A estos espíritus de demonios la Biblia lo revela como hacedores de maldad. "Espíritus perturbadores" la razón de conocer los nombres de los principados es porque a la hora de hacer una oración de liberación, podremos ser más efectivos yendo a la raíz del problema llamándolo por sus respectivos nombres. "espíritu de lascivia "fuera" espíritu perturbador, "fuera", espíritu de pobreza, "Fuera" espíritu de atadura, "Fuera" en el nombre de Jesús". Si al consultar con alguna persona sufre de cáncer, ya usted sabe que debe reprender todo espíritu de cáncer. Si la persona sufre de algún tipo de ira, y dicho espíritu toma control de sus neuronas cerebrales donde no puede tener dominio propio, golpeando a los hijos, la esposa, algún amigo o familiar, usted debe reprender ese espíritu de ira y echarlo fuera en el nombre de Jesús.

Pregunta: *¿Qué debo hacer cuando no puedo dormir principalmente en la noche?*

Respuesta: Levántese a orar o a leer las escrituras, (La Biblia) especialmente las promesas de Dios que ya están escritas.

Pregunta: *¿Qué debo hacer en caso de enfrentar una lucha espiritual que no sepa manejar o lidiar con ella? O, estoy teniendo sueños que no sé interpretarlos.*

Respuesta: Consultar con alguien que camine en lo espiritual, que dé fruto y de buen testimonio. "No consulte sus problemas espirituales con personas carnales".

Precaución: Tanto a la hora de comer como de salir algún lugar usted debe tener una actitud de cuidado y estar siempre alerta, pues Satanás y sus demonios constantemente están acechándole. Orar antes de comer y cancelar cualquier virus que vaya a haber en su comida, seleccionar muy bien su comida, no olvide que usted es templo del Espíritu Santo, reprender todo espíritu de accidente al momento de dirigirse a cumplir con el propósito de Dios. Seleccionar con cuidado las personas que le acompañen ya que se necesita de soldados preparados y que caminen en su misma dimensión o más elevada; interceder por los hijos o la esposa cuando sale a algún lugar a ministrar mientras quedan en la casa, evitar complacer la carne con diversiones innecesarias, ya que cuando se sale a ministrar es a luchar una guerra espiritual y no a vacacionar. Haga una demografía del lugar, la razón porque cada ciudad, estado o país consta de diferentes tipos de principados en los aires a lo que usted tendrá que enfrentar. Después de una victoria Satanás querrá vengarse, manténgase alerta y encomiende a Jehová su camino y de seguro el mal se alejará de usted. A todo esto yo le llamo: educar nuestro espíritu y disciplinarlo para ganar batallas.

Luchamos contra el sistema de Satanás, no contra el prójimo.

La Biblia usa la palabra "Mundo" de tres formas:

Primero: Se puede referir a la tierra la cual Dios creó. (**Génesis 1:1**) es decir, que la tierra no es nuestro enemigo.

Segundo: "Mundo" en la Biblia también hace referencia a la gente, (**Juan 3-16**) **"De tal manera amó Dios al mundo…"** (La gente tampoco es nuestro enemigo).

Tercero: En este punto encontramos a lo que el Apóstol Juan hace referencia cuando escribe: (**1 Juan 2:15**) "**No améis al mundo, ni las cosas que están en el mundo**"... En otras palabras, Ni la tierra, ni el ser humano que ocupa la tierra es tu enemigo, tu verdadero enemigo a lo que se refiere en este caso, es "El sistema de Satanás" las cosas que Satanás implanta en este mundo para arrastrar a la gente a su cola donde los arropa con la avaricia, las modas, el qué dirán, la fama mal implementada, la gloria pasajera que no proviene de Dios, la acusación, a través de los dardos lanzados a nuestra mente, la carne, el pecado. ¿Cómo destruimos el sistema de Satanás? Implantando el reino de Dios, la cual establece el sistema del cielo que es: amor, paz, fe, prosperidad, gloria, unción, presencia, armonía, restauración, liberación, palabra que cargan promesas cumplidas. El sistema del cielo te lleva a vivir una vida en el espíritu. En otras palabras, viviendo conforme a la cultura del cielo.

El sistema de Satanás dice: eres muy joven para dar un sermón o una prédica, el sistema de Satanás te descalifica por tus debilidades, en cambio, el sistema del reino de los cielos te da esperanza "Diga el débil fuerte soy" El sistema de Satanás te acusa y te dice "Ya pecaste, abandona, retrocede"; pero el cielo te dice "su sangre te limpia de todo pecado, humíllate y levántate con nuevas fuerzas". El sistema humano te dice "necesitas una corbata para ministrar o pararte frente a la gente en un púlpito", el sistema del reino te revela que lo que en realidad necesitas es la unción del Espíritu Santo.

Conocí a un amigo Judío que me decía que sus padres no creen que un niño puede ser bautizado con el Espíritu Santo. "Ellos dicen por causa de la tradición" A mí en lo personal fui bautizado con el Espíritu Santo a muy temprana edad, así que la tradición se rompió ese día.

El sistema de Satanás no es nada menos que; "sus maquinaciones y artimañas" **2 Corintios 2:11** dice: *Para que* Satanás *no gane ventaja alguna sobre nosotros; pues no ignoramos sus maquinaciones.*

Las maquinaciones tienen que ver con lo que Satanás implanta en la mente del ser humano. Cegando a las personas y desenfocándolas del plan de Dios. Por eso es importante el conocimiento de las escrituras (La Biblia) porque a través de ella lo descubrimos a él y nos descubrimos a nosotros mismos.

El llenarse del conocimiento siempre será una herramienta de doble filo, para destruir las obras del diablo y para defendernos del mismo, para ser empoderado y edificado, partiendo desde este punto de vista acerca del conocimiento revelado, podríamos aplicar ciertos puntos que benefician a la iglesia en su rol en la tierra. Uno de esos puntos claves es saber y entender que los ángeles están limitados a cosas que los seres humanos pueden llegar a tener, claro está, nosotros como seres humanos también estamos limitados por causa del cuerpo físico que tenemos, el cual simplemente es un cajón donde el alma y el espíritu están hospedados hasta terminar la asignación del propósito encubado en nosotros por Dios. Algo que usted debe entender es que tenemos el privilegio de la revelación, sí, así como usted lo lee en estas páginas, usted tiene la oportunidad de lo revelado, los ángeles no; por ejemplo: Leemos en **Mateo 13:11** *Él respondiendo, les dijo: Porque a vosotros os es dado saber los misterios del reino de los cielos; más a ellos no les es dado.* Aquí podemos entender que la revelación de la palabra está al alcance de los hijos de Dios, "aquellos que le buscan en espíritu y verdad"; hay misterios que sólo están disponible para nosotros que Satanás quisiera saber para lograr detenernos, es por eso que debemos militar según la palabra que se nos ha sido dada, una revelación o palabra *"Rema"* tiene la capacidad de cambiar el curso completo de una iglesia o de una nación y eso es a lo que Satanás está limitado, por otro lado la Biblia también confirma que ni los ángeles saben el día ni la hora, hablando del regreso del Mesías, ¿Por qué? Porque aún no ha sido revelado. Y sólo se va a revelar cuando él venga en las nubes.

Mateo 24:36 *Pero del día y la hora nadie sabe, ni aún los ángeles de los cielos, sino sólo mi padre.* Esto es impactante porque nos da ventaja sobre Satanás y sus demonios; el verso dice: "Ni aún los ángeles de los cielos" no dice "del cielo", dice "de los cielos"; en otras palabras, especificando del primer cielo donde hay ángeles operando según su nivel angelical; del segundo cielo donde también operan otros tipos de rangos angelicales y del tercer cielo aquellos ángeles que tienen la oportunidad dada por Dios de ministrar cerca de él, que claro está hablamos de otros tipos de ángeles con rangos superiores. Lo cierto es, que ningún ángel sabe el día ni la hora que ha de regresar el Mesías, ya usted se puede llegar a imaginar, que si los ángeles buenos no lo saben, mucho menos aquellos ángeles caídos que están bajo tinieblas.

Observemos lo que dice **Hechos 3:17 (RV 1960)** *Mas ahora, hermanos, sé que por ignorancia lo habéis hecho, como también vuestros gobernantes.* Este verso hace referencia a la crucifixión de Jesús, en otras palabras, apunta también a Satanás que por no saber lo que este sacrificio conllevaba, que por cierto era el portal para Jesús poder entrar al mundo espiritual y desenmascarar y derrotar la muerte, los demonios y al mismo Satanás. Si ellos hubieran sabido lo que esto representaba, hubieran intentado detener a Jesús para que no sea crucificado, por eso dice el escritor de los Hechos revela y afirma, **"Por su ignorancia"** haciendo referencia a la falta de revelación. Cuando te llenas de la palabra de Dios y la vives, Satanás tiene más oportunidad de perder, y tú más oportunidad de ganar.

¿Qué Satanás no quiere que tú sepas de él?

- No quiere que usted sepa que como hijo de Dios tenemos autoridad sobre él.
- No quiere que la gente sepa que fue derrotado. Y un derrotado no puede vencer a un victorioso.
- Satanás tampoco quiere que usted sepa que le queda poco tiempo, porque al usted saber que a él le queda poco tiempo, usted aprovecha el tiempo en acercarse a Dios.
- Él no quiere que usted sepa que es limitado. (No puede estar en todo lugar al mismo tiempo) eso te da oportunidad de llenarte de la presencia de Dios la cual está accesible en todo lugar y en todo momento.
- Satanás no quiere que usted sepa cómo operan sus planes.

• Satanás no quiere que usted sepa que él existe, de manera que lo convierte en un ateo; y no sólo eso, lo hipnotiza a tal punto que lo va destruyendo sin la persona darse cuenta que el culpable es él.

• Satanás no quiere que usted adore a Dios.

• No quiere que usted sepa que la sangre de Jesús lo limpia a usted de todo pecado, y que sólo en Jesús hay salvación.

• Satanás no quiere que usted sepa que él como ángel de tiniebla puede convertirse en ángel de luz, disfrazándose y ocultándose hasta detrás de cualquier ministro. "Abra sus ojos espirituales".

• Satanás no quiere que sepas la verdad porque la verdad lo destruye a él.

A continuación le presentaré de manera corta algunas frases que se convierten en llaves que dan acceso a comprender más el mundo espiritual; Convirtiéndolo en un creyente efectivo:

• ¿Sabes por qué debes dar lo mejor de ti?, porque Satanás espera lo peor.

• Cuando la batalla arrecia es porque la victoria se aproxima.

• Satanás nunca podrá comprar lo que no está a la venta; "la sangre de Cristo" ya fue derramada, tú fuiste comprado a precio de sangre.

• La unción no es para llevársela al cielo, es para depositarla en la tierra; pues en el cielo no hay yugo.

• En el antiguo testamento los guerreros mataban a sus enemigos, en el nuevo Jesús murió para salvarlos.

• El Espíritu Santo no sólo nos consuela, también pelea por nosotros y nos defiende.

• Cuando odias el pecado al mismo tiempo aborreces el infierno.

• Hablo tanto con Dios que no tengo tiempo para hablar mal de un hombre de Dios.

• Avivamiento no es hablar muchas lenguas, es controlar la que tenemos.

• Santidad no se basa en una falda larga sino en una lengua corta. "Rompiendo con tradición"

• Puedo vestirme de negro y sigo siendo luz. "Rompiendo con tradición".

• Cuando hay "Avivamiento" Se critica menos y se adora más.

• Un verdadero guerrero sólo mira para abajo cuando le toca levantar al caído.

• En medio de la batalla tus enemigos esperan tu caída, pero a la verdad caíste pero de rodillas. "De rodillas se libran grandes batallas"

• El Espíritu Santo no consuela tu pecado sino que lo arranca de raíz, eso es un verdadero consuelo.

• Mientras que Moisés peleaba, José moraba en el tabernáculo, en otras palabras, yo no quiero lo que Moisés tiene, yo quiero lo que Dios me va a dar.

• De rodillas se pelea una batalla, de pies se celebra una victoria.

• Cuando aprendas a rechazar las ofertas del Diablo, estarás listo para recibir las bendiciones que Dios tiene para ti.

• Si quieres que el Diablo te deje en paz; tienes que estar en paz con Dios.

• El antídoto para el pecado es la sangre de Cristo.

• Lo único que Satanás no puede imitar de Dios, es su Santidad.

• Cuando cuentas tus sueños, metas o propósitos; muchos querrán matarte para que no se cumpla, pero Dios deja vivo a tus enemigos para que ellos mismo cuenten el cumplimiento de ese sueño que ellos quisieron matar.

• Satanás no podrá derribarte cuando tú caminas sobre lo que Dios te dijo.

• La ofrenda trae buena cosecha, el diezmo ahuyenta al devorador. "Satanás" trae tu diezmo en paz ante Dios, y el diablo te dejará en paz.

• Cuando tú obedeces a Dios, Satanás te obedece a ti.

• Cuando hay una guerra en los aires; es una señal tangible de una manifestación gloriosa en la tierra.

• Lucha por tus sueños hasta que tus sueños se conviertan en una pesadilla para el fracaso.

• La debilidad de Satanás, es para los hijos de Dios nuestra Fortaleza. "La oración, el ayuno y la obediencia a la palabra de Dios.

• Mientras estamos a los pies de Cristo, somos pequeños ante él, pero grande y gigante frente a Satanás y sus demonios.

• Las pasiones juveniles y los deseos carnales no se reprenden, se crucifican.

• Debes estar en obediencia para sacar un demonio de desobediencia de algún cuerpo, debes estar libre para ministrar liberación.

• La diferencia de una tentación y una prueba es: que Satanás te tienta para destruirte; en cambio Dios te prueba para bendecirte.

• Satanás no derrota a nadie, simplemente la gente ignora las promesas de Dios y por eso son derrotados.

• Cuando sientas que no puedes lidiar con eso que te hace la guerra, es una señal que a Dios le toca pelear por ti.

• El pecado es como el cáncer, quieres abandonarlo cuando ya te está matando. Dile no al pecado.

• Cristo venció la muerte y a Satanás, ahora te toca a ti vencer tu carne.

• En esta guerra espiritual que peleamos, no vence el que más habla, sino el que dice la verdad.

Conclusión

Cuando tu casa está fundada sobre la Roca que es Cristo, no hay demonios, hechizos, conjuros, brujerías, maldiciones generacionales, acusaciones, divisiones, demonios no importando su rango, absolutamente nada podrá destruir un lugar donde Cristo es Rey y Señor.

Capítulo 7

Código Angelical

Los ángeles son muy importantes en la lucha espiritual que estamos peleando; luchan de nuestro lado, nos defienden constantemente y están a favor de nosotros. La Biblia hace referencia a los ángeles unas 180 veces en el antiguo testamento, y unas 160 veces en el Nuevo, un total de 340 menciones. Ningún otro libro muestra tantas apariciones de ángeles como las sagradas escrituras, una manera más clara para creer que sí existen y son reales. Alguien dijo en una ocasión: para creer en los ángeles había que tener una revelación de quienes son y cómo actúan, y la Biblia es el libro que por revelación divina muestra de manera amplia y certera la verdad acerca de los ángeles y su creador el cual es Dios. "El eterno".

Ángel: La palabra significa "Mensajero" en griego es: "anggelo" y en hebreo "malaj" y hacen alusión al mismo sentido. Son seres espirituales que cumplen misiones entre Dios y los hombres. Obedecen a Dios en todo y para todo.

Hebreo 1:14

¿No son todos espíritus ministradores, enviados para servicio a favor de los herederos de la salvación?

Los ángeles luchan para que seamos salvos, aquí podemos encontrar uno de los objetivos principales, no quieren que nos quememos en el infierno por la eternidad; en otras palabras, tienen buena intensión en que podamos habitar donde ellos habitan. "En el cielo" donde también mora su creador, nuestro Creador.

Apocalipsis 19.10

Yo me postré a sus pies para adorarle. Y él me dijo "Mira, no lo hagas"; yo soy consiervo tuyo, y de tus hermanos que retienen el testimonio de Jesús. Adora a Dios, porque el testimonio de Jesús es el espíritu de la profecía.

Los ángeles están muy bien disciplinados y educados, saben muy bien quién es el único merecedor de alabanza y adoración, Impresionante; son más fuertes que nosotros y saben someterse a la autoridad divina, Todo por guardar el testimonio de Jesús. Ellos están conscientes que si se dejan adorar les pasará lo mismo o hasta peor que Satanás. Así que ellos prefieren estar con Dios en el cielo, que estar con Lucifer en el infierno.

Salmos 34:7

El ángel de Jehová acampa alrededor de los que le temen y los defiende.

En otras palabras, los ángeles no defienden a hijos de desobediencia. Cuando le temes a Dios también tienes la protección de los ángeles. Por eso Satanás busca la manera que usted le falle a Dios para que quede desprotegido. Que se le está permitido hacer a los ángeles, y que "no" Pueden hacer los Ángeles.

Los ángeles no pueden recibir adoración:

Apocalipsis 19:10

Yo me postré a sus pies para adorarle. Y él me dijo: Mira, no lo hagas; yo soy consiervo tuyo, y de tus hermanos que retienen el testimonio de Jesús. Adora a Dios; porque el testimonio de Jesús es el espíritu de la profecía.

Los ángeles no pueden ni deben recibir adoración o alguna veneración, pues son criaturas y sólo el creador "Dios" el eterno merece la alabanza y la adoración. De seguro saben lo sucedido con su ex-compañero Lucifer (**Isaías 14-12-14**) que por querer colocar un trono arlado del de Dios, fue sacado de aquella morada donde sólo Dios es rey y Señor, los ángeles que quedaron al saber esto también conocen las consecuencias.

Hebreos 1:5,6

Pues, ¿A cuál de los ángeles dijo Dios jamás: Mi Hijo eres tú, yo te he engendrado hoy? Y otra vez ¿Yo seré a el Padre y él será mi Hijo? Y otra vez cuando introduce al primogénito al mundo dice: Adórenle todos los ángeles de Dios".

Los ángeles no pueden ocupar un cuerpo

Génesis 6-1-22

Aconteció que cuando comenzaron los hombres a multiplicarse sobre la faz de la tierra, y les nacieron hijas, Vs2- que viendo los hijos de Dios que las hijas de los hombres eran hermosas, tomaron para sí mujeres, escogiendo entre todas.

Muchos estudiosos y eruditos que estudian los acontecimientos angelicales en las escritura atribuyen a este versículo como uno de los comienzo de rebelión por parte de ángeles que se comenzaron a corromper convirtiéndose luego en ángeles caídos. Cabe pensar que cuando se refiere a los hijos de Dios "ángeles" ellos descendieron a la tierra aparecieron de manera física y convivieron con las mujeres dándole hijos, cuando lo miramos desde ese punto de vista podemos apuntar a que los ángeles podían aparecerse de manera física y hasta tocar y hablar a las personas, luego de este acto que lo podríamos llamar "Acto de desobediencia" por parte de esos ángeles "Hijos de Dios" que es lo más cercano al referirse a los ángeles en el antiguo testamento, ya que en el nuevo se refiere a los "creyentes" y para los ángeles "ángeles ministradores"; el mismo Dios en los versículos siguiente mandó a destruir la tierra con el objetivo que los ángeles no pudieran llegar a los seres humanos, es desde entonces que Dios no le permite a los ángeles introducirse en un cuerpo y operar para evitar alguna depravación o traición; (Algunos estudiosos hacen referencia a estos ángeles que al no encontrar cuerpos en quien habitar al intentar subir al cielo Dios no le permitió la entrada convirtiéndose ellos en demonios que significa; espíritus invasores que no son de este mundo). Los ángeles sí pueden aparecer con apariencia propia como alguien que la podamos identificar, luego vuelven a su estado original como seres celestiales o espirituales. **"siempre habrá algo de diferente en los ángeles que lo distingue de los humanos"** y para poderlos identificar necesitaríamos de una percepción extra sensorial.

En cambio, los espíritus malignos sí pueden entrar en un cuerpo de desobediencia y operar, pero para eso están los ángeles de Dios, para defendernos de esos espíritus que quieran tocar nuestros hijos, nuestra familia, nuestras empresas, nuestro ministerio. **(Salmos 34:7)** ¿se ha preguntado por qué los demonios tienen la facultad de entrar en cuerpos humanos y poseerlos? La respuesta es sencilla y óptica: porque no tienen imagen y quieren usar la que usted tiene, pero en mi caso y así lo declaro también a su favor, los demonios no podrán usar mi imagen física mucho menos la suya porque tenemos la imagen de Cristo en nuestra imagen, y no solo eso, tenemos semejanza; **Favor léase Hebreo 1:3 (RV 1960)** el apóstol Pablo lo describe de esta manera "Ya no vivo yo, ahora vive Cristo en mi". Aleluya.

Los ángeles no deben anunciar otro evangelio u otra enseñanza

Gálatas 1:8

Más si aún nosotros, o un ángel del cielo, os anunciaré otro evangelio diferente del que os hemos anunciado, sea anatema.

¿Cuál es el evangelio que los apóstoles anunciaron? El evangelio de la muerte de Jesús en la cruz, de la sangre de nuestro Salvador Jesucristo que trajo redención de pecados, de la resurrección de Cristo de entre los muertos, restauración de la iglesia, del bautismo del Espíritu Santo y por supuesto, del regreso de nuestro Salvador y Señor Jesucristo. En otras palabras, Si usted llega a tener la visitación de un supuesto ángel, sea en sueños o de manera visible diciéndole todo lo contrario del evangelio predicado por los apóstoles; ciertamente no es un ángel, es un demonio o "ángel caído" Los ángeles de Dios están sujetos a la voluntad de Dios y no pueden cambiar el evangelio de Cristo y la verdad de Dios escrita en la palabra.

Los ángeles son poderosos pero limitados:

Los ángeles no pueden reproducirse ni se dan en casamiento (**Marcos12:25**) A pesar que son rápidos como el movimiento de un rayo, no pueden estar al mismo tiempo a la misma vez. Así que yo prefiero pedir la presencia de Dios antes que un ángel, pues la presencia de Dios está habitada y se mueve en todo lugar.

Los ángeles no pueden ocupar el rol del Espíritu Santo:

Juan 16-8

"Y cuando él venga, convencerá al mundo de pecado, de justicia y de juicio. De pecado, por cuanto no creen en mí; de justicia, por cuanto voy al Padre, y no me veréis más; y de juicio, por cuanto el príncipe de este mundo ha sido ya juzgado."

Los ángeles no pueden ejercer el rol del Espíritu Santo, los ángeles sólo son mensajeros y están sujetos a la voluntad del Espíritu Santo, por cierto, no son los ángeles que convencen a la gente de pecado, es el Espíritu Santo. (Favor léase **Hebreos 1:4**) En otras palabras, los ángeles nos defienden pero sólo el Espíritu Santo nos empodera para que podamos defendernos y vencer nuestros temores.

1 Corintios 3:16 (RVR1960)

¿No sabéis que sois templo de Dios, y que el espíritu de Dios mora en vosotros? Es decir, que sólo el Espíritu Santo tiene el poder y la facultad de morar en nosotros los hijos de Dios. "Los ángeles no". Permítame decirle algo aún más interesante; quien entregará a la iglesia en las nubes no son los ángeles sino el Espíritu Santo.

En quien tenemos redención por su sangre, el perdón de pecados según las riquezas de su gracia.

Los ángeles quisieran ser como nosotros para experimentar la redención; pues no han sido lavado con la sangre de Cristo, es desde entonces que se afirma que los ángeles quisieran ser como uno de vosotros para llegar a experimentar ese toque especial por parte del Espíritu Santo.

1 Pedro 1-12

A éstos se les reveló que no para sí mismos, sino para nosotros, administraban las cosas que ahora os son anunciadas por los que os han predicado el evangelio por el Espíritu Santo enviado del cielo; cosas en las cuales anhelan mirar los ángeles. En quien tenemos redención por su sangre, el perdón de pecados según las riquezas de su gracia,

La Biblia muestra que Dios nos hizo menor que los ángeles, pero llegará el tiempo que seremos mayor que los ángeles ya que ellos no son coherederos juntamente con Cristo, nosotros sí lo seremos. En otras palabras, los ángeles cuidan las moradas donde nosotros vamos habitar. Quiere decir que los ángeles que abandonaron su morada, "Desconfiaron" pero los que se quedaron fueron marcados por Dios para siempre como hijos y no como esclavos; ¿ahora entiendes por qué los demonios quieren esclavizarte? Porque perdieron el privilegio de hijo que ahora nosotros tenemos; **Juan 8:35 Y el esclavo no queda en la casa para siempre; el hijo sí queda para siempre.** Los hijos que permanecen fieles y que se quedan, son los que heredan, otro ejemplo lo podemos ver en: *Gálatas 4: 7 Así que ya no eres esclavo, sino hijo; y si hijo, también heredero de Dios por medio de Cristo.*

Los ángeles son espías, vigilantes, ministradores, defensores y están muy atentos a lo que hacemos en la vida diaria. Pues ellos pueden vigilarnos todo el día y la noche mientras descansamos ya que ellos al ser espíritu no se cansan ni envejecen, así que, ellos pueden cuidarnos hasta cuando seamos ancianos y ellos siguen estando fuertes y vigorosos para cuidarnos y defendernos. Son fuertes, grandes, rápidos, ágiles, inteligentes, humildes, agentes de Dios, obedientes, reverentes, adoradores, ángeles ministradores.

Muchas cosas pudiéramos escribir y predicar de los ángeles, pero lo más importante es el vivo celo que tienen por Dios en que se cumpla la voluntad de Cristo en nuestras vidas, ver cómo nos defienden nos da satisfacción en creer que lo que más le importa es que podamos cumplir con el propósito de Dios en la tierra. Pudiéramos decir: "Se divierten mientras nos cuidan".

Escenarios como Daniel en el foso de los leones y ver a los ángeles descender y defenderlos, Pedro en la cárcel cuando el ángel le toca en el costado para levantarlo, Abraham cuando recibe la respuesta del ángel que le dice acerca del nacimiento de Juan el Bautista, el ángel que se le aparece a Zacarías con una noticia que por años el esperaba hasta ver el cumplimiento de la misma, María y José que recibieron instrucciones por un ángel, y hasta el nombre que le habían de poner a su hijo, Moisés que experimentó la visitación del ángel de Jehová que le guiaba con una columna de nube y otra de fuego, yo también me incluyo cuando en una habitación de un hotel un demonio se apareció y quería matarme sacando mi alma del cuerpo cuando detrás de él apareció un ángel el cual me defendió obteniendo yo la victoria ¿Y de quién más pudiera decir? Del mismo Jesús que después que contaba con los discípulos para orar en su momento más difícil cabeceaban y estaban medios dormidos, pero en ese mismo instante luego de regresar al monte a orar llegó un ángel que lo fortaleció. por cierto, aún en el sepulcro donde sepultaron a Jesús vinieron los ángeles para remover la piedra y sentarse encima de ella. Como si dijeran: lo que para la tierra es un obstáculo para el cielo es un asiento.

Así te dice el Espíritu Santo en esta hora: Los ángeles siguen estando disponibles para defenderte en este tiempo, no porque se trate de los ángeles, sino del mismo Dios que envía a los ángeles a proteger y a defender a sus hijos los creyentes. Aunque no lo veas están a tu alrededor de manera activa.

Rangos y características:

Serafines

Isaías 6:1

---

*Por encima de él había **serafines;** cada uno tenía seis alas; con dos cubrían sus rostros, con dos cubrían sus pies, y con dos volaban. Vs.3 Y el uno al otro daba voces, diciendo: Santo, santo, santo, Jehová de los ejércitos; toda la tierra está llena de su gloria.*

La Biblia habla muy poco de los serafines pero se cree que son los que más cerca está de Dios y que tienden hacer el rango de ángeles más elevados. Siempre lo he dicho; la adoración a Dios te acerca cada vez más a vivir en su presencia. Myer Pearlman dice de los serafines que son: "Seres Ardientes" en otras palabras, aman a Dios con fuerza, con intriga, con pasión, arden por su presencia y su adoración es cada vez más fuerte e intensa. Los que más cerca están de Dios son los que adoran y le dicen Santo. Es decir, que lo que te mantiene cerca de Dios es tu adoración a él. Pero lo que realmente te mantiene allí es una adoración ardiente. "Fuego Abrazador" (**Isaías 64:1**).

Arcángel

Son conocidos como ángeles principales o superiores a los ángeles comunes, tienen tareas específicas y mensajes con mayor relevancia e importancia en el mundo espiritual. **(Daniel 8:16; 9.21 Lucas 1:19) Respondiendo el ángel, le dijo: Yo soy Gabriel, que estoy delante de Dios; y he sido enviado a hablarte, y darte estas buenas nuevas).**

La Biblia sólo menciona dos de ellos: Arcángel Miguel el cual es un guerrero, y el arcángel Gabriel que es el mensajero principal, la Biblia muestra que siempre está delante de Dios, como si estuviera atento a los mensajes del eterno a favor de los creyentes en la tierra. "Algunos Rabinos ortodoxos y estudiosos dicen que la Biblia no llama a Gabriel arcángel y que muchos ya lo hacen por tradición". Lo cierto es que es poderoso y como yo le llamo; "Mensajero de mensajeros" Gabriel tuvo el privilegio de dar a María y José el nombre de quién se convertiría en el salvador del mundo, "Jesús". Cuando hablan, su voz es muy fuerte y potente, (**1 Tesalonicenses 4-15**). El término "arcángel" sólo aparece en el libro de Judas y en la primera carta a los (1 Tesalonicenses, 4, 15) Refiriéndose a Miguel.

Querubín

Un querubín es también un adorador al junto de los serafines, su función es proteger, se les conoce como "Guardianes" o protector. La primera aparición de un querubín sucedió en:

Génesis 3:24 (Versión RVA)

Echó, pues, fuera al hombre, y puso al oriente del huerto de Edén querubines, y una espada encendida que se revolvía a todos lados, para guardar el camino del árbol de la vida.

Es impresionante observar cómo Dios en toda su sabiduría coloca a querubines protectores con una espada ardiente que se revolvía a todos los lados para guardar el camino del árbol de la vida; por cierto, Satanás mientras estuvo en el cielo fue un "querubín". Ahora entiendo con más claridad porque Dios coloca un querubín que apunta al mismo rango de Satanás, en caso de que Satanás quisiera volver al huerto, encontraría a alguien de su mismo rango que puede enfrentarlo e impedirle el paso.

De hecho, cuando Dios le dio las instrucciones a Moisés de construir el arca del pacto que en ese tiempo representaba la presencia de Dios, el arca de madera de acacia bañada en oro macizo la cual estaba compuesta por dos Querubines que simbólicamente protegían el lugar santísimo y el arca de la alianza; Debemos entender que las instrucciones se la dio Dios a Moisés basado en la cultura del cielo. No puso serafines porque entonces lo pondría con trompetas para que adoren, sino que puso querubines en posición de proteger y guardar. Es exactamente lo que hacen. "Proteger" o impedir el paso. Esto nos muestra y enseña a utilizar las herramientas correctas a la hora de pelear guerra espiritual. No pretenda decirle a Dios que mande un ángel cuando usted lo que necesita es un arcángel, o llamar serafín cuando lo que en realidad necesita un querubín. Es en el caso de Daniel, hacia él venía el arcángel Gabriel que es mensajero y si leemos bien se le opuso el principado de Persia, y tuvo que venir a ayudarle no un ángel cualquiera, sino el arcángel "Miguel" el cual es un guerrero. Por cierto, lo mismo sucede con Dios.

Si usted está pasando por una necesidad o escasez, debe convocar a Dios como **Jehová - Jireh: El Señor "Quién provee" Génesis 22.** Si quieres verlo manifiesto como sanador debes convocarlo como **Jehová Rapha "Sanador".** Y si quieres verlo como pelea tus batallas tendrás que despertar el guerrero que hay en él y provocarlo como **Jehová sabaot "Guerrero".**

En este escenario puedo aprender que para cada ocasión Dios mandará los ángeles adecuados para cuidarnos y estar presto para defendernos. Es como en el caso de Josué cuando peleaba con sus enemigos que se le apareció el príncipe del ejército de Dios, la cual muchos eruditos estudiosos aluden al mismo Cristo. Cuando estés peleando una batalla intensa Dios no mandará un ángel sino un arcángel, y si el arcángel observa que la batalla es muy recia, pues hay que llamar a Jehová. ¡¡¡Aleluya!!! Como en el caso del arcángel Miguel cuando disputaba contra Satanás por el cuerpo de Moisés.

Judas 1:9 (RV 1960)

*Pero cuando el arcángel Miguel contendía con el diablo, disputando con él por el cuerpo de Moisés, no se atrevió a proferir juicio de maldición contra él, sino que dijo: **El Señor te reprenda**. Otra versión dice: **Jehová te reprenda**.*

Cuando empecé a escudriñar más acerca de los ángeles conforme a las escrituras; mi espíritu abría camino en el mundo espiritual para comprender y entender muchos interrogantes. Cada uno de nosotros deberíamos estudiar y escudriñar acerca del mundo invisible para tener mayor conocimiento contra quien peleamos y quien realmente pelea de nuestro lado.

El tema de los ángeles es muy amplio y para muchos complejo, algunos creen otros no creen, lo cierto es que sí existen y hay miles de miles de millones y millares de ellos en un movimiento constante. La palabra Hebrea "Zohar" hace referencia a una colección de escritos según la Torá haciendo referencia a los ángeles como seres de luz que ejercen funciones, en particular comandada por su creador "El eterno" y que en los distintos rangos cada ángel funciona de manera proporcional sumando al cumplimiento del propósito del cielo, se cree que hay ángeles encargados de tomar nuestras suplicas "Oraciones habladas o cantadas" y llevarlas ante el trono de la gracia. Una de las plataformas bíblicas es la visión de Jacob cuando vio una escalera que conectaba del cielo a la tierra, donde ángeles subían y bajaban.

También algunos estudiosos Judíos y rabinos afirman que los ángeles se turnan para adorar a Dios, eso lo podemos confirmar en el caso del mismo Jacob que peleaba con el ángel por su bendición de cambiar su nombre de Jacob a Israel, cuando el ángel le insistía; déjame que raya el alba; como si dijera "déjame que ya es mi turno de adorar al eterno". Esto me impacta porque si por algo debemos pelear es por adorar a Dios, no importa lo que estemos haciendo o qué tengamos que dejar, debemos tener prioridades para adorar a nuestro Rey y Señor; Mientras que Jacob peleaba por su bendición, el ángel peleaba por ir al cielo a su asignación.

Jeremías 33:3

Clama a mí, y yo te responderé, y te enseñaré cosas grandes y ocultas que tú no conoces.

Dios está interesado en mostrarnos esas manifestaciones ocultas que sólo ocurren en el mundo espiritual y que pueden ser vistas por aquellos que claman a Dios y buscan su rostro.

Los ángeles celebran

Lucas 15:10

Así os digo que hay gozo delante de los ángeles de Dios por un pecador que se arrepiente.

Los ángeles celebran y disfrutan de un tiempo de victoria, vivir y habitar en el cielo no es aburrido, ver cómo un alma es rescatada de las garras del enemigo es motivo de celebrarlo. Es interesante conocer primero la cultura del cielo porque de esta manera tendremos mayor conocimiento de lo que es establecer el reino de Dios en la tierra. Así como el hijo pródigo que al regresar a casa se hizo el mejor banquete, la mejor vestimenta se le entregó, un anillo que representa pacto eterno y el sacrificio de un animal que representa redención. Si alguien llega a la iglesia a reconciliarse con Cristo, únase a la fiesta celestial y celebre juntamente con los ángeles.

Los ángeles protegen

Salmos 91:11

Pues a sus ángeles mandará acerca de ti, Que te guarden en todos tus caminos.

Los ángeles reciben órdenes supremas de proteger a los hijos de Dios en la tierra; Mi padre Seferino Jiménez vivió una experiencia donde en ocasiones para ir a la iglesia debía pasar por un callejón muy peligroso, por cierto, a mí en varias ocasiones me tocó pasar por allí. Mi padre testifica que unos malhechores delincuentes se le acercaron y le dijeron que han querido secuestrarle o herirle, pero cada vez que tienen la oportunidad de hacerlo se fijan que nunca usted anda solo, y a la verdad, mi padre en la mayoría de los casos pasaba solo por dicho callejón, los ángeles del Señor se hicieron visibles donde mi padre no lo veía pero sí los malhechores. Ellos están más cerca de lo que te imaginas y nos cuidan de todo peligro que nos acecha.

Los ángeles luchan para que no nos desviemos

Números 22:23

Y el asno vio al ángel de Jehová, que estaba en el camino con su espada desnuda en su mano; y se apartó el asno del camino, e iba por el campo. Entonces azotó Balaam al asno para hacerlo volver al camino.

Esta historia es fascinante, lo que Dios tiene que permitir para que un hombre no se desvíe del camino correcto, "Hacer que un burro sea inteligente" Dios no estaba de acuerdo en que el Profeta fuera con los príncipes de Moab, y él bajo su concupiscencia hizo como le pareciera. Es desde aquí que muchos eruditos y judíos estudiosos afirman que Dios puede permitir que un ángel le haga la guerra y no Satanás o los demonios, con tal de que usted regrese a los caminos del Señor, hay batallas que son producidas por los mismos ángeles para que regresemos a nuestro estado original, "Obediencia"

El profeta estaba tan enojado con el asno "El burro" porque no obedecía al que la cabalgaba que era el profeta Balaam su dueño, lo que el profeta no sabía que el asno había visto un ángel a su frente con una espada desnuda en otras palabras, "lista para pelear" y el burro entendió y obedeció que no era el camino por el que tenía que seguir, al ver Balaam que el asno resistía la golpeó tres veces hasta que el asno habló y dijo: Vs 28- *Entonces Jehová abrió la boca al asno, la cual dijo a Balaam: ¿Qué te he hecho, que me has azotado estas tres veces?* Aún seguía resistiendo Balaam porque no entendía lo que el burro entendió hasta que el Vs31 dice: *Entonces Jehová abrió los ojos de Balaam, y vio al ángel de Jehová que estaba en el camino, y tenía su espada desnuda en su mano. Y Balaam hizo reverencia, y se inclinó sobre su rostro.*

Cuantas batallas nosotros hemos peleado que no han sido contra Satanás ni sus demonios sino contra ángeles buenos que Dios ha mandado para resistirnos por alguna mala decisión que hemos cometido, y Dios en su misericordia cambia el escenario de mal para bien, aunque muchas veces nosotros no lo podemos entender. Mire conmigo lo interesante de esta historia y que confirma lo que le estoy expresando. Vs32- *Y el ángel de Jehová le dijo: ¿Por qué has azotado tu asno estas tres veces? He aquí yo he salido para **resistirte**, porque tu camino es perverso delante de mí.* No dude que los mismos ángeles que nos cuidan también estén autorizados en tronchar nuestras decisiones para bien. "Aprendamos a descifrar este gran misterio del mundo espiritual".

Los ángeles pueden comer y tomar líquido

Salmos 78:25 (Versión LBA)

Pan de ángeles comió el hombre; Dios les mandó comida hasta saciarlos.

Abraham fue uno de esos hombres privilegiado en hospedar ángeles, muchos atribuyen esta aparición como la Trinidad padre, hijo y Espíritu Santo, porque Abraham se postró y les adoró y ningún otro ángel puede recibir adoración, a menos que sea el ángel del Señor el cual es el mismo Cristo. Abraham supo entenderle como cualquiera que atiende a personas que vienen de un largo camino, a pesar que Abraham sí sabía quiénes eran, pero la costumbre era dar buen recibimiento y hospitalidad a aquellos que se recibían en casa. Por eso el escritor a los Hebreos se expresa de esta manera: **(Hebreos 13:2)** *No os olvidéis de mostrar* **hospitalidad,** *porque por ella algunos, sin saberlo, hospedaron ángeles. ¿Cómo podemos confirmar que comieron y tomaron líquido?* **Génesis 18:8** *Tomó también mantequilla y leche, y el becerro que había preparado, y lo puso delante de ellos;* ***y él se estuvo con ellos debajo del árbol, y comieron.*** Por cierto, la comida de los ángeles es el maná que Dios le dio al pueblo de Israel después de haberlo rescatado de Egipto. Favor léase: (**Salmos 78:24**).

Los ángeles ejercen un papel importante pero aun así no podemos invocarlos porque estaríamos cayendo en un error de hechicería, debemos pedir a Dios que envíe sus ángeles, pero como siempre he dicho: ¿Para qué llamar a un ángel cuando puedo llamar a Dios? Enoc pidió ser amigo de Dios, Salomón pidió sabiduría, Eliseo la doble poción de Elías, pero Moisés pidió la presencia de Dios y luego de experimentar la presencia de Dios le dijo: "Quiero ver tu gloria". "Tu hermosura" no te conformes con un ángel, ve tras la presencia de Dios, que es el todo del hombre.

Tácticas, estrategias, formación, planificaciones, implementos, cálculos y revelación, ataques sorpresas son puntos que se implementan en la guerra espiritual, Dios tiene todo preparado y anticipado, él conoce los tiempos y sabe que manifestará en cada uno de ellos. "Dios no improvisa".

Por ejemplo, existen tres tipos de mensajeros a) Mensajero de Dios a) Mensajero de los ángeles c) Mensajero de Satanás. Los Mensajeros de Dios son aquellos que ejercen movimientos a favor del reino de Dios, son ángeles que pueden llegar con una advertencia o un mensaje de parte de Dios para nosotros sus hijos. En hebreo la palabra "Abbar" también hace referencia a los ángeles los cuales cuando se manifiestan ya han recibido órdenes de arriba en ejercer una "Fuerza Mayor". Este tipo de ángeles los podemos encontrar en el caso de Daniel cuando fue metido en el foso de los leones.

Daniel 6:22

*Mi Dios envió su **ángel, el cual cerró la boca de los leones**, para que no me hiciesen daño, porque ante él fui hallado inocente; y aún delante de ti, oh rey, yo no he hecho nada malo.*

Esto es impresionante; número uno, Daniel vio literalmente el ángel; Número dos, vio cuando el ángel le cerró la boca a los leones. A esto me refiero, hay ángeles enviados por Dios para ejercer una fuerza, la Biblia no específica que fuese un arcángel o querubín, simplemente dice, "ángel, pero por la reacción que tomó en cerrarle la boca a los leones, eso revela que era un ángel con una fuerza mayor".

A diario tenemos ángeles que nos cuidan aun cuando nosotros no lo vemos. Una noche salí a hacer una diligencia oportuna después de ministrar en una iglesia en Baltimore; y cuando el pastor ya me regresaba a mi lugar de hospedaje, algo muy extraño sucedió, venía de frente una *troca* en mi país "camioneta", "En Puerto Rico Picó" de forma muy agradecida, de momento pensé que venía encima de nosotros, cuando de repente fue desviada rechinando las llantas "Goma en mi país" y terminó detrás de nosotros cuando era de frente a nosotros su dirección, el pastor y yo sólo nos echamos a reír y dimos gloria a Dios; digo, nos echamos a reír porque fue como de película que Dios envió su ángel para desviar ese vehículo que venía a darnos de frente.

En hebreo Un *"Abber"*, que traducido es: ángel ejerciendo una fuerza mayor. No es que el ángel llevaba ese nombre, no me malinterprete, simplemente la palabra Hebrea nos lleva a entender la asignación de ese ángel. Puedo soltarle algo aún más interesante, hay ángeles encargado de llevarle hasta comida en un tiempo de hambruna que usted esté pasando como en el caso de Elías que el ángel fue cuando él se encontraba sin fuerza en el desierto; en mi caso, no necesitaba comida sino ser librado de ese accidente, para cada escenario Dios manda un ángel. Los ángeles nos cuidan, pero más cuidan el testimonio del nombre de Dios, para que cada vez que seamos liberados del mal podamos testificar de un Dios que es más poderoso que los ángeles.

Hay otros tipos de ángeles en las mismas ramas como habíamos mencionado antes que en griego es *"anggelo"*, refiriéndose a la misma palabra en Hebreo *"Malaj"* que se refiere a mensajeros, y que en este caso me refiero algunos ángeles que están bajo la responsabilidad de otros ángeles superiores a ellos. un ejemplo claro lo podemos confirmar en: **Apocalipsis 7:2** *Vi también a otro ángel que subía de donde sale el sol, y tenía el sello del Dios vivo;* **y clamó a gran voz a los cuatro ángeles**, *a quienes se les había dado el poder de hacer daño a la tierra y al mar, Vs-3 diciendo: No hagáis daño a la tierra, ni al mar, ni a los árboles, hasta que hayamos sellado en sus frentes* **a los siervos de nuestro Dios.**

Esos tipos de ángeles son fuertes, yo diría que el más sencillo de los ángeles es fuerte cuando lo comparamos con la raza humana, aquí lo podemos ver con exactitud qué tienen la capacidad de destruir aún siendo ángeles buenos, la única diferencia es que son tan obedientes que se someten a otros ángeles superiores, es algo que a menudo que escudriño las escrituras me doy cuenta que el reino de los cielos trabaja muy organizado "Algo que nos falta a nosotros los evangélicos en la tierra" no nos gusta recibir órdenes, mucho menos someternos a la autoridad puesta por Dios, si practicamos el diseño del cielo y lo implementamos en la tierra, de seguro veremos mayor resultados.

Nuestro archienemigo "Satanás" también usa mensajero, no olvide que él estuvo en el cielo y recibía órdenes, por lo que podemos entender que lo bueno él lo aplica aún para hacer lo malo, no es tan tonto como muchos lo pintan, no olvide que su creador "Dios" le llenó de sabiduría; **Ezequiel 28:12 (RV 1960)** *Hijo de hombre, levanta endechas sobre el rey de Tiro, y dile: Así ha dicho Jehová el Señor: Tú eras el sello de la perfección, **lleno de sabiduría**, y acabado de hermosura.*

En otras palabras, esa sabiduría él la sigue aplicando en nosotros, esta es la razón por la que nosotros como hijos de Dios debemos buscar cada día más la llenura del Espíritu Santo, ¿la razón? Es que su sabiduría termina donde comienza la del espíritu santo, sólo imagínese que el Espíritu Santo escudriña aún lo profundo del mismo Dios, ahora lo profundo de Satanás que ni siquiera es un dios con d minúscula jajajajaja Aleluya.

¿Por qué usa mensajeros Satanás? Porque todo en el mundo espiritual y aún en el mundo físico se rige por mensajes, Los mensajes llevan noticias e informaciones importantes que determinan un plan, de hecho, él comenzó la guerra espiritual en el huerto utilizando un mensaje que era una advertencia de Dios para Adán y Eva.

Génesis 3:1

*Pero la serpiente era astuta, más que todos los animales del campo que Jehová Dios había hecho; la cual dijo a la mujer: **¿Conque Dios os ha dicho: No comáis de todo árbol del huerto? Aquí podemos ver a Satanás usar el mensaje que Dios le había dado a su creación.***

Por eso él aún usa también mensajeros para distorsionar la verdad de Dios. Pero la Biblia tiene un mensaje para Satanás, sus demonios y sus aliados; **Mateo 16:18** *Y yo también te digo, que tú eres Pedro, y sobre esta roca edificaré mi iglesia; y las puertas del Hades no prevalecerán contra ella.*

En otras palabras, el mensaje del cielo es más poderoso que el del infierno. Cuando Satanás tentó a Jesús a donde lo llevó? "Al desierto" y ¿qué es lo que más abunda en el desierto? "Arena"; parece ser que a Satanás se le olvidó que Jesús venía de la montaña, y en los montes hay rocas en el desierto sólo hay arena. El mensaje de Satanás está fundado sobre la arena, el de Jesús sobre la roca; por eso los hijos de Dios podemos cantar "Y esta casa no se cae porque está sobre la roca, y no se cae y no se cae; porque esta sobre la roca". Aleluya...

2 Corintios 12:7

*Y para que la grandeza de las revelaciones no me exaltase des-medidamente, me fue dado un aguijón en mi carne, **un mensajero de Satanás** que me abofetee, para que no me enaltezca sobrema-nera.*

Este capítulo de la Biblia es uno de esos que siempre los eruditos y estudiosos buscarán la manera de descifrar y buscar su interpretación o contenido; permítame de manera sencilla exponerle lo que Dios me ha permitido entender en la intimidad. Lo primero que debemos subrayar es la palabra "Aguijón", esta palabra hace referencia a una estaca o algo punzante que hace efecto a lo exterior; imagine una aguja en la parte superior de su brazo, al semejante es de lo que le quiero dar a entender, Pablo continúa hablando y utiliza otra palabra clave, "Carne" y esta palabra hace énfasis en la piel, no habla del alma mucho menos del espíritu; dice "carne" que es la parte física que cubre el esqueleto del ser humano, también Pablo utiliza otra palabra que vislumbra más el texto; "abofetear" y lo que se abofetea es la cara, y la cara es lo que se ve al exterior de una persona.

Ahora bien, se aproxima la parte que todo esperamos, cuando dice; "**Un mensajero de** Satanás" ¿qué raro no? porque un mensajero de Satanás para que Pablo no se enorgullezca, cuando el objetivo de nuestro enemigo es buscar la manera que despertemos el orgullo en nosotros para de esta manera Dios se aleje de nuestras vidas y el enemigo gane ventaja, pero es así como usted lo puede leer en el verso siete; *Y para que la grandeza de las revelaciones no me exaltase desmedidamente, me fue dado un aguijón en mi carne, **un mensajero de Satanás** que me abofetee, para que no me enaltezca sobremanera;* Dios aquí le da permiso a un mensajero de Satanás **"espíritu inmundo".**

Para tocar a Pablo en su carne y llevarlo a un quebranto y una debilidad para que Pablo se bastara en la gracia de Cristo. Dios no quiso provocarle ese dolor, por lo que le dio permiso a un demonio que afectara su cuerpo con alguna enfermedad que llevara a Pablo a humillarse y depender de Dios. Lo que me impacta de todo esto es que Dios al igual que Job no permitió que ese aguijón llegara al alma o el espíritu. Por eso dice "aguijón en la carne, algo externo no interno, no se trataba de una posición demoniaca sino de un dardo del enemigo". Cuando tú cargas propósito de Dios, es probable que Dios use al mismo Satanás cómo siervo para que el mismo Dios sea glorificado en tu vida, siempre poniéndole límites y restricciones. Satanás nunca podrá tocarte más de lo que debe. Pablo lo que está diciendo, si este mensajero de Satanás pensó que me va a humillar ante él, está muy equivocado, el verdadero mensaje que esta prueba está provocando es que Dios me afiance a él y dependa de su gracia. El Vs 8 y 9 continúan diciendo: *respecto a lo cual tres veces he rogado al Señor, que lo quite de mí. 9 Y me ha dicho: **Bástate mi gracia**; porque mi poder se perfecciona en la debilidad.* ¿Qué podemos aprender de este pasaje bíblico? ¿Está usted listo para recibir esta palabra revelada? Pues atrape esto: Cuando Dios no te quita una prueba, es para que la prueba te quite el orgullo, y fue lo que exactamente ese aguijón le impidió a Pablo que no se ***"exaltase desmedidamente"*** Aleluya…

¿Se ha preguntado por qué en éste tiempo no tenemos visitación de ángeles de manera más seguida como los antiguos tuvieron? Dios me ministró lo siguiente: Porque estamos muy materializados y enfocados a lo físico que muchos si llegaran a ver una manifestación sobrenatural no sólo sucediera cómo algunos en la Biblia que cuando tuvieron la oportunidad de ver ángeles cayeron como muertos, en este tiempo algunos no caen como muertos, "caen muertos" jajajajajaja. Yo leía en una ocasión a alguien decir que para poder ver ángeles necesitaríamos de cierta relación con Dios muy íntima y a la vez cierto nivel de resistencia espiritual, y pienso que secundaría esas palabras; la mayoría de los que vieron ángeles lo merecían, tenían una relación con Dios muy estrecha y si usted escudriña las escrituras se daría cuenta de quienes hombres de la Biblia estoy hablando, cargaron propósito y el cielo vivía conectado a ellos, aún aquellos que quizás no lo merecían, pero llegaron a verlo, como en el caso de aquellas mujeres. Favor léase **Mateo 28 (RV 1960)** que de muy temprano el primer día de la semana "Domingo" corrieron a la tumba a ver si su Señor había resucitado, y se encontraron con la gran sorpresa de dos ángeles que ya habían removido la piedra; ¿impresionante no? ellas quizás no merecían ver ángeles, pero claro está, cuando abres tus ojos espirituales te das cuenta que sólo aquellos que corren con pasión para saber de su maestro de seguro se encontrarán con manifestaciones sobrenaturales.

No lo merecían pero corrieron y se encontraron con el milagro. Hoy Dios te dice "corre a ver a Jesús y te encontrarás con el milagro". ¿Sabe usted realmente lo que se le apareció a aquella mujer? Un *Malaj* que es una palabra hebreo que se refiere a un ángel mensajero, "Un Agente" que en griego es *Aggelos* quien lleva buenas nuevas. Todos aquellos que corren por conocer y saber de Jesús encontraran buenas nuevas.

Algunos estudiosos también hacen referencia a la escasez de visitación de seres celestiales, al espacio que ocupa el Espíritu Santo en la tierra; En otras palabras, el mayor trabajo lo hace el Espíritu Santo, lo demás los ángeles lo secundan o lo apoyan, ¿dónde podemos visualizar eso y confirmarlo? En la tumba donde sepultaron a Jesús; mientras que **los ángeles** movieron la piedra que cubría la tumba, el **Espíritu de Dios resucitó a Cristo** de entre los muertos.

Romanos 8:11

El Espíritu de Dios, quien levantó a Jesús de los muertos, vive en ustedes; y así como Dios levantó a Cristo Jesús de los muertos, él dará vida a sus cuerpos mortales mediante el mismo Espíritu, quien vive en ustedes.

En Romanos podemos apreciar la obra del Espíritu Santo, y en mateo podemos confirmar la ejecución del ángel, en otras palabras: *"Trabajo En Equipo".*

Mateo 28:2 (RV 1960)

Y hubo un gran terremoto; **porque un ángel** *del Señor, descendiendo del cielo y llegando,* **removió la piedra***, y se sentó sobre ella.*

¿Impresionante no? algo interesante que podemos aprender aquí es un ángel no puede impartir vida, pero sí puede ayudar a un vivo jajajajaja el único que puede impartir vida es el padre, el hijo y el Espíritu Santo. Al ángel sólo le tocaba remover la piedra, y al espíritu de Dios levantar a Jesús de entre los muertos. My God Aleluya.

Cuando termine usted de leer este capítulo no valla a encerrarse y a convocar ángeles, porque los ángeles no se convocan directamente, primero oras a Dios y convocas la presencia de Dios, y Elohim en su misericordia envía sus ángeles ministradores para que cuiden de ti y de aquellos que te rodean que cargan propósito y destino al igual que tú.

Mateo 26:53 (NTV)

Estas palabras hablo Jesús diciendo: *¿No te das cuenta de que yo podría* **pedirle a mi Padre** *que enviara* **miles de ángeles** *para que nos protejan, y él los enviaría de inmediato?*

De eso se trata; los ángeles pueden ser fuertes pero para poder operar es necesario recibir la orden primero de su creador, "Dios" aún Satanás debe pedir permiso y no está en el cielo habitando con los ángeles, en otras palabras, Dios tiene el control de todo, de lo que está en el cielo y en la tierra y hasta debajo de la tierra, por tal razón; antes de poner vuestra confianza en un ángel primero ponga su confianza en Dios que creó los ángeles. Este capítulo que lleva como título: "Código Angelical" sólo sirve para desarrollar puntos claves de cómo es la guerra espiritual en los aires, y que no estamos solos en este mundo, si usted pensaba que sólo hay gente con ojos a su alrededor está equivocado, de hecho el mundo espiritual está más poblado que el físico, y la guerra espiritual que se está peleando es real, por ende debemos incrementar nuestra relación con Dios para no ser vencido.

Está rotundamente prohibido por el Dios del cielo colocar imágenes en la casa o en cualquier lugar que hagan ilusión a ángeles o alguna otra imagen celestial.

Éxodo 20:4

No te harás imagen, ni ninguna semejanza de lo que esté arriba en el cielo, ni abajo en la tierra, ni en las aguas debajo de la tierra.

Si en dado caso usted tiene alguna imagen dentro de su casa, sea de manera inocente o consiente, sáquela y échela a la basura, esto puede provocar maldición no sólo en usted, sino en su generación. Los ángeles mucho menos son cómo la gente lo pinta; niños y con alas, eso apunta a la idolatría y hechicería. Si llega a tener alguna imagen de un supuesto ángel, deshágase de eso ahora mismo en el nombre de Jesús.

Manual Práctico sobre los ángeles ministradores conforme a las escrituras.

Palabras en Hebreo y al griego asociadas al término de los ángeles.
>   a. Agente – Malaj (Hebreo)
>   b. Aggelos – Mensajero (Griego)
>   c. Potestades – exousiai (Griego)
>   d. Tronos – thronoi (Griego)
>   e. Dominios – kiriotetes (Griego)
>   f. Poder – dynamesis (Griego)
>   g. Principados – archai (Griego)

Términos aplicados a los ángeles.

>   **1- Hijos de Dios** – por virtud de su creación Job.1:16; 38:7.
>   **2- Santos** – esto sugiere la cercanía a Dios apartados para su propósito Sal. 89:5-7
>   **3- Vigilante;** probablemente refiriéndose a ángeles: Dan.10:13. Dan. 4:13, 17, 23

4- Huestes – denotando el ejército del cielo que incluye a los ángeles 1Sam. 17:45 y a los espíritus caídos "demonios"

5-Arcángel – se usa dos veces, una en conexión con Miguel 1Tes. 4:16, Judas 9.

6- Príncipe – principales príncipes – gran príncipe Dan. 10:13, 21; 12:1.

Sus Clasificaciones:

1)- El arcángel "el gran príncipe"

a. Miguel es llamado el arcángel – (Judas.9, 1Tes.4:16)

b. Miguel es llamado el gran príncipe que vigila sobre Israel (Daniel.12:1; 10:21) basados en este capítulo y escritos; algunos rabinos interpretan de que hay dos arcángeles en cada ciudad, uno bueno y el otro malo.

c. Miguel es mencionado en (Apocalipsis.12:7)

2)- El príncipe principal.

a. De quien Miguel era uno (Daniel. 10:13)

b. Algunos incluyen a Gabriel en esta clasificación.

1. El ángel que fue enviado a explicar la visión a Daniel (Daniel.8:16, 9:21)

2. El cual también hizo el anuncio a Elizabeth ya Maria Lucas.1:19,26

3)- El príncipe

a. Un término aplicado a ángeles en el libro de Daniel (Dan.10:13, 20,21)

b. Lo que ha motivado a muchos a preguntarse si no es este el Cristo pre-encarnado. (En lo que concierne a mi personal es el Cristo) "El príncipe de todos los ángeles".

4)- El Ángel del Señor.

a. Un ángel quien parece hablar como si fuese el Señor mismo Gen.16:10-13, Juec.2:1

b. En la forma de aparecer recibiendo adoración se interpreta como si fuera el mismo Cristo encarnado revelándose a la humanidad en forma de ángel. La diferencia se encuentra en que los demás ángeles no importando su rango o posición no pueden recibir adoración. "Sin embargo al ángel del Señor lo vemos recibiendo adoración una manera más sencilla de confirmar que si".

5)- ¿Querubín?

a. La Biblia lo revela como seres espirituales con una asignación ponderosa, se entiende que son seres celestiales de mayor rango que los ángeles y que habitan muy cerca de Dios.
b. Creados para proclamar la gloria de Dios y proteger su presencia, su soberanía y santidad.
c. En la Biblia.
    1. Ellos hicieron guardia en el huerto del Edén Ge.3:24
    2. Sus figuras de oro cubrían el propiciatorio por encima del área Ex.25:17-22.
    3. Sus figuras embellecían las paredes y cortinas del Tabernáculo y también en el lugar del Templo Ex.26:1, 31, IRey.6:23-35, 7:29, 36
    4. Ellos atendieron la gloria de Dios en la visión de Ezequiel 1:1:28.
d. Su descripción responde más bien a los 4 seres vivientes de Apoc.4:4-
    1. Qué estaba entre los más grandes de la creación de Dios, un querubín caído y juzgado es aplicado al Rey de Tiro (Ez.28:11-19) refiriéndose a Satanás mismo. Isai.14:1-12.

6)- ¿Serafín?

Seis seres alados asistieron la visión del Señor en Isai.6:1-13 Sus nombres literalmente significa "ser ardiente" y son considerados por muchos como una clase más alta de ángeles; Su labor es alabar y proclamar la santidad perfecta de Dios.

Su Naturaleza y Atributos.

1)- Ellos son seres espirituales.

    a. Al ser llamados "espíritus" se estipula que no tienen cuerpos Heb. 1:14. Aunque ellos en otro tiempo se revelaron en forma humana Gen.18:3. No pueden actuar como seres humanos en cosas tales como el matrimonio Mar.12:25. La Biblia también revela que ellos no están sujetos a la muerte.

2)- Ellos son seres creados. Luc.20:36.

    a. Ellos son parte de la creación que alaba a Dios Sal.148:1-5.

    b. Ellos fueron creados por Cristo entre todas las otras cosas Col.1:16.

3)- Son innumerables.

    a. Una compañía innumerable Heb.12:22.

    b. La descripción que da Juan sugiere que son incontables Apoc.5:11.

4)- La categoría de ellos es más alta que la del hombre Heb.2:6,7.

Él fue creado un poco menor que los ángeles. (Muchos rabinos aclaran que este verso de la Biblia ha sido mal interpretado ya que al principio Dios creó al hombre con imagen y semejanza de Elohim, algo que los ángeles no tienen. "Interesante" pero sólo estoy especulando. Ellos no mueren Luc.20:36. Tienen gran sabiduría aunque limitado 2 Sam.14:20, Mat.24:36. Tienen gran poder aunque también es limitado Mat.28:2, Dan.10:13.

5)- Ellos siempre aparecieron como hombres.

Nunca como mujeres o niños y siempre con vestidos. Muchas veces que tomaron la forma de hombres no fueron identificados de inmediato como ángeles (Gen.18:1,2; 19:1 – Heb.13:2)

El Mundo espiritual es más real que el físico, la Biblia lo revela de esta manera: ***Hebreos 11:3*** *Por la fe entendemos haber sido constituido el universo por la palabra de Dios, de modo que lo que se ve fue hecho de lo que no se veía.*

En otras palabras, por medio de la fe que es un don y regalo de Dios para entender lo espiritual de Dios; estamos convencidos de que sigue habiendo visitación y movimientos por medio de los ángeles en todo nuestro alrededor.

Capítulo 8

A precio de sangre

Nunca nadie jamás podrá pagar el precio que Cristo pagó
por ti y por mí en la cruz del calvario

Una Gota de sangre hace la diferencia.

Sangre: Hay una dinámica interesante para este significado. Por ejemplo: Dam=Sangre Adam=Hombre y Adamah=Tierra Muchos estudiosos siempre se han preguntado de donde proviene la sangre si Dios sólo hizo al hombre del polvo de la tierra y sopló en su nariz aliento de vida, lo curioso de todo esto es que realmente Dios llenó al hombre de sangre como cuando alguien llena una vasija de agua o de vino.

En la Biblia podemos entender en **Levítico 17:11** Apreciemos lo que dice: *Porque la vida de la carne **en la sangre está**, y yo os la he dado para hacer expiación sobre el altar por vuestras almas; y la misma sangre hará expiación de la persona.*

Al leer este pasaje bíblico entendemos muchas cosas acerca de la sangre, A) La vida está en la sangre, por eso cuando una persona se desangra está propenso a morir, B) La sangre tiene conexión con el alma, C) La sangre te conecta con el salvador para entender el plan de redención y expiación sobre cada persona en la tierra.

Cristo derramó su sangre por toda la humanidad, al derramar su sangre se quedó sin vida para que tú y yo tengamos vida en su muerte, la muerte trae muerte, pero la única muerte que trajo vida fue la de Jesús, "Un hecho histórico", La Biblia dice que el alma que pecare morirá hablando de la segunda muerte, es impresionante que aún la sangre de Cristo sigue haciendo expiación hasta después de la muerte, **Mateo 28:26** porque esto es mi sangre del nuevo pacto, que por muchos es derramada para remisión de los pecados.

Debes entenderlo

No es de extrañarnos la astucia de Satanás en entrar al huerto y usar una serpiente ¿por qué una serpiente? Cuando escudriñaba acerca de esto me di cuenta de algo interesante, la serpiente a pesar de camuflarse "Disfrazarse entre los árboles" también tiene la facultad de envolver a su oponente con su cola, de hecho todo su cuerpo es una cola jajajajaja, pero ¿dónde podemos ver la parte más temible de una serpiente? No son sus ojos, mucho menos sus movimientos eróticos al arrastrarse, sino su veneno, sí, su veneno es la parte más temible, todo aquel que es víctima de una mordedura de una serpiente, sabe que su vida corre peligro, ese veneno va directo a la sangre y queda totalmente paralizada, qué curioso es todo esto ¿no? Satanás sabía lo que había detrás de este animal conocido como la serpiente, de hecho la Biblia llama a Satanás la serpiente antigua. él quiere paralizar la vida que hay en la sangre de cada creyente, pero se le olvida que el antídoto para el pecado es la sangre de Cristo, así como pasó con el apóstol Pablo que al llegar a la Isla de Marta una serpiente lo mordió y al no pasar nada con Pablo los que estaban ahí pensaban que él era algún Dios, pero sabemos el resultado de la ignorancia "falta de revelación" al no conocer que Pablo estaba marcado con propósito no entendieron tal suceso, como alguien que me preguntó "Pastor, ¿acaso usted sabe porque Pablo no murió al picarle o morderle aquella serpiente? Le contesté porque ya Pablo había sido lavado con la sangre de

Cristo jajajajaja. Cuando estás lavado con la sangre de Cristo en vez de la serpiente matarte a ti, primero muere ella pero no aquellos que cargan propósito, Favor léase **(Hechos 28:5)** la serpiente usa su lengua para seducir y llamar la atención, así mismo hace nuestro enemigo Satanás usa las críticas para alejarnos de Dios, pero como estamos lavado con la sangre de Cristo, ya estamos redimidos y limpio de todo pecado, atrape esto que le voy a impartir, Satanás se vale del pecado para operar en alguien, pero cuando esa persona ya está lavado con la sangre de Cristo, Satanás no encuentra que utilizar porque ya la persona está limpia de todo pecado.

Por eso, y así lo podríamos interpretar en el espíritu, Jesús dio toda su sangre antes que Satanás lo mordiera para que la sangre no estuviera contaminada. El primer Adán recibió la mordedura de la serpiente, pero el Segundo Adán en la cruz le dio por la cabeza a la serpiente, por eso podemos cantar Victoria en el nombre de Jesús.

Agua y sangre fue lo que salió por el costado de Jesús.

Recuerdo a alguien, que en una ocasión me dijo:

- Pastor pero a la verdad Juan el Bautista bautizó más personas que Jesús.
- y yo le contesté, creo que sí tienes razón, habría que escudriñarlo bien, para confirmar ese dato curioso.
- En lo que le continúe preguntando.
- ¿Y tú cómo sabes eso?
- Me contestó: Porque Jesús nunca bautizó a nadie en las aguas
- Y la revelación se me activó en ese momento y le pregunté.
- Pero ¿qué salió del costado de Jesús?
- A lo que él me contestó: Agua y sangre
- Termine diciéndole, con esa agua te bautizaron a ti y a toda la humanidad jajajajajaja Aleluya. Y con su sangre te limpiaron de todo pecado.

Tanto la sangre como el agua fueron derramadas por toda la humanidad; La sangre para remisión de pecados y el agua para purificación del alma.

Al salir el agua estaba revelando, un nuevo comienzo del Espíritu Santo daba inicio a una nueva etapa de gloria y victoria, como suelo decirle: La temporada de la gracia inicia en el costado de Jesús.

La mortandad no puede entrar a tu casa

Dios le dijo a Moisés que convocara a todos los ancianos de Israel, y que salieran y tomaran un cordero por cada familia para sacrificarlo por motivo de la Pascua, luego le dijo: "tomad manojos de hisopo, y mojadlo en la sangre que estará en el lebrillo, y untad el dintel y los dos postes con la sangre", en otras palabras, el cordero simboliza a Cristo, su sangre para la expiación de los pecados cometidos, la sangre no fue derramada en este caso, sino untada para que no se desparramara, como una señal que sólo Cristo derramaría de esa sangre cuando él se manifestara al mundo.

Luego se tomaba el manojo de hisopo, que es una planta pequeña con tallos vellosos que terminan en una masa de pequeñas flores moradas y blancas. Tienen un aroma fragante, también producen aceite y sus hojas y tallos son nutritivos, sustancioso. Muchos la usan como un condimento medicinal, esa planta fue la que usaron para rozar el dintel de la puerta para que al pasar el herido a ver la señal que era la sangre no hiriera con muerte a dicha familia. En una ocasión hablaba con un muy buen amigo Judío que me explicaba a profundidad el rol que desempeñó el manojo de hisopo; él me expresaba que con esa pequeña rama, conforme a la cultura Judía "se golpeaba tres veces, por cierto Dios le dijo a Moisés que untara la sangre en los dos postes y en la parte superior de la puerta, "Tres veces"; todo estaba conectado a lo que Cristo iba a padecer como cordero; la rama simbolizaba los golpes que le dieron a Jesús en su espalda, Eso mismo sucedió con Cristo, le dieron latigazos en su espalda. sin embargo, aquellos soldados Romanos desconocían el acto profético que estaban cumpliendo sobre Jesús, muchas veces el que te golpea o te critica o te rechaza simplemente está cumpliendo lo profético de Dios en tu vida, y a la misma vez marcándote como propiedad privada para que los demonios no puedan tocarte. **Éxodo 12: 21-27.**

Una de las cosas que me llama a la atención de todo este acontecimiento histórico real e impactante es que por la puerta que pasaba el Heridor, "El ángel de la muerte", no podía entrar, creo que usted se haría la misma pregunta que yo, ¿Por qué no podía entrar? Porque al ver la sangre ya veía muerte, pero para aquellos que estaban dentro de cada casa veían la vida jajajajaja. La muerte no puede matar a un muerto porque ya está muerto, así que la muerte veía muerte, en otras palabras, así como la alabanza confunde a los demonios, así también la sangre de Cristo confunde a la muerte.

Si notamos con mucha atención, la sangre no fue colocada dentro de la casa, más bien en la parte superior de la puerta y de los postes que unían dicha puerta, ¿Qué quiero revelarte? Que fue un hecho visible, la sangre no oculta tus pecados, lo hace visible para que la humanidad sepa que Dios te perdonó por medio de la sangre de Cristo.

La sangre simboliza el amor y la misericordia de Dios por su pueblo.

La mortandad no entrará a tu casa, declaro en el nombre de Jesús que tus hijos, tu familia, tu ministerio, la iglesia, tu matrimonio, tus finanzas y todo aquello que emprendas en la vida está cubierto con la sangre del cordero de Dios, "Jesucristo". Y no experimentarás ningún tipo de muerte espiritual que quiera apagar o matar el cumplimiento profético en tu vida, recuérdalo muy bien; Jesús es la vida, tú eres el pámpano, si no pueden destruir la raíz, mucho menos destruirán sus ramas.

He aquí el cordero de Dios que quita el pecado del mundo.

En los tiempos antiguos para procesar la recomposición de una vasija de barro se usaban materiales como el lodo o barro, el fuego o el resplandor del sol que produce el caliente para enyesar el barro; también se usaba el agua como condimento principal que al unirlo al lodo se formaba el barro, su fragilidad era más cómoda para mover las manos y darle forma a la vasija, y por último **"La sangre"** muchos la utilizaban para cubrir las grietas causadas por el calor del sol, de manera que ésta facilitaba que la vasija quedara bien sellada, era como le llaman en construcción hoy en día, una buena terminación.

Así mismo funciona la sangre de Cristo en nuestra vida, nosotros como barros que por los procesos de la vida que han producido grietas en nuestro corazón, la sangre de Cristo hace la terminación perfecta para que estemos actos delante de Dios. La sangre llevaba a la vasija a su estado original, y eso mismo ocasiona la sangre de Cristo "Nos lleva a nuestro estado original" Santo, puro y sin mancha.

Por medio de la sangre Cristo anuló el acta de los decretos

Colosenses 2:14

Anulando el acta de los decretos que había contra nosotros, que nos era contraria, quitándola de en medio y clavándola en la cruz.

Este es un capítulo de la Biblia que debemos prestarle mucha atención, es más serio de lo que usted puede imaginarse, usted y toda su familia y generación estaban colocados en esa acta de decretos, en este tiempo la gente usa mucho la palabra "decretar", y lo que no sabe es que esa palabra proviene del mundo espiritual y que significa: *Anotar con autoridad en el margen de un documento la resolución correspondiente para que sea ejecutada.* En otras palabras, es pronunciar juicio de maldición en contra de alguien con derecho legal, y cuando digo "con derecho legal" me refiero a la autoridad que Satanás llega a tener sobre aquellos que son esclavos del pecado; por lo que concierne podemos entender que Satanás tenía una lista con decretos en contra de la humanidad, pudiéramos pensar que esa lista estaba llena de maldiciones.

No vas a crecer en el ministerio, tu familia no será fructífera, tu iglesia no va a crecer, vivirás toda tu vida desamparado, confundido y con miedo, la enfermedad nunca se apartará de ti, vivirás en pobreza todo el tiempo, estarás rodeado de personas incrédulas y no podrás ver el sueño cumplirse. Hasta que llegó la sangre de Cristo y al ser derramada sobre esa acta de decretos y arruinó la fiesta de los demonios, borrando de esa lista todo lo que estaba en nuestra contra, así que hoy en día podemos declarar salvación y vida eterna por medio de Cristo Jesús.

Si notamos la continuidad del verso 14 dice: **Quitándola de en medio y clavándola en la cruz.** Wuaooooo, ¿es usted capaz de entender éste acto profético? En otras palabras, en la cruz quedaron clavadas todas declaraciones que habían en contra de su familia y su generación, algo que me motiva a creer que seguirá habiendo esperanza, es que nadie podrá apear de la cruz lo que Cristo dejó clavado allí, apearon el cuerpo de Jesús pero el acta de los decretos quedó clavada allí para siempre, así que declare sobre su familia y generación que todo lo que Dios ha dicho sobre ellos y sobre ti no tiene impedimentos alguno para que eso se cumpla, porque la sangre de Cristo borró toda maldición y ahora ha escrito algo nuevo para a su tiempo revelarlo.

Hebreo 9:17 7

Porque el testamento con la muerte se confirma; pues no es válido entre tanto que el testador vive.

Al Jesús morir estaba habilitando un nuevo testamento que nos permitía entrar a nosotros a un nuevo pacto, y debía hacerlo con sacrificio de sangre, así que él mismo se ofreció, el testador mientras estaba vivo lógicamente no podía hacerlo pero al morir lo nuevo de Dios para nosotros se activó ¿sabe usted lo interesante de esto? Que crucificaron a Jesús pero el Padre seguía en su trono, en otras palabras, tu herencia de todas formas estaba segura.

Cuando reconocemos que Cristo nos compró a precio de sangre; se activa la bendición y se desactiva la maldición

La sangre de los machos cabríos y corderos en los tiempos bíblicos sólo cortaba el pecado y éste volvía a crecer en los corazones de duras cervis. Pero la sangre de Cristo en el nuevo pacto no sólo cortó el pecado sino que lo arrancó de raíz, en otras palabras, "Lo quitó" de nuestras vidas. Por eso hoy en día podemos gritar y anunciar al mundo que somos libres en Cristo Jesús; Juan el Bautista lo revela de esta manera: **Juan 1:29 (NTV) Al día siguiente, Juan vio que Jesús se le acercaba y dijo: «¡Miren! ¡El Cordero de Dios, que quita el pecado del mundo!** Mientras que la sangre en los tiempos del antiguo testamento fue untada, "En el lintel de la puerta" en el nuevo testamento no sólo fue untada, sino "derramada" por toda la humanidad.

Dios no demanda sacrificios de animales como sucedía en el tiempo de nuestros primeros padres, ahora demanda de nosotros; "Obediencia y sometimiento" a él y a su palabra.

Cuando reconoces que fuiste comprado a precio de sangre; empiezas a descubrir el nivel de libertad que embarga tu atmósfera.

- Cuando Jesús te perdona también te libera.
- La libertad te da oportunidad y privilegios.
- Su sangre produce acceso (Entras donde no podías entrar).
- La libertad te posiciona y pasas de ser esclavo del pecado a esclavo de Cristo.
- Su sangre te santifica y te separa única y exclusivamente para él.
- La sangre anula todo decreto y maldición del pasado.
- Te da aceptación donde otros te rechazan.
- Se activa la intercesión divina a nuestro favor.
- Te marca como propiedad privada.
- Y por último, te establece como hijo legítimo.

¿Cómo podemos activar la sangre de Cristo en nuestras vidas? A través del arrepentimiento, cuando nos arrepentimos damos lugar a la sangre de Cristo que se active en nuestra vida, y; al Dios mirar la sangre encontramos perdón y redención.

Romanos 3:25 (Rv 1960)

*A quien Dios puso como propiciación por medio de la fe en su sangre, para **manifestar su justicia**, a causa de haber pasado por alto, en su paciencia, los pecados pasados.*

Descifrando el enigma de la sangre de Cristo

Enigma: Según el diccionario de la Biblia es una expresión que denota misterio pero que puede ser descifrado. Un enigma es formado por palabras con artificio para que su comprensión sea difícil, pero no imposible.

En otras palabras: La palabra de Dios es un completo misterio pero ya revelado, a través del Espíritu Santo podemos comprender sus escritos, la Biblia no fue escrita para que no la comprendamos sino para que seamos edificados por medio de la comprensión; así que, no me baso en hacer difícil su interpretación sino llevar luz a su espíritu para la edificación del alma.

Lo que la Biblia muestra acerca de la sangre de Cristo

Marcos 14:23 (RV 1960)

Y tomó en sus manos una copa de vino y dio gracias a Dios por ella. Se la dio a ellos, y todos bebieron de la copa. 24 Y les dijo: «Esto es mi sangre, la cual confirma el pacto entre Dios y su pueblo. Es derramada como sacrificio por muchos.

Este fue el día que los discípulos probaron su sangre "simbólicamente" antes de ser derramada; Cuando vives cerca de Jesús experimentas por adelantado lo que otros vivirán en tiempo futuro.

Hebreo 12:24

A Jesús el Mediador del nuevo pacto, y a la sangre rociada que habla mejor que la de Abel.

Mientras que la sangre de Abel pedía juicio, La sangre de Cristo pedía salvación y misericordia, en otras palabras, La sangre de Abel representa la **"La ley" Viejo pacto**, La sangre de Jesús representa la **"gracia" Nuevo pacto**. La sangre de los machos cabríos del antiguo testamento hablaba y decía: **"Sólo por un año"** Pero la de Cristo decía: **"Por todo una eternidad"**.

Romanos 3:25

*A quien Dios puso como **propiciación** por medio de la fe en su sangre, para manifestar su justicia, a causa de haber pasado por alto, en su paciencia, los pecados pasados.*

La palabra clave aquí es propiciación que se deriva de la palabra "propiciatorio" "tapa del arca" donde habían colocado dos querubines como protegiendo la sangre que allí era rozada, tal acto emblemático simbolizaba la protección de la sangre ya que era temporal, el arca del pacto simbolizaba en esos tiempos, "el trono de Dios en la tierra" al Jesús resucitar tuvo que, de igual manera, presentarse ante el trono de gloria, y teofánicamente hablando, depositar su sangre en la presencia de Dios donde ya no es temporal, impresionante; ahora entendemos por qué Jesús después de resucitar le dijo a aquella mujer: "No me toques que aún no he subido al padre" era obvio, no era una actitud de orgullo como muchos suelen malinterpretar, simplemente cumpliendo con los requisitos de cada sumo sacerdote que mientras llevaba el sacrificio no podía tocar mujer, porque entonces se contaminaba, así que Jesús subió al cielo y entregó su sangre sin contaminación ¡¡¡Aleluya!!!

Hebreos 10:19-20 (NTV)

*Así que, amados hermanos, podemos entrar con valentía en el Lugar Santísimo del cielo por causa de la sangre de Jesús. Vs-20 Por su muerte, **Jesús abrió un nuevo camino** un camino que da vida a través de la cortina al Lugar Santísimo.*

Quien entra por la ventana es ladrón y salteador, si Dios te cerró una puerta no pretendas entrar por una ventana, de igual manera los rebaños de las ovejas no tenían dos entradas, "sólo una" por esa salían o entraban, Dios no te saca del evangelio, la persona se sale por donde mismo entró, y es exactamente lo que Cristo dejó establecido; una entrada y un solo camino, en inglés se dice; *"one way"* por ese camino sólo entraba el sumo sacerdote, pero por medio de la sangre de Cristo ahora todos tenemos acceso a esa gloriosa presencia de Dios, en el momento que Jesús en la cruz dijo "Consumado es" el velo del templo se rasgó, "de arriba hacia abajo" una señal divina. Nadie tenía alguna herramienta para lograr eso, pero Cristo sí; "La espada del espíritu" su palabra.

Apocalipsis 5:9-10 (NTV)

Y cantaban un nuevo canto con las siguientes palabras:
*«Tú eres **digno** de tomar el rollo*
*y de **romper** los sellos y abrirlo.*
*Pues tú fuiste sacrificado y **tu sangre pagó** el rescate para Dios*
de gente de todo pueblo, tribu, lengua y nación.

A través de la sangre de Cristo somos rescatados como cuando un padre rescata a su hijo no importando por donde tenga que pasar y lo que tenga que pasar. La sangre de Cristo es la única cosa en la tierra que tiene un precio incalculable y sin derecho a compra. Valora su sangre y aprecia su precio. "Incalculable".

Lucas 22:44

Oró con más fervor, y estaba en tal agonía de espíritu que su sudor caía a tierra como grandes gotas de sangre.

La palabra que usa Lucas en griego para referirse a sudor como grandes gotas de sangre es "híbrido" que significa *sudor ligado con sangre*, pocas veces se ha registrado este caso y siempre se ha debatido si en realidad fue sudor ligado con sangre sí o no, lo cierto es que para entender este pasaje bíblico deberíamos de mirarlo desde el punto de vista ético, con una perspectiva de enseñanza y no de discusión, en otras palabras, Jesús sentía el peso del sufrimiento antes de pasarlo y experimentarlo. Para llegar a un estado de sudar, alguna fuerza se debe estar ejerciendo, hablar de que el sudor era como grandes gotas de sangre eso te revela que el sudor contenía algún espesor, cuando el sudor es fluido cae rápido, pero cuando es espeso lógicamente es más lento, no es lo mismo sufrir una muerte rápida, a sufrir una muerte más lenta. En este caso, la carga del pecado de toda la humanidad ya se estaba sintiendo sobre el cuerpo físico de Jesús; y su agonía era revelada al exterior.

Un dato muy impactante revela que cuando una persona llega a sudar sangre es porque la presión mental llega a su límite; ¿Qué estaba pensando Jesús? Seguramente en todo lo que tenía que padecer, Pero ¿Qué lo mantuvo vivo? Lo más seguro el objetivo de derramar la sangre y en la victoria que iba a obtener; en otras palabras, La presión que Cristo soportó fue la que Satanás no pudo soportar cuando Cristo se levantó de la tumba. "Todo esto y más soportó Jesús por ti y por mí". Mientras que Cristo pensaba cómo iba a morir, ahora Satanás está pensando como resucitó.

Apocalipsis 1:5-6

Y de Jesucristo el testigo fiel, el primogénito de los muertos, y el soberano de los reyes de la tierra. Al que nos amó, y nos lavó de nuestros pecados con su sangre, Vs-6 y nos hizo reyes y sacerdotes para Dios, su Padre; a él sea gloria e imperio por los siglos de los siglos. Amén.

Su sangre te convirtió en lo que no eras, ni merecías, te limpió y te sacó del desierto de servidumbre colocándote en lugares celestiales donde viven y comen los príncipes. Cuando dice que te limpió está revelando que te preparó para ponerte vestiduras nuevas, así como pasó con José, que cuando se encontraba en la cárcel el faraón lo mandó a llamar dando la orden que lo limpiaran y prepararan para lo nuevo que Dios tenía para él, dele gracias a Dios por enviar a su único hijo a derramar su sangre, porque esa sangre te sacó de la esclavitud para reinar como sacerdote en la casa de tu Padre, y si él es para ti padre, es porque eres para él hijo.

¿Qué trajo la sangre de Cristo?

Reconciliación, perdón, redención, aceptación, cambio, restitución legal, paz, conexión con Dios, vida incorruptible, amor, demostración, nuevos comienzos, **Justificación;** qué significa sacarme de culpabilidad, osea, cancelación de pena, propiciación qué quiere decir, tomar el lugar de castigo, en otras palabras, el justo por los injustos; todo esto y más trajo la sangre de Cristo. No poder para echar fuera demonios, sino poder para que los demonios no entren a nuestras vidas.

Sí amigo, eso es exactamente lo que produce la sangre de Cristo; le prohíbe a los demonios entrar a nuestra mente y corazón. Por eso cuando una persona está sintiendo ataques de parte de los demonios debe declarar la sangre de Cristo, le aseguro que cualquier espíritu de demonios no tocaran tu vida ni la de tu familia. La sangre de Cristo se declara con autoridad. Cuando se sienta culpable por causa de algún espíritu de demonios que le esté trayendo su pasado, reclame su libertad activando la sangre de Cristo.

Colosenses 1:20

Y por medio de él reconciliar consigo todas las cosas, así las que están en la tierra como las que están en los cielos, haciendo la paz mediante la sangre de su cruz.

Este verso contiene un enigma por descifrar; dice claramente reconciliar consigo todas las cosas, así las que están en los cielos. La palabra clave para lograr descubrir e interpretar lo que la palabra nos quiere dar a entender es: **"Las que están en la tierra como en el cielo"** A mi conciencia sé que la sangre trae reconciliación, y redime de pecado a la humanidad la cual está en la tierra, pero ¿Qué tiene que ver en los cielos? Y habla de reconciliar, la palabra reconciliar significa: hacer volver el corazón de los hijos hacia el padre, en otras palabras, la sangre provocó una segunda y última oportunidad para reconciliar al ser humano con Dios, y a los ángeles en el cielo le dio la oportunidad de no pecar nunca como ya lo habían hecho sus consiervos, aquellos que habían sido arrastrados por la serpiente antigua Satanás.

Las tinieblas no tienen ni parte ni suerte contra los hijos de Dios, porque hemos sido reconciliados con Dios para siempre. Lo que habíamos perdido lo recuperamos en la sangre.

Efesios 2:13

Pero ahora en Cristo Jesús, vosotros que en otro tiempo estabais lejos, habéis sido hechos cercanos por la sangre de Cristo.

En otras palabras, Lo que la religión y la filosofía no han podido lograr, lo ha hecho la sangre de Cristo.

Apocalipsis 12:11

Y ellos le han vencido por medio de la sangre del Cordero y de la palabra del testimonio de ellos, y menospreciaron sus vidas hasta la muerte.

En otras palabras, lo que predicamos debe tener evidencia "Testimonio" cada vez que predicamos y la gente se sana, se salva y son liberadas; eso está revelando que Satanás está siendo derrotado. Hubieron cuatros escenarios en la Biblia donde a Cristo se muestra destilando sangre, cada uno de ellos con su respectiva enseñanza:

A. Levítico 12:3 Y al octavo día se circuncidará al niño.
B. Lucas 22:44 (NTV) Oró con más fervor, y estaba en tal agonía de espíritu que su sudor caía a tierra como grandes gotas de sangre.
C. Mateo 26:28 (RV 1960) porque esto es mi sangre del nuevo pacto, que por muchos es derramada para remisión de los pecados.
D. Juan 19:34 (Rv 1960) Pero uno de los soldados le abrió el costado con una lanza, y al instante salió sangre y agua.

   1. No es de extrañarnos el ver que a Jesús al octavo día se le hiciera la circuncisión, ya que en los tiempos de Abraham Dios había introducido dicho acto como señal de obediencia y pacto perpetuo con él; **(Génesis 17-10,11)** La palabra para "circuncidar" es la palabra Hebrea: *múl* y aparece treinta veces en el antiguo testamento y significa:

"Cortar"; en nuestro lenguaje actual: retirar el prepucio que por otro lado se le aplicaba tanto a un hijo que venía a ser parte de su padre, o a un esposo que venía a ser parte de la esposa. Favor léase: **(Éxodo 4.26).** En el caso de Jesús indicaba un pacto eterno entre Dios su padre ya que José sólo era su padrastro. Hoy en día ya no necesitamos circuncidarnos de esta manera, más bien como lo revela el profeta Jeremías: **Jer 4:4 (Rv 1960) Circuncidaos a Jehová, quitad el prepucio de vuestro corazón...** También para confirmar podemos leer **Deuteronomio 10-16;** Antes la circuncisión era algo más físico, ahora pasa a ser algo más espiritual, Dios quiere que cortemos con el pecado y el sistema del mundo y nos entreguemos por completo a Dios. Sabemos y entendemos que la circuncisión es un acto que físicamente hablando duele, de manera que aquellos quienes lo practicaban deberían durar tres días mínimo para su recuperación, para muchos cortar con el mundo y el sistema que en él opera, duele; pero también tendremos seguridad de que valió la pena cortar con algo que no me dará beneficio en lo absoluto.

2. Ya entendemos que causó dicha agonía en Jesús que su sudor eran como gotas de sangre, el pensar en todo lo que tenía que pasar por ti y por mí, si él pensó en no rendirse usted debe pensar en seguir sus pasos y servirle para siempre, el verso dice: "que su sudor caía" es impresionante observar que lo que caía de él, es lo que nos mantiene de pies hoy en día "Su sangre". Si leemos con más detenimiento nos daremos cuenta que también dice: "Agonía de espíritu" ahora podemos entender mejor que sólo en el espíritu podemos soportar dicho dolor, aprendamos de Jesús; y cada circunstancia pasémosla en el espíritu.

3. Su nuevo pacto trajo nuevo comienzo, recuerde que él vino nuevo, no es echado en odres viejos, por eso su sangre te limpió para lo nuevo que él ha de depositar en ti. Cuando Satanás quiera atacarle con lo viejo dígale: "estás tratando con el odres o vasija equivocada, ya soy nueva criatura en Cristo Jesús". Como yo decía en una ocasión ministrando en nuestra congregación "No me importa lo que Satanás me quitó ya eso es viejo, si quiere

que se lo quede, en esta nueva temporada Dios me dará algo nuevo y mucho mejor.

4. Este es uno de los escenarios bíblicos que me impactan, porque si llegáramos a dudar de que en realidad salió agua y sangre del costado de Jesús, habría que preguntarle a este soldado Romano qué experimentó con sus propios ojos aquel acto profético que trajo redención. Qué cosa ¿no? Cuándo serían los discípulos que deberían estar frente a la cruz presenciando a Jesús, tuvo que ser aquel soldado Romano, que por cierto fue el primero a quien le cayó la sangre para redimirlo de pecado jajajajaja "Espiritualmente hablando" No era un seguidor de Jesús, mucho menos un discípulo, pero la cayó la sangre, ¿impresionante no? La sangre primero le cae aquellos que necesitan ser limpios y redimidos. A eso realmente vino Jesús a la tierra, a salvar lo que se había perdido.

He escuchado personas decir que el diablo los ataca los 365 días del año, pero eso suele suceder hasta que comprendemos el misterio de la sangre de Cristo. Como dice Perry Stone: "Hay un día que el diablo te deja en paz". Para lograr comprender esto deberíamos estudiar a fondo un sistema llamado: *gamatria*, que consiste en interpretar las letras del alfabeto Hebreo intercambiando su valor numérico. Por ejemplo, el nombre Satanás pudiéramos identificarlo y encontrarlo de esta manera: Hei- ה = 5 Shin- ש = 300   Tet- 9 = ט   Nun- 50 = נ **HeiShimTeNum** (Satanás) si sumamos el equivalente de los números nos daremos cuenta que el total es: 364, osea que faltaría un día para que se cumpla los 365 días del año, es decir, que queda confirmado que hay un día que el diablito te deja en paz. Lo poderoso de ese día es que se puede convertir en los 365 días del año, de acuerdo a como creas que la sangre de Jesús esta activa y viva en tu vida.

La pregunta que deberíamos de hacernos es ¿Qué día es ese? Atrape esto que le voy a soltar, el único día que los demonios hicieron silencio, que no ocuparon un cuerpo, que no trabajaron por así decirlo, fue el día que Jesús derramó su sangre en la cruz del calvario, muchos pensarían que Jesús estaba inofensivo y vulnerable, a que Satanás lo tocare en la cruz al estar él herido, débil, desamparado y ensangrentado, pero no es cierto, ese día

Satanás quedó sin fuerza y sin poder para actuar, la Biblia enseña que hubo un silencio porque hasta el diablo se cayó, allí ningún demonio gritó diciendo "mándame a los cerdos", porque ese fue el día que el diablo tuvo que dejar en paz a Jesús, así como el ángel de la muerte que sólo pasaba para herir a los primogénitos de cada padre de familia en Egipto, pero dejando en paz aquellos que tenían como señal la sangre en el dintel de la puerta ¿Ahora lo entiende? Hay un día de los 365 días del año que el diablo tiene que dejarte en paz. Ese día se llama: día de la expiación. ¿Aún no lo entiendes? Pues se lo diré de esta manera, ese fue el día que lo perdonaron de todo pecado; en otras palabras, hay un día que el diablo no puede acusarte. Aleluya... y ese día se puede convertir en todo los días. Diga conmigo: la sangre de Cristo me limpia de todo pecado.

Y me despido con esta palabra que Dios me ministraba mientras escudriñaba sobre su sangre valiosa. Cuando entiendes el valor de su sangre, entenderás también el valor de tu salvación.

Declaro en el nombre de Jesús que la sangre de Cristo se activa sobre tu vida, y que no hay maldición alguna que toque tus hijos, tu familia, tu negocio, tu ministerio o alguna otra cosa que hayas emprendido en la vida.

Capítulo 9

Turbulencia en los aires

¿Ha vivido alguna vez un terremoto en algún lugar del mundo o en su propio país de origen? Porque si lo ha experimentado entenderá de lo que hablo "Turbulencia en los aires".

Aquellos que hemos estado en medio de una turbulencia sabemos que no es nada agradable, recuerdo aquel día que de repente empezó a temblar la tierra, trataba de correr pero se me hacía imposible, sentía que mi cuerpo se desbalanceaba por completo, en ese tiempo no lo entendía pero ahora lo entiendo, la tierra es el suelo donde nos afirmamos, si la tierra se mueve, nosotros también nos movemos; por eso se le recomienda a la persona recurrir o desplazarse a una columna o ir debajo de una mesa "No correr" más bien protegerse, lo mismo sucede en el mundo espiritual, muchos corren cuando reciben ataques de demonios, van donde el psicólogo, donde el encantador para que le lea las manos, los pies o la cabeza jajajajaj; otro corren para que a través de una bola de cristal le digan su futuro; osea que si la bola de cristal se cae o se rompe, también se rompe el futuro; corren sin que nadie los persiga, cuando lo que debieron hacer desde el principio "refugiarse en Dios" correr a la columna.

Estar en la tierra y experimentar un terremoto tienes a donde refugiarte, pero en los aires no, tienes dos opciones, número uno: encomendarte a Dios de todo corazón y la número dos: no olvidar la número uno jajajajaj. Es que no hay otra alternativa que sólo orar y que Dios haga su voluntad.

Una de las preguntas que siempre me he hecho cuando estoy en un avión y suele pasar alguna turbulencia, lo cual yo le llamo; "un terremoto en los aires" es la siguiente ¿Cómo puede un avión temblar como si fuera un autobús que estuviera transitando por una carretera en un mal estado? Como si fueran piedras en medio de ella. Pero no podemos entender eso hasta que lo vivimos o sobrevivimos para contarlo. El viento no se ve pero se siente y de la única forma que he tenido la oportunidad de ver el viento es cuando el avión va a una velocidad exagerada, eso me revela que sólo cuando estamos acelerados en el espíritu podemos ver a lo físico lo espiritual, de lo contrario sólo sentiremos en la carne algo que no vemos.

El avión tiembla como si estuviera ocurriendo un terremoto, la gente empieza a declarar la palabra más famosa en los aires; *Ohh My God, Ohh My* God que quiere decir: Ohh mi Dios, Ohh Dios mio. Pero nada podemos hacer hasta que el avión pasa por aquella turbulencia causada por vientos que chocan unos con otros formando un mal tiempo en los aires. Tenga en cuenta que así mismo suele suceder en el mundo espiritual, cuando usted sienta fuertes ataques a su alrededor, es una señal que están chocando fuerzas espirituales a su alrededor. En la Biblia podemos confirmar eso cuando Daniel esperaba por la respuesta del ángel, pero que el príncipe de Persia se le opuso, y dice la Biblia que el **conflicto** era grande. **Daniel 10:1 (Rv 1960).**

En un avión la incertidumbre se apodera de los tripulantes, el ambiente se siente muy tenso y tenebroso, nadie quisiera pasar por ese mal momento, lo que todos desean en ese momento es que el piloto aterrice el avión. Sin embargo, todo el que se sube a un avión tiene que tener en cuenta que la turbulencia es algo que se puede manifestar en cualquier momento, lo mismo sucede con los espíritus de las tinieblas que operan en este mundo, sabemos a lo que estamos opuesto, o a ser atacado, o defendernos de lo que nos ataca, así como los aviones chocan con el viento, a diario chocamos con malicias que se pueden sentir en la atmósfera, los cuales producen turbulencias para que el ser humano se descontrole moral, física y espiritualmente hablando. La palabra de Dios es la profecía del presente que muestra el futuro para advertirnos lo que se aproxima, depende de nosotros si captamos la voz de Dios o nos abstenemos a las consecuencias por no hacer caso a ella. En el avión sucede algo parecido, el piloto anuncia por las bocinas "altos parlante" "abróchense los cinturones porque se aproxima una turbulencia", en otro lenguaje se dice "guerra avisada no mata saldados", y aunque sabemos que si nos abrochamos el cinturón o no, sea que el avión se caiga, la persona tiene un porcentaje de sobrevivir, pero por lo menos fue obediente y es probable que pase a estar con los obedientes en la otra vida. Lo que quiero ilustrar en esta hora es que independientemente de lo que suceda o no en los aires, tenemos una batalla real con demonios reales, que querrán producir turbulencia para que te desenfoques de tu verdadero destino que es Cristo Jesús.

Alguien dijo en una ocasión "persona asustada no piensa". Y es una realidad porque en un momento así lo único que decimos es "ya voy a morir", cuando en el pensamiento de Dios él está diciendo "estoy probando tu fe muchacho". Por cierto, hubo un hombre en la Biblia que pasó por una turbulencia, así podríamos decirlo, y quizá usted se pregunte ¿turbulencia? Pero en ese tiempo no habían aviones, es cierto no habían aviones, pero siempre ha existido el príncipe de los aires "Satanás" el cual pidió zarandear a Pedro, y este zarandeo yo le llamo: turbulencia diabólica, aquella que Satanás usa para hacer menguar vuestra fe en Cristo. Veamos qué dice las escrituras al respecto.

Lucas 22:31

Dijo también el Señor: Simón, Simón, he aquí Satanás os ha pedido para zaranderos como a trigos, Vs 32- pero yo he rogado por ti, que tu fe no falte; y tú, una vez vuelto, confirma a tus hermanos.

Si leemos el verso con detenimiento dice: Satanás os ha pedido, pero ¿Qué fue realmente lo que pidió? Zarandear a Pedro como a trigo, no es de sorprendernos que el príncipe del aire quiera sacudir a Pedro y producirle una gran turbulencia; de manera, que ya sabemos que las turbulencias espirituales provocan que perdamos el control especialmente de vuestra fe que tenemos en Dios. Independientemente de quien sea, aunque usted no llegue a subirse en un avión, en la vida, será zarandeado, lo que nos trae esperanza es que así como un avión tiene un piloto, nuestro piloto es Jesucristo, él conoce las coordenadas de nuestra transitoria vida aquí en la tierra.

Pedro no podía decir "No señor, no quiero ser zarandeado", "No" ¿por qué a mí? bueno Pedrito la realidad del asunto no es que no quieras, es que como cargas propósito Satanás querrá zarandearte para debilitar tu fe y provocar que no te enfoques en el destino que Dios ha preparado para ti. Imagínese por unos segundos que Jesús le dijera a Pedro lo que le esperaba "Te entregaré las llaves del reino, llegará el tiempo que tu sombra sólo con tocar a los enfermos serán sanados, o que en tu primer sermón se entregarían miles de almas que serían añadidas al reino". De seguro Pedro reaccionaría diferente; dile a Satanás que estoy listo para ser zarandeado, pero el guion de la película no es así, primero la prueba y después la bendición, primero el proceso y después los resultados, primero el zarandeo y después la evidencia de una fe genuina, no podemos decirle a la gente que Dios los va a bendecir de la noche a la mañana, o que sus ministerios tendrán un crecimiento de un día para otro, debemos establecer principios; primero el desierto y después Canaán, primero la peleas aquí en la tierra para que luego asegures tu lugar allá en los cielos, Pedro lo entendió y Jesús se lo hizo saber; rogaré al padre para que tu fe no falte.

Podemos tener todo, pero si no tenemos fe, a la verdad, no tenemos nada, pues la fe traerá lo que en realidad hace falta.

Jesús le dijo a Pedro que él oraría al padre para que su fe no falte, impresionante gesto de Jesús, que en momentos de prueba sólo piensa en orar, eso es lo que todo creyente debe hacer, orar; la oración con fe trae grandes resultados, si observamos Satanás no quiso molestar su oración, quiso molestar su fe, Satanás no está interesado en molestar el que leas la palabra, él quiere afectar tu fe de manera que cuando leas la palabra, sólo la leas y no la apliques, pero lo que a nosotros nos hace falta, en Cristo lo completamos, en otras palabras, Jesús le está diciendo a Pedro "tú sólo soporta la prueba que yo voy a interceder por ti". ¡¡¡Aleluya!!!

Un zarandeo produce que la basura el viento se la lleve al precipicio, quedando el grano en el granero el cual será útil para el pan o la harina. ¿Lo ve? ¿Puede usted captar esta revelación? Un zarandeo sacará la basura y dejará el trigo, y el trigo será útil para alimentar a una generación. En una ocasión predicando en New York decía "Si Satanás te está zarandeando es porque te está revelando que eres trigo, pues él no tiene interés en la cizaña, ahora entiendo por qué Jesús le dijo a Pedro: "Sobre ti edificaré mi iglesia" en otras palabras, sobre el trigo y no sobre la cizaña ¡¡¡Aleluya!!!

"Cuando el avión se detuvo pero mi corazón seguía latiendo"

De los momentos más aterradores y escalofriantes que he experimentado y vivido en los aires, fue en una ocasión para el mes de Junio del 2015 que me dirigía hacia Kentucky. Mientras el avión estaba hospedado en las alturas con magnitud de 30,000 pies de altura, que es lo regular para mantener un vuelo estable y placentero, estamos hablando de unos 8,000 metros de alto, aquel avión aún no reaccionaba; sólo se veían las turbinas del avión apagada, todo seguía tranquilo, de ese momento de pavor e incertidumbre aprendí algo impresionante e impactante y es lo siguiente: En la vida espiritual sucede algo parecido, el avión tenía las turbinas apagadas y claro está empezó a descender pero no se notaba ninguna reacción hasta que llegó a una altura donde el avión comenzó a temblar, lo mismo sucede con nuestra vida espiritual, caminamos con Dios, vivimos y habitamos en su presencia pero como suele pasar por el descuido y la confianza a las alturas, porque pensamos que si llegamos a estar muy alto no necesitaremos estar encendidos y apasionados, pero es lo contrario, mientras más alto vuelas, es cuando más encendida deben estar las turbinas, mientras más alto caminas con Dios, es cuando más pasión debes tener por él. Los temblores no los sentimos a menos que comencemos a ver que nos acercamos al piso nuevamente de donde Dios nos levantó, **aunque usted haya sido creado de la tierra eso no quiere decir que debes man-**

tenerte en el piso derrotado, debes levantarte y alzar el vuelo a la presencia de Dios. Cuando habitamos en la presencia de Dios hay momentos donde nos apagamos y sentimos que caemos al vacío, pero es ahí donde el fuego de su espíritu enciende esa pasión por Dios y por lo sobrenatural, de hecho, la gravedad ayuda de manera fortuita y espontánea, a que el avión mantenga su vuelo en las alturas. Es exactamente lo que hace el Espíritu Santo con nuestra vida espiritual. "Nos enciende" para seguir volando, no tenga temor de volar en las alturas con el Espíritu Santo, a un avión se le puede acabar el combustible pero al Espíritu Santo nunca se le acaba el fuego, Aleluya.

La historia no se detiene en el movimiento y temblor de aquel pájaro de acero conocido como "avión" que por cierto hay otra palabra que identifica a todo lo que vuela por los aires, y es la palabra *Gavión* que al analizarlo a profundidad se refiere a un ave creada por Dios llamada: "Gaviota"; de esto podemos aprender que la gaviota se hizo para volar en el aire porque al Dios crearla le dio dicha asignación, un avión no puede durar mucho tiempo volando en los aires, algún día debe descender de donde lo inventaron "La tierra" fue inventado por el hombre, por tal razón no cuenta con perseverancia de vuelo en los aires, nosotros como seres humanos fuimos creados para vivir y habitar en la tierra, con el derecho de visitar los aires, por eso Dios le dijo a Adán que se enseñoriaría de las aves del cielo, el punto es que en las alturas, volando en una aeronave que no te da ninguna probabilidad de vida al caerse a tierra, porque si hubieran paracaídas por tripulante quizás pudiéramos mantener la calma pero ni siquiera eso había, los tripulantes, osea la gente que allí se encontraban al no ver que había una reacción del piloto en detener el descenso empezaron a gritar, algunos decían en inglés "Jesús", otros decían *Oh My God*, Santo Dios, se convirtieron en adoradores sin serlo, usted no quisiera encontrarse en un momento así porque de seguro es bautizado para hablar otras lenguas en el espíritu, si aún no la ha hablado, en aquel momento conocí religiones que nunca me imaginé que estaban en el avión, uno gritó "Ave María"; de momento pensé que era Mexicano o Puertorriqueño, lo que más me sorprendió de todo lo que mire y escuché a mi alrededor fue aquel niño que estaba a la izquierda, en la parte frontal de donde yo estaba sentado, cada vez que el avión saltaba como si hubieran piedras en los aires, aquel niño se echaba a reír y eso no me dio risa, me puse más serio de la cuenta; sin embargo, de todas las reacciones que mire en los rostros de las personas fue la única actitud bíblica que trajera curiosidad pero a la misma vez esperanza a mi espíritu, **(Mateo 19:14)** al ver que cada vez que temblaba aquel avión el niño se reía. De pronto pensé que él era amante a los columpios de esos que suben y bajan, y cuanto más suben y bajan es cuando más quiere divertirte, si usted fue niño y experimentó un columpio, sabe de lo que hablo; una y otra vez no me cansaba de verlo, terminó contagiándome porque de cara de serio que yo estaba, terminé riéndome hasta que el avión encendió sus turbinas y alzó el vuelo nuevamente.

Debemos ser como los columpios cuando lo miramos en su parte positiva; ¿Qué hace un columpio? ¿Sube y baja, cierto? Pues así debemos ser nosotros, subir a la presencia de Dios, y bajar a la tierra a traer esa presencia, lo que subes a buscar en Dios es para que lo deposites en la tierra; en aquellos que tienen hambre de Dios, quizás muchos no pueden volar pero si Dios te da la oportunidad de hacerlo es para que suplas la necesidad en aquellos que con ansia esperan recibir lo que Dios tiene para ellos. Sube, pero recuerda bajar lo que recibiste en las alturas.

Ya calmado el avión el Espíritu Santo traía a mi espíritu que debemos ser como un niño para entrar al reino de los cielos, un niño que aprovecha una turbulencia para divertirse y una circunstancia adversa para colocarla a su favor; esto es poderoso amigo mío, no puedes ignorar este principio, Herodes le temía más a Jesús cuando niño que cuando grande, porque cuando niño, estaba cargado de propósito, cuando grande ya se estaba vaciando de él, incluyendo su sangre preciosa que trajo libertad y nos introdujo a su nuevo pacto.

En la guerra espiritual debemos ser como niños, reírnos de lo que el diablo esté inventado en contra de nosotros, la Biblia dice que no podemos ignorar sus maquinaciones, pero el hecho que usted se ría no quiere decir que usted está ignorando sus maquinaciones, simplemente eso revela seguridad en que nosotros como niños, tenemos un padre que nos cuida y protege.

Cuando controlas la carne, también controlas el YO

El orgullo puede llevarte alto y lejos, pero en la
Cima estás propenso a quedarte sin combustible.
La humildad es el combustible que te mantiene
volando.

El enemigo más fuerte al que podamos enfrentarnos no está al frente de nosotros, sino dentro de nosotros, a esto me refiero **a la carne**.

Muchas veces culpamos a Satanás de lo que nosotros mismos somos culpables, la carne es la que va donde quiera que usted se mueva, y como Satanás no está en todo lugar al mismo tiempo, podemos confirmar una vez más que hay situaciones creadas por nuestra propia concupiscencia o inclinación a las cosas materiales, mientras que el espíritu se inclina a lo espiritual, la carne se inclina a lo físico y pasajero.

Podemos deducir que la carne es el plan B de Satanás, digo plan B porque el A es atacar él personalmente, y al no lograr su objetivo, se enfoca en aquello que debilita al hombre "la carne" ¿Qué debemos hacer en éste caso? Someter la carne al espíritu es la mejor opción, ya que con esta actitud logramos destruir todo aquello que quisiera subir a nuestro espíritu, por ejemplo: la Biblia no dice "niega al diablo", sino niégate a ti mismo.

Mateo 16:24 (RV 1960)

*Entonces Jesús dijo a sus discípulos: Si alguno quiere venir en pos de mí, **niéguese a sí mismo,** y tome su cruz, y sígame.*

Hay un área en nosotros que para poder tener victoria en la guerra espiritual que peleamos en este siglo contra nuestro propio YO, debemos negarnos hacer lo que la carne quiere que hagamos, para poder encontrarnos con lo que el ESPIRITU quiere que hagamos. Hasta que no nos negamos a nuestro propio YO, no podremos encontrarnos con el gran YO SOY "DIOS".

¿Qué dice la biblia acerca de la carne?

Gálatas 5:19-20-21

"Y manifiestas son las obras de la carne, que son: adulterio, forni-cación, inmundicia, lascivia, vs20- idolatría, hechicerías, enemis-tades, pleitos, celos, iras, contiendas, disensiones, herejías, vs21- envidias, homicidios, borracheras, orgías, y cosas semejantes a estas, acerca de las cuales os amonesto, como ya os lo he dicho antes, que los que practican tales cosas no heredarán el reino de Dios".

La carne es el "YO" más difícil de vencer y está adherido, ósea, pegado al ser humano, no puede ser arrancado pero sí puede ser doblegado y humillado a la voluntad de Cristo. La Biblia dice en: *Isaías 2:17 La altivez del hombre será abatida, (Doblegada) y la soberbia de los hombres será humillada; y solo Jehová será exal-tado en aquel día.* El verbo Hebreo para la palabra "doblegar" hace referencia a "humillar" y se identifica como *"Kana"* y quiere decir "ser humilde", en otras palabras, la humildad es lo que des-truye el YO que llevamos dentro, por eso la Biblia dice en: **Fili-penses 2:8,9** *y estando en la condición de hombre, **se humilló a sí mismo**, haciéndose obediente hasta la muerte, y muerte de cruz. 9- Por lo cual Dios también le exaltó hasta lo sumo, y le dio un nom-bre que es sobre todo nombre.*

Si leemos detenidamente notamos algo impresionante en éste verso, dice "se humilló a sí mismo", está hablando de algo interno, no externo, es decir, que la humillación de corazón es aquella que se aplica no necesariamente cuando otro te dice "hu-míllate" sino cuando tú mismo reconoces que debes humillarte, ¿por qué digo uno mismo? Por la sencilla razón que cuando nadie esté a tu alrededor para decirte que te humille, será algo que debes reconocerlo si quieres vencer el YO. Si quieres que Dios te exalte hasta lo sumo, debes humillarte hasta lo sumo. Jesús se humilló a sí mismo, lo hizo de corazón por eso pudo ven-cer la carne, **si la carne es tu peor enemigo ¿Quién sería la persona capaz de vencer a ese enemigo? La respuesta es sencilla, uno mismo.** Otro no puede vencer lo que tú mismo eres capaz de vencer.

Israel Jiménez 207

Nosotros como seres humanos somos sensibles al quebranto, desde que tenemos un dolor de cabeza espalda o algún otro síntoma pensamos que nos vamos a morir, la razón, porque la carne es débil. No podemos esperar que Dios permita un dolor o algún quebranto a nuestro cuerpo para vernos humillados cuando tenemos la oportunidad de estar sanos humillarnos ante su presencia. Jesús es el autor de la fe, Satanás es el autor del "YO", ese ego que no quiere hacer la voluntad de Dios, ese ego que no quiere humillarse y reconocer a Dios como su creador, ese "yo" que habla con hipocresía y soberbia, ese yo que no le gusta obedecer.

Aún el mismo Jesús a pesar que él usaba el "yo" para declarar *"yo soy la puerta, yo soy el camino, yo soy la vida"*, no era un yo de soberbia sino de revelación e identidad para llevar al pueblo de Israel a encontrarse con su Dios, a pesar que el usaba el "Yo" en el momento del quebranto cuando sabía que se acercaba su crucifixión se atrevió a doblegar la carne cuando dijo "pero que no se haga como "YO" digo, sino conforme a la voluntad de mi padre que está en los cielos". Usted podrá decir "Yo soy Maestro, Yo soy profeta, Yo soy Evangelista, Yo soy Pastor, Yo soy Apóstol", pero frente a Dios lo único que nos cuesta decir "yo soy un siervo del Señor para hacer su voluntad y doblegar mi 'Yo' a los pies de Cristo".

La carne se destruye cuando nos humillamos y somos humildes, el gran problema que enfrenta la iglesia y muchos ministros es que le cuesta humillarse y ser humilde, y por cuanto le cuesta todo esto dejan de ser siervos y se convierten en esclavos sin derecho a heredar, lo que conectó a David con su destino profético fue el servicio al llevar comida para sus hermanos, terminó sirviendo la cabeza del peor enemigo que sobornaba e intimidaba a todo Israel, "Goliat".

Carne: Esta palabra viene del Hebreo "Basar" y hace referencia a la parte carnosa del cuerpo humano con la piel; también se refiere tanto a lo que está vivo como lo que está muerto, en cuanto al cuerpo consiste en dos partes, "Carne y hueso".

La primera vez en la Biblia que se usa la palabra carne la podemos ver en: **Génesis 2:*21*** *Entonces Jehová Dios hizo caer sueño profundo sobre Adán, y mientras éste dormía, tomó una de sus costillas, y cerró **la carne** en su lugar.*

Aquí podemos ver algo asombroso, vemos a Dios realizándole una cirugía a Adán pero de manera sabia e inteligente lo hace con una anestesia de por medio, la cual es lo correcto, por eso produjo un sueño profundo en Adán, lo anestesió, pudiéramos decir, para que su carne no sintiera dolor. Dios creó todo tan perfecto que no quería que Adán descubriera el dolor, es desde este punto de partida que Dios me ha enseñado que hablar de carne es hablar de "Debilidad" y para que Dios pueda sacar el potencial que hay en nuestros huesos necesita dormir la carne. Cuando la carne esta despierta en nosotros eso produce debilidad a tal punto que sentimos miedo y dolor, por eso el apóstol Pablo recomienda vivir en el espíritu.

Gálatas 5:16 (NTV)

Por eso les digo, dejen que el Espíritu Santo los guíe en la vida, Entonces no se dejarán llevar por los impulsos de la naturaleza pecaminosa.

Gálatas 5:16 (RVR1960)

Digo, pues: Andad en el espíritu, y no satisfagáis los deseos de la carne.

La versión nueva traducción viviente dice al final del verso: **"entonces no se dejarán llevar por los impulsos de la naturaleza pecaminosa"**

¿La naturaleza pecaminosa es la "carne" que usó Satanás para introducirse al huerto? Una serpiente y ¿Qué contiene la serpiente? Más carne que huesos, que aunque es un tema que se debate bastante que si la serpiente tiene hueso o no, lo que sí el espíritu me ha enseñado es que contiene más carne que huesos por eso quiere comerse los nuestros jajajajaaj. Ahora entiendo por qué razón atacó a Eva de primero y no a Adán, porque Adán fue creado del polvo, Eva fue creada del hueso, de la Costilla de Adán. Dios fue muy inteligente en cerrar la carne en su lugar, la Biblia no dice que brotó sangre del costado, eso me pone a pensar que ya el plan redentor de la humanidad estaba asegurado en Cristo Jesús, "El Segundo Adán" de su costado, sí, brotó agua y sangre, en otras palabras, de donde salió y reveló la debilidad de Adán, fue exactamente de donde Cristo mostró su parte más fuerte "del costado" de donde proféticamente hablando nació una iglesia fuerte que vive según el espíritu y no según los deseos de la carne. Lo que quiero descifrar y decodificar en este sentido es que cuando la carne está abierta está propensa a contaminarse más rápido, así que cierre su carne y abra su espíritu; cuando la carne está abierta el apetito se desliza tras el pecado y lo negativo, pero cuando el espíritu en nuestras vidas está por encima de la carne, vivimos apasionados por lo espiritual de Dios y no por lo carnal del hombre.

La guerra espiritual que estamos luchando contra Satanás y sus demonios consiste en luchar contra ellos para que no tomen los cuerpos "Carne" y si lo llegaran a tomar, declarar en el nombre de Jesús que salgan fuera de esos cuerpos. Es impresionante este tema de la carne, porque en realidad la carne es el pasaporte legal para los demonios entrar a nuestro territorio, es decir, que si activamos la unción en nuestras vidas, y despertamos la búsqueda por Dios y su presencia, el espíritu toma total control y no le permite a la carne operar en nosotros, por lo que lleva a los demonios a existir sin cuerpos.

¿Recuerda usted cuando Jesús sacó aquellos demonios del cuerpo, hablando del gadareno, que los demonios gritaban "no nos atormentes, mucho menos nos mandes al abismo, permite que tomemos los cerdos" y qué tienen los cerdos? "carne" no lo olvide; cuando hablamos de carne hablamos de debilidad, observe cuando Dios creó a Eva de la costilla de Adán, cuando él se levantó de su sueño profundo; aclamó y dijo "huesos de mis huesos, y carne de mi carne", desde ese punto de partida la mujer se convirtió en la debilidad del hombre, y el hombre en la debilidad de la mujer, más tarde Satanás logra socavar la mente de Eva logrando así introducirse en Adán pero lo hizo a través de su debilidad "Eva". El error está en hacerle caso a la carne, no escuche lo que tu carne te diga, dale prioridad a tu espíritu y verás realizado el propósito de Dios en tu vida.

Algo que sacude mi espíritu es que el que vive según la carne, no vive según el espíritu, o vives en la carne o vives en el espíritu, vivir en el espíritu te lleva a soportar cualquier turbulencia que quiera venir a tu vida y sacudirte; cuando vives en el espíritu eres sacudido como trigo y no como cizaña, vivir en el espíritu es ser uno con Dios, es no darle paso a la obra de la carne que son: adulterio, fornicación, inmundicia, lascivia, Idolatría, hechicerías, enemistades, pleitos, celos, iras, contiendas, disensiones, herejías, envidias, homicidios, borracheras, orgías, y cosas semejantes a estas, en otras palabras, **cuando vives en el espíritu, destruyes lo que te quiere destruir a ti.**

No permitas que la carne controle tus decisiones, debes desarrollar una vida de oración con Dios para que tu espíritu se empodere sobre toda debilidad que quiera hacerte caer. ¿Quizá usted se pregunte cómo puedo de forma efectiva doblegar mi carne? Es muy sencillo, si usted se lo propone lo puede lograr, la manera más simple y productiva es dándole a la carne lo que no le gusta. A la carne no le gusta leer la Biblia, a la carne no le gusta ayunar porque lo que le gusta es comer, a la carne no le gusta orar, a la carne no le gusta adorar a Dios. Entonces, dele lo que no le gusta y verás cómo tu espíritu se fortalece mientras que la carne se doblega y se somete.

El apóstol Pablo le escribe por segunda ocasión a los de Corintios y les dice: **2 Corintios 10:3 3-** *Pues aunque andamos en la carne, no militamos según la carne.*

Lo que el apóstol Pablo les quiere poner en claro es lo siguiente: no puedes hacer guerra espiritual viviendo en la carne, porque con lo que peleamos no es de carne y hueso, debemos andar y vivir en el espíritu. La palabra **"militar"** significa "ejercer una función en un escuadrón de acuerdo en la posición donde fui colocado o asignado para pelear"; en otras palabras, para ejercer el llamado, sea maestro, evangelista, pastor, profeta, o apóstol debes hacerlo en el espíritu.

¿Qué te hace temblar?

Una turbulencia es producida por choques de vientos que de manera circulatoria se convierten en remolino, lo sorpréndete de esto es que no se pueden ver, pero las nubes que sí son visibles delatan sus movimientos. Cuando observamos esto desde el punto de vista espiritual, notamos sucesos extraños a nuestro alrededor; guerra de ángeles de Dios contra demonios que efectúan resistencia para contrarrestar ataques del enemigo que vienen directo a nuestras vidas, familias o iglesia, de igual manera no lo vemos, pero siempre hay una nube que lo delata.

Por ejemplo, en una ocasión ministraba en nuestro programa de televisión con el tema: "manifestación" de las muchas personas que llamaron, hubo una madre desesperada que gritaba "pido oración por mi hija que sufre de una enfermedad llamada hipocondría, la cual produce que la persona tenga un trastorno mental llevándola a tener miedo por cualquier cosa", la madre nos contaba pidiendo la oración de que su hija le daba miedo cepillarse los dientes porque pensaba que al echarse el agua para enjuagarse, creía que se iba a ahogar, también si se ponía alguna sábana para arroparse pensaba que alguien quería sobornarla o hacerle daño; aquí podemos notar que hay guerras espirituales en los aires y enfermedades producidas por los demonios que muchas veces no vemos, pero como dije anteriormente, siempre hay algo que lo delata así como las nubes delatan las turbulencias, por cierto, antes de efectuarse una turbulencia el piloto informa que pasaremos por una turbulencia y que debemos abrocharnos los cinturones, algo que se me escapaba es que las turbulencias también son producidas por vientos fríos o calientes que chocan tras su paso, al leer esto estoy seguro que usted tendrá una idea más clara y lúcida de lo que es la guerra espiritual en los aires; son choques de seres espirituales algunos fríos y otros calientes, los fríos quieren enfriarte en el evangelio, pero los seres ardientes luchan para que usted mantenga su lámpara encendida, Aleluya...

¿Qué te hace temblar?

Salmos 114:7 A la presencia de Jehová tiembla la tierra. Lo que debería hacernos temblar no es el miedo a los demonios, sino el temor reverente que le debemos tener a la presencia de Dios. La Biblia dice que los demonios creen y tiemblan, eso indica que ellos respetan la presencia de Dios, qué privilegio tenemos nosotros como hijos de Dios, mientras que ellos respetan la presencia de Dios, nosotros la sentimos y por cuanto la sentimos, los demonios nos respetan, si yo fuera usted diera una gloria a Dios bien grande. GLORIA A DIOS, leamos lo que dice: **2 Timoteo 1:7** *Porque no nos ha dado Dios espíritu de cobardía, sino de poder, de amor y de dominio propio.*

¿Dominio qué? Dominio propio, cuando tienes dominio propio, tienes dominio sobre tu carne y tus sentimientos engañosos, la mayoría de las cosas que le suceden al ser humano están basadas en sus decisiones personales por falta de dominio propio, la cobardía te lleva al miedo, y si hay algo que el cielo censura y hasta impide el paso para entrar al reino de los cielos, es la cobardía, y a esto podemos llamarle falta de dominio propio.

El espíritu que Dios ha puesto dentro de nosotros es capaz de derribar toda fortaleza mental para sentirnos seguros en nosotros mismo, por eso he aprendido que si te derribas a ti mismo, mucho menos podrás enfrentar lo que viene en tu contra. Una turbulencia sacude todo en el avión, pero lo que te da firmeza y seguridad es que tienes el cinturón puesto, el avión puede ser sacudido para donde sea, pero usted que tiene el cinturón abrochado se mantendrá sentado en su asiento. Lo impresionante e impactante de todo esto es que la Biblia lo revela, cuando el apóstol Pablo dice: **Efesios 6:14** *Estad, pues, firmes, ceñidos vuestros lomos con la verdad, y vestidos con la coraza de justicia.* Si usted pensaba que el cinturón que utilizan en los aviones es algo nuevo, está equivocado; la Biblia es el libro más viejo que todavía sigue revelando lo que hoy en día se considera Nuevo, leamos con detenimiento lo que revela el apóstol Pablo acerca del cinturón la cual es representativo de la verdad.

Lo primero que debemos señalar es que Pablo, ahora precursor del evangelio, su oficio secular era ser soldado Romano, eso indica que tiene la mayor experiencia y credibilidad para apoyar una verdad bíblica como la que él revela. La palabra para "cinturón" es la misma palabra "Lomos" y la otra palabra que conjuga y confirma dicha referencia es "ceñido". Si nos remontamos al tiempo de las tierras bíblicas, las personas que usaban ropas como túnicas y mantos, sabemos que ese tipo de ropa es muy incómoda hasta para caminar, imagínese ahora para correr o pelear en la guerra, por lo tanto el hombre al ceñir sus lomos tomaba parte del manto o túnica que colgaba hasta los pies y lo amarraba en los muslos que es la parte superior por encima de las rodillas llegando hasta la cintura, esto facilitaba que dicha persona podía luchar con más agilidad; en otras palabras, cuando él dice *ceñidos vuestros lomos con la verdad* , está revelando, en este caso, "la verdad de Dios" es lo que te acentúa y te ajusta a vivir una vida en el espíritu, sin darle permiso a la carne para que no opere en tu vida, espero que usted no me pierda el hilo de lo que le quiero revelar, en otras palabras, cuando habla de lomos se refiere a la parte baja de la espalda, entre las costillas y los huesos de la cadera, ¿no le es familiar esto? "Cerca del costado" ¿Cómo escudriñábamos al principio, el costado de donde Dios sacó a Eva? Es decir, que el apóstol Pablo nos enseña que cuando establecemos la verdad de Dios sobre nuestra vida, la mentira tiene que sentarse sin derecho abogar o a opinar, cuando una persona se sienta lo primero que debe doblegar es la cintura "el lomo", ciñe tus lomos significa "prepárate para hacer guerra espiritual". Diga conmigo: Uii esto está fuerte: que dice: **Gálatas 5:16** *Digo, pues:* ***Andad en el Espíritu****, y no satisfagáis los deseos de la carne.*

La palabra esencial aquí es "Andad en el espíritu", en otras palabras, cuando tu espíritu anda, la carne está sentada, Aleluya... My God Jesús. Yo no sé lo que te está haciendo la guerra, pero Dios te dice en esta hora "sienta tu carne y comienza a andar en el espíritu" ¿Qué dice la Biblia acerca de Enoc? ¿Que caminó con Dios, cómo lo hizo? ¿Parado o sentado? Para caminar necesitas estar de pie, así que si quieres caminar con Dios, lo primero que tienes que hacer es sentar tu carne, algo que ministraba en una ocasión hablando del tabernáculo, es que en el tabernáculo no hay asiento, que curioso ¿no? la razón es porque no hay tiempo para sentarse, sólo tienes oportunidad de caminar en el espíritu cuando estás en la presencia de Dios.

Lucas 12:35,36 35

Estén ceñidos vuestros lomos, y vuestras lámparas encendidas; 36 y vosotros sed semejantes a hombres que aguardan a que su Señor regrese de las bodas, para que cuando llegue y llame, le abran en seguida. Sentado.

Sabía usted que si un soldado se quita el cinturón está propenso a que la armadura se le caiga y quede al descubierto. Pues lo que hace el cinturón es que te afirma en la iglesia donde te encuentras, aunque estés enfrentando un momento adverso y difícil la verdad de Dios te da seguridad y si se da seguridad, es la razón por la que te asegura la victoria. Muchos han salvado sus vidas por tener el cinturón puesto, así que cuando venga la turbulencia, póngase el cinturón para que el propósito de Dios en su vida no muera. La razón fundamental por la que debemos andar en el Espíritu y no satisfacer los deseos de la carne es porque la carne es el asiento que transita por la carretera del pecado llevándote directo al infierno, en cambio el Espíritu es el timón que te conduce a Cristo, el cual es el camino al Padre.

¿Cuándo nos colocamos el cinturón?

1. Cuando caminamos en la verdad.
2. Cuando vivimos lo que predicamos.
3. Escudriñar la palabra de Dios todos los días.
4. Cuando patrocinamos la verdad en vez de una mentira.
5. Es ser fiel a Dios en todo.
6. Siempre ser fiel con tus diezmos y ofrenda.
7. Estar siempre presto para servir.
8. Tener una vida de ayuno y oración.
9. Adorar a Dios en vez de quejarte.
10. Apoyar y servir con devoción al lado de tus pastores o padres espirituales.
11. Tener compromiso con Dios al congregarte a la iglesia donde asistes.

12. La verdad no se arrepiente, en otras palabras, después de aceptar a Cristo no retroceder al mundo.

13. Cuando tenemos la fe y la confianza que obtendremos victoria frente a cualquier circunstancia.

14. Cuando caminamos rectos delante de Dios y de los hombres.

15. Y por último: Cuando educamos a nuestros hijos con la palabra de Dios, evitamos años de tragedia y calamidad, somos responsables en dejar un buen legado a nuestra familia y generación, siempre con la idea que estén fundamentados en principios bíblicos y no culturales.

Capítulo 10

Derribando argumentos

Un argumento para poder destruirlo hay que enfrentarlo
1 Tesalonicenses. 5:21

Permítame definir con claridad y lucidez lo que de manera sencilla significa un argumento, para que usted como lector, pueda comprender todo lo demás que se aproxima.

Argumento: Esta palabra viene del griego **ojúroma** y hace referencia a fortificar, fortaleza, construir o fomentar algo partiendo de una idea. Analizando y prestando atención a esta palabra comprendemos lo que la Biblia habla cuando dice que "tenemos lucha contra potestades", esto significa contra espíritus que crean fortalezas mentales. Es por eso que debemos tener la mente de Cristo para derribar todo argumento o fortaleza que venga a nuestra mente. En otras palabras, un argumento se efectúa desde la perspectiva humana, una revelación desde la perspectiva celestial basada en las escrituras la palabra de Dios ya establecida, el Ruah HaKodesh que es el agua del Espíritu en movimiento que se manifiesta para limpiar y arrastrar tras su paso con todo argumento que se levanta en contra del conocimiento de Dios, llevándonos a Yahshúa el cual es la verdad. "Jesús". Un argumento puede llevarte a la confusión, la revelación te lleva al entendimiento y comprensión de las sagradas escrituras.

*Porque las armas de nuestra milicia no son carnales, **sino poderosas en Dios para la destrucción de fortalezas**, 5- **derribando argumentos** y toda altivez que se levanta contra el conocimiento de Dios, y llevando cautivo todo pensamiento a la obediencia a Cristo.*

Yo personalmente aprendí en este pasaje bíblico que en la mayoría de los casos el argumento proviene de un corazón altivo y orgulloso, la persona que se basa en sus propias ideas discute por algo que formula pero que nunca ha escudriñado y comprobado, es por eso que el apóstol Pablo dice "derribando argumentos y toda altivez que se levanta contra el conocimiento de Dios". Nosotros como creyentes e hijos de Dios tenemos la autoridad y el poder por medio de la palabra de Dios para derribar todo argumento del maligno.

Satanás usa el argumento como excusa para desviarnos de la verdad bíblica, él reconoce que las sagradas escrituras, "La palabra de Dios" la espada del espíritu, es la única capaz de destruirlo a él y a sus demonios junto con sus artimañas; una artimaña es una trampa para cazar animales, Satanás la utiliza para cazar humanos que cargan propósito.

En Dios no existen los argumentos, con Dios no se discute, sólo hay que obedecerlo, para con Dios sólo existe el conocimiento, la revelación y la sabiduría, él es la fuente de todo, por lo tanto él conoce todo muy bien y con mucha seguridad.

Una persona que ha sido atacado con argumentos y pensamientos bifurcar de parte de Satanás tiende alejarse de Dios, y lo único que puede recomponer esa relación con Dios, es romper o destruir todo tipo de argumentos lanzados por el enemigo en el campo de batalla más amplio "la mente".

Pensamientos y argumentos tales como "deja a tu esposa y prueba con otra mujer", "abandona esa iglesia, ¿no ves que no te quieren?", "aléjate de las personas, no compartas con nadie", "no ores, ¿no ves que Dios no te responde?", "tanto que ofrendas y diezmas te quedarás pobre", "dedícate a otra cosa, no ves que dices que Dios te llamó como evangelista pero nadie te invita a predicar", "tantos pecados que ha cometido, ¿Crees tú que Dios te va a perdonar?", "tienes más de dos años enfermo esperando el milagro y nunca llega y ¿Así crees que Dios te va a sanar?". *Dios no habla, eso sólo era para los antiguos profetas, no moriréis sino que sabe Dios que el día que comáis del fruto del árbol serán abiertos vuestros ojos* ¿Le es familiar este argumento? Hace más de dos mil años que su archienemigo lo utilizó y lo seguirá utilizando, quizás quieres dar el primer paso para levantar esa iglesia o empresa pero el enemigo crea un argumento y te dice "¿tanto tiempo ahorrando y ahora que tienes el dinero lo vas a invertir en otros? Por favor, date una vueltita por ahí y disfruta todo ese dinero" ¿Ha sido usted atacado en alguna área con argumentos de parte del enemigo? Pues tengo para decirle que muchos de los ataques del Diablo no los podemos impedir pero sí los podemos derribar, ¡¡Aleluya!! Y para eso, debemos usar la espada del espíritu que es el Ruah HaKodesh, la verdad de Dios.

Cuando el enemigo le implemente pensamientos como "Dios no te oye". Sólo aplíquele lo que dijo Jesús en **Juan 10:26,27,28** *Vs26-pero vosotros no creéis, porque no sois de mis ovejas, cómo os he dicho.* ***27-*** *Mis ovejas oyen mi voz, y yo las conozco, y me siguen,* ***Vs-28*** *y yo les doy vida eterna; y no perecerán jamás, ni nadie las arrebatará de mi mano.*

¿Qué busca Satanás en argumentar que Dios no te oye, o que Dios no nos habla? él busca que sólo lo escuchemos a él, él reconoce y sabe muy bien que desde el día que usted escuche la voz de Dios no habrá oído para otra voz, cuando escuchamos la voz de Dios, nos da dirección y vida eterna, se cumple lo que Dios ha dicho de nosotros y Satanás no tiene ningún permiso para interrumpirnos cuando adoramos a Dios o cuando le buscamos en oración, esto parece simple pero es poderoso. El verso 26 dice: pero vosotros no creéis ¿A quiénes se refiere Jesús al decir pero vosotros no creéis? Aquellos que han caído bajo los argumentos y ataques de Satanás, pero les da esperanza que si escuchan la voz de Dios; **Vs-28** *y yo les doy vida eterna; y no perecerán jamás, ni nadie las arrebatará de mi mano.* Es a eso realmente que Satanás le teme; que lo que salga de lo boca de Dios termine en sus manos "intocable" entiendes la revelación? Lo que Dios suelta de su boca a tu favor, termina en sus manos, donde efectivamente él le da la forma correcta Aleluya. Léase (también **Juan 5:24**).

Un argumento es una verdad ligada con un error, e inmediatamente se convierte en una mentira, lo difícil de todo esto es saberlo descifrar. Un ejemplo claro lo vemos en: *Mateo 4:3 Y vino a él el tentador, y le dijo: Si eres Hijo de Dios, di que estas piedras se conviertan en pan.*

¿Dónde podemos encontrar la verdad en este verso? Sencillo, cuando Satanás le dijo si eres "hijo de Dios" claro que Jesús sabe que él lo es. Lo Segundo, *di que estas piedras se conviertan en pan,* claro que lo podía hacer, estas dos proposiciones contienen la verdad, pero ¿Dónde encontraríamos el argumento venenoso de Satanás? En que si Jesús obedeciera la voz de Satanás terminaría siendo un desobediente aunque hiciera el milagro ¿Impresionante no? cuando obedecemos la voz de Satanás nos convertimos en desobedientes aun cuando queremos ser obedientes. No haga caso a la voz de Satanás aunque sea para hacer algún milagro o algo benéfico, aunque parezca bueno, es malo y a Dios no le agrada.

Para efectuar un argumento se deberían presentar dos puntos de vista, y el que compruebe la verdad ese tuvo la razón. Veamos lo que muestran las escrituras.

1 Samuel 17:8-9-10

Y se paró y dio voces a los escuadrones de Israel, diciéndoles: ¿Para qué os habéis puesto en orden de batalla? ¿No soy yo el filisteo, y vosotros los siervos de Saúl? Escoged de entre vosotros un hombre que venga contra mí. Vs9- Si él pudiere pelear conmigo, y me venciere, nosotros seremos vuestros siervos; y si yo pudiere más que él, y lo venciere, vosotros seréis nuestros siervos y nos serviréis. Vs10- Y añadió el filisteo: Hoy yo he desafiado al campamento de Israel; dadme un hombre que pelee conmigo.

No iría muy lejos, mucho menos profundizaría para sacar la esencia e interpretación de este verso. Simplemente Goliat habló demás, **Y en una guerra espiritual no la gana el que más habla, sino el que dice la verdad**, Uii Aleluya, My God; dele reversa a esa palabra porque no se la voy a repetir, Satanás podrá decir lo que quiera, pero si ya la verdad está soltada su enemigo queda avergonzado, esparcido y derrotado. Si notamos el verso 29 David le responde a su hermano Eliab el cual lo tuvo en poco refutándole que no debería de estar en la guerra sino más bien cuidando las ovejas, pero David le respondió refiriéndose a Goliat: *Vs29- David respondió: ¿Qué he hecho yo ahora? ¿No es esto mero hablar?* David había estudiado al gigante al instante, sabía que todo lo que hacía Goliat era intimidando al pueblo con palabrerías, esta es la razón por la que debemos mencionar más a Dios en nuestras vidas que al mismo Satanás, ¿Qué logramos con esto? Que el nombre de nuestro enemigo sea disminuido, y el de nuestro Dios exaltado y eso exactamente hizo David, exaltó el nombre de Dios, y Dios honró a David poniéndolo en gracias y favor frente al pueblo. Aleluya.

Alguien en una ocasión me llamó desde México, testificándome que estaba teniendo fuertes ataques en su habitación, inmediatamente le pregunté ¿Qué tipos de ataques? A lo que ella me contestó "Veo como sombras negras en mi habitación que se mueven de diestra a siniestra, y siento mucho miedo. Le pregunté "¿La sombra se produce con las luces encendidas o las luces apagadas?" Ella me dijo: "con las luces apagadas", cuando me dio esa respuesta el Espíritu Santo activó en mi la revelación de la palabra y le dije: lo que tienes es que ser luz en medio de las tinieblas. Muchas veces lo que nos produce miedo es a lo que le tenemos miedo. Jesús dijo: *Mateo 5:15 Ni se enciende una luz y se pone debajo de un Almud, sino sobre el candelero, y alumbra a todos los que están en casa.* Cuando usted sienta que el enemigo quiere infundirle miedo, lo único que debe hacer es alumbrar más de la cuenta, y tenga por seguro, que todo ataque del enemigo terminará frustrado y eliminado. **Cuando somos luz en medio de las tinieblas, no tenemos que temerle a las tinieblas, pues ellas se disipan cuando un hijo de Dios que carga luz llega.** Como escribió Myles Monroe "La fe no es un salto de las tinieblas a la luz, es pasar por en medio de ella".

No basta con tener la Biblia abierta, "Hay que escudriñarla".

En el año 2001 ejercía el llamado como evangelista, recuerdo que al junto de un amigo nos tocó derribar un altar satánico de una mujer que se había entregado a Cristo; de tantas cosas raras y espantosas lo que más me impactó fue al ver la Biblia abierta en una pequeña mesa de madera muy deteriorada, me pregunté ¿Qué hace una Biblia santa en un lugar tan diabólico como este? No fue hasta hoy en el 2016 que lo comprendo, por cierto estaba abierta en el salmos 91. Sin embargo, aprendí a través del Espíritu Santo que no basta con tener la Biblia abierta, hay que escudriñarla y vivirla. Permítame compartirle una ilustración que me llevó a comprender más lo que quiero impartirle. Había un joven en la edad media que tenía una espada como adorno dentro de una caja de vidrio, el joven la tenía ahí porque nunca hubiera pensado que la tenía que ocupar o utilizar, pero entonces un día un grupo de malhechores irrumpieron su propiedad quemando sus plantaciones, entraron a su casa y ya que la espada estaba dentro de la caja, no la pudo usar, y el joven fue herido.

Pasó un tiempo y pensó en sacar la espada de ahí, que ya años llevaba sin ser usada, para luchar la siguiente ocasión, pero sólo lo pensó y nunca lo hizo, entonces para su desgracia volvió a hacer atacado, luego de eso el joven ya no lo dudó y decidió tomar esa espada que antes sólo era un ornamento. Por el desuso estaba muy deteriorada, estuvo tiempo trabajando en la espada, hasta restaurarla, y practicó mucho con ella haciéndose fuerte y hábil con la espada.

Después de unos meses sus tierras nuevamente fueron atacadas, al entrar en su hogar el muchacho usó la espada y hábilmente repelió a los malhechores, estos huyeron y cada vez que venían, él defendía su tierra con su habilidad, y así mismo defendía la tierra de sus vecinos, logrando al tiempo ser un gran guerrero a quien muchos necesitaban cuando estaban en problemas".

¿Qué podemos aprender y aplicar de esta historia a la guerra espiritual? Sencillo, Satanás y sus demonios nos atacan constantemente, nos sucede tal como a Jesús cuando fue tentado por el diablo en el desierto, la Biblia relata que se apartó por un tiempo con señal de regresar y continuar con sus ataques malévolos, eso mismo le sucedió a este joven de la ilustración en los párrafos anteriores, que los malhechores volvían y volvían hasta que él optó por usar la espada que sólo la tenía de lujo y adorno, "no basta con tenerla abierta hay que leerla y escudriñarla" Las sagradas escrituras lo revelan de esta manera: **Efesios 6:17** Y **tomad** el yelmo de la salvación, **y la espada** del espíritu, que es **la palabra de Dios**; en otras palabras, TÓMELA no la deje en una vitrina de vidrio o en una gaveta, porque el enemigo en cualquier momento regresa nuevamente, pero, si usted la **toma** y la escudriña, de seguro sabrá cómo vencer a sus enemigos. Cuando usted de la iniciativa de TOMAR la Biblia, entonces podrá decir; TOMA diablo en el nombre de Jesús, diga conmigo: Uii esto está fuerte y poderoso. Aleluya. Pero no vaya usted ahora a tomar una Biblia y tirarla al aire, es cuando vives lo que escudriña que surge efecto. Sobre todo, la obediencia a Dios.

Hacen unos días recibí la visita en nuestras oficinas de uno de nuestros miembros de la iglesia, y me contaba de que recibía ataques espirituales de demonios que le causaban sueño a la hora de tomar la Biblia en la mano, yo me reía con él porque hasta las señas realizaba de cómo se dormía y que cuando soltaba la Biblia volvía a la normalidad sin señal de que tenía sueño ¿impresionante no? cuando tomaba la Biblia en sus manos para escudriñarla o leerla inmediatamente se dormía, desde que la soltaba se despertaba ¿cree usted que eso es normal? No, eso y más sucede a diario en nuestra generación, tenemos el celular en la mano y podemos durar horas conectados a *Facebook*, mensajes de textos y otros medios, pero a la hora de tomar la Biblia nos da sueño, queremos ocuparnos en otras cosas que no son edificantes y nos olvidamos que lo que realmente necesitamos es llenarnos de Dios a través de su palabra. Hoy en día esa persona ha sido libre y ya puede realizar sus lecturas de las escrituras con más pasión y perseverancia, todo eso sucede cuando la unción del Espíritu Santo sobrecoge un lugar, levantando lo que está caído y despertando lo que está muerto.

Enfrenta tu Gigante

Gigante: La palabra "gigante" proviene de la palabra en Hebreo *Nefilin* y hace referencia a la palabra *Nafál*, esta palabra nos traslada del mundo físico al mundo espiritual, ya que hace referencia a los ángeles caídos, pues esta palabra también significa "caer o los hijos caídos, aquellos que te hace caer".

Veamos lo que la Biblia muestra de esos gigantes y de dónde provienen.

Génesis 6:4

Había gigantes en la tierra en aquellos días, y también después que se llegaron los hijos de Dios a las hijas de los hombres, y les engendraron hijos, estos fueron valientes que desde la antigüedad fueron varones de renombre.

Teológicamente hablando conforme a lo que se ha investigado en los manuscritos antiguos de la TORÁ (Torah) "Enseñanza". Sabemos que hubieron ángeles que descendieron del cielo y se encarnaron en cuerpos físicos y convivieron con las hijas de los hombres, *(Algunos de estos recursos lo podemos encontrar en el libro de Enoc el cual para muchos se considera apócrifo, pero su contenido es esencial para salir de duda en mucho sentido)* la cual engendraron gigantes, esos mismos ángeles cuando intentaron subir fueron derribados y encarcelados. Esto lo podemos confirmar en: ***1 pedro: 3:19 en el cual también fue y predicó a los espíritus encarcelados, Vs20- los que en otro tiempo desobedecieron, cuando una vez esperaba la paciencia de Dios en los días de Noé, mientras se preparaba el arca, en la cual pocas personas, es decir, ocho, fueron salvadas por agua.*** Muchos de esos espíritus encarcelados hacen referencia aquellos ángeles caídos que han sido puesto en prisiones eterna para ser suelto en el día del juicio, estos ángeles caídos son aquellos que hace referencia a lo ya mencionado en Génesis 6:4.

Reconozco que este es un tema controversia y que muchas personas lo miran desde distintos puntos de vista, pero si lo analizamos desde este punto "gigante" podremos comprender que esos gigantes que alteraron la creación trayendo manifestaciones que sólo estaban ocultas en el mundo espiritual; no cabe duda que esos gigantes los trajeron los ángeles caídos "demonios" al encarnarse en cuerpos físicos y engendrar hijos con virtudes que no tenían las personas normales, esto es más serio de lo que usted se imagina, cuando David derribó a Goliat a la misma vez derribó una fortaleza demoniaca que intimidaba a todo el pueblo de Israel. Otro ejemplo lo podemos apreciar cuando Moisés envió espías para reconocer la tierra de Canaán; ya luego de espiarla y traer frutos de ella había dudado en conquistarla porque decían; **más el pueblo que habita aquella tierra es fuertes, y las ciudades muy grandes y fortificadas y también vimos allí los hijos de Anac.** "gigantes" hablar de los demonios hoy en día es como hablar de los gigantes en aquellos días, están por todos lados intimidando aquellos que van tras la conquista. "La Canaán celestial" pero para cada gigante Dios tiene un David.

Si escudriñamos lentamente los versículos que usamos como referencia para dar algunas definiciones conforme a las escrituras nos daremos cuenta que en ese tiempo los gigantes se podían visualizar con los ojos físicos, pero los gigantes que enfrentamos ahora son gigantes espirituales, en otras palabras, a lo que se enfrentó David era un gigante externo, ahora en este siglo XXI enfrentamos gigantes internos que amenazan e intimidan para que desistamos y nos rindamos a cumplir el propósito de Dios.

Tipos de gigantes y cómo podemos vencerlos.

No puedes rogarle al diablo que no venga contra ti, lo que sí puedes hacer es "enfrentarlo, resistirlo y vencerlo" si te escondes eres un cobarde, si lo enfrentas eres un valiente. Hay cosas en la vida que no podemos impedir que lleguen o se manifiesten, como por ejemplo, la noche, la edad, una tormenta, un terremoto, la envidia, las críticas, el hambre y muchas otras cosas más y lo único que nos compete es enfrentarla(o); El Hambre podemos combatirla ingiriendo alimentos, una tormenta sobrevivimos a ella ocultándonos o habitando en un lugar seguro, la noche la podemos enfrentar siendo luz en medio de las tinieblas, en el caso de David y Saúl lo que le faltaba a Saúl, David lo tenía de sobra, fe que produce confianza para enfrentar gigantes, ¿impresionante no? Saúl tenía valentía para enfrentar a una multitud de soldados, pero tenía miedo para enfrentar a un gigante, el error está en hacer caso a lo que diga el gigante, cuando debemos poner oído a lo que Dios ha dicho.

Los gigantes más peligrosos con lo que nos enfrentamos hoy en día son los gigantes silenciosos, y no aquellos como Goliat que gritaba intimidando al pueblo. Los doctores han descubierto que tanto la presión muy baja como la presión muy alta es el enemigo más silencioso que puede producir la muerte, aún en una persona que aparentemente se ve saludable.

El Desánimo: El desánimo es un gigante con el que estamos peleando y enfrentando a diario, aunque se vea sencillo, es uno de los causante que muchas personas experimenten un decaimiento tanto moral como espiritual, este gigante produce debilidad en la persona llevándola a desistir y rendirse, también la persona llega a un cansancio que termina desanimándose hasta de lo bueno y revelado que esté recibiendo, como en el caso del pueblo de Israel en el desierto cuando recibía del cielo el maná **"comida de ángeles" números 21:5** enseña que el pueblo decía: pues no hay pan ni agua, y nuestra alma tiene **fastidio** de este pan tan liviano; esto es refiriéndose al maná. Es decir, que cuando una persona cae frente a este gigante llamado desánimo, la persona termina cansándose de recibir aun lo que lo pone a descansar, qué irónico es ver esto desde este punto de vista, pero es la pura realidad; una persona bajo un espíritu de desánimo termina viendo malo a lo que realmente es bueno y satisfactorio.

La palabra **Adsumeó** es una palabra griega que también significa desánimo, y quiere decir "sin fuerza para continuar" cuando usted siente síntomas como no quiero ir más a la iglesia, ya no quiero seguir en el ministerio, me cansé de estar diezmando y ofrendando, creo que esta visión de esta empresa no va para ningún lado, hasta aquí llegó todo, me cansé de ver lo mismo aun cuando es bueno, no veo resultados fructíferos en mi relación matrimonial, ya no quiero estudiar en la universidad, dejaré ese trabajo. Todo esto son síntomas que hay un gigante silencioso que quiere silenciar el propósito de Dios para con su vida, y la única forma de enfrentarlo y salir victorioso, la podemos encontrar en: **Efesios 6:10 (RV 1960)** Vs-10 Por lo demás, hermanos míos, **fortaleceos en el Señor**, y en el **poder de su fuerza.** Este verso me encanta, porque la fuerza de Dios tiene fuerza, si querido amigo, sólo en Cristo tu debilidad se conviete en una fortaleza, la razón, porque Cristo nunca se rindió, enfrentó sus gigantes y los venció. Tú puedes ser pequeño frente a un gigante, pero el día que lo vences tú te conviertes en un pequeño gigante y ese gigante; en un gigante pequeño jajajajaja, pero para eso, debemos fortalecernos en el poder de Dios. El apóstol Pablo lo dice muy claro "Fortaleceos en el Señor, y en el poder de su fuerza, es decir, que el poder de Dios tiene poder, y su fuerza tiene fuerza".

El desánimo que tú no vences se puede convertir en una depresión, usted debe tomar esto muy enserio, no permita que el desánimo se apodere del vigor que necesitas para lograr cumplir el propósito de Dios en la tierra. Otro de los gigantes que pudiéramos decir hermano del desánimo es el miedo, porque a lo que le tenemos miedo, nunca lo podremos enfrentar y si no lo enfrentamos, mucho menos lo vamos a vencer. Una persona que tiene miedo es porque esta falta de confianza, la confianza te lleva a conocer el nivel de tu fe y la fe te revela quién es Dios.

El miedo: La palabra miedo se deriva de la palabra hebrea *Fobos* que significa, Huir, en otras palabras cuando una persona tiene miedo no enfrenta los gigantes, siempre busca una excusa para salir corriendo y no querer asumir la responsabilidad de ser fiel a lo que ha sido llamado. Un ejemplo claro y contundente lo podemos ver en: **Mateo14.26 (Rv 1960)** *vs-26 Y los discípulos, viéndole andar sobre el mar, se turbaron, diciendo! Un Fantasma! Y dieron voces de miedo.* El miedo te lleva a no estar seguro de lo que aún viene ayudarte, Jesús venía para estar al junto de los discípulos en la barca, pero el miedo lo llevó a una ceguera espiritual que en vez de llamarlo Jesús, lo llamaron "Un fantasma", El miedo crea pensamientos distorsionados de la verdad, las personas que son atacadas constantemente con este malo espíritu tienden a ver cosas raras a su alrededor y muchas veces el enemigo le hace ver que siempre lo están persiguiendo aun cuando lo único que va detrás de ellos es su propia sombra.

Eso que te hace correr es lo que realmente te hace un hombre y una mujer firme y fuerte, pero es cuando lo enfrentas y lo destruyes. Lo que convirtió a David en pastor fueron los osos y leones a lo que tuvo que enfrentar mientras nadie lo conocía, Goliat simplemente confirmó su llamado, pero lo que realmente lo convirtió en Rey, fue vencerse a sí mismo, algo que Saúl no logró hacer. Cuando te vences a ti mismo, también vences todo aquello que está dentro de ti que no te deja crecer o avanzar.

Lo que necesitas para vencer está en tus manos

1 Samuel 17:40

_Y tomó su cayado en su mano__, y escogió cinco piedras lisas del arroyo, y las puso en el saco pastoril, en el zurrón que traía, y tomó su honda en su mano, y se fue hacia el filisteo._

Lo que le cayó la boca al gigante Goliat estaba en la mano de David, si leemos detenidamente dicen las escrituras que David tomó su cayado en su mano, como si dijera "esto que está en mis manos es lo que Dios me ha entregado para derribarte, muchas veces buscamos en los demás", lo que Dios ya nos ha entregado de ante manos para vencer gigantes. Hemos leído en la Biblia que Dios le dio una promesa a su pueblo, que todo lo que pise con las plantas de sus pies les iba a pertenecer, en otras palabras con los pies conquistas, pero con las manos te posicionas y te adueñas de lo que Dios te ha entregado, es por eso que cuando recibimos una palabra de parte de Dios, si estamos sentados debemos ponernos de pies y levantar las manos en señal de fe. Cuando levantamos las manos nos adueñamos de lo que Dios ha dicho antes de que nuestro enemigo la arrebate.

¿Dios le preguntó a Moisés que tienes en tus manos? cuando este se vio frente al mar rojo, y frente a un pueblo que demandaba una salida. Moisés contestó "una vara" y ya sabemos lo que sucedió al Moisés **extender** la vara que llevaba en sus manos, de que vale tener algo en las manos y no extenderlo, para eso es el evangelio del reino de Cristo, no es para tenerlo en las manos como un adorno, es para extenderlo y de seguro veremos la gloria de Dios. Extiende ese ministerio que Dios te ha entregado, extiende esa iglesia que estás pastoreando, extiéndete al norte, al sur, al este y al occidente porque es promesa de Dios. Por otro lado el mismo Sansón utilizó una quijada de burro para destruir cientos de Filisteos, y lo hizo con lo que tenía en sus manos, el mismo Jael le clavó una estaca en la sien a Sisara destruyéndole por completo, Gedeón que su nombre significa *golpeador* defendió la cosecha con ollas calientes y trompetas que tenían en sus manos, sabemos y entendemos que no todos en la Biblia usaron sus manos con buenas intenciones, como en el caso de Caín que mató Abel tomando un garrote en sus manos cuando debió usarlo para que ambos se unieran y con ese garrote se usara como ley para preparar un altar y llevar acabo un sacrificio; por cierto las manos se usan para extenderlas sobre el que esta caído y ayudarlo a levantarse, nuestras manos son santas y deben ser usadas para hacer la voluntad de Dios, el mismo Dios usó sus manos para crearte y formarte, con las manos también podemos impartir la unción del Espíritu Santo. Eliseo lo hizo sobre el niño muerto cuando extendió sus manos con sus manos hasta que el muchacho entró en calor, Jesús fue el más espectacular porque con las manos vacías y abiertas le entregó a la humanidad salvación, él se despojó de lo que tenía en sus manos para que repose sobre la nuestra.

Corre a la línea de batalla

No podemos protegernos después del ataque, mucho menos orar cuando nos vemos en aprietos, correr a la línea de batalla significa tomar ventaja de nuestro enemigo, es creer para enfrentar la duda, correr a la línea de batalla significa; ayunar y orar para enfrentar lo que se aproxima. La ley de la guerra en los tiempos antiguos muestra estrategias y normas de guerras que no podían ser violadas, a eso se le conoce como guerra justa, donde se le daba opción a cualquiera de los contrincantes el de poder hablar o declarar algunas palabras antes de pelear; de hecho, eso fue lo que sucedió en el caso de Goliat, tenía cuarenta días desafiando al pueblo de Israel, sin embargo una de las estrategias claves para dar la iniciativa a una guerra era correr al centro y quien primero lo haga tenía la oportunidad de atacar primero, esta es la razón por la que David se apresuró a la línea de batalla la cual le dio el privilegio de atacar primero.

En la guerra espiritual acontece algo familiar; debemos correr a la línea de batalla para lograr la iniciativa o de atacar primero o estar preparado para defendernos, ten por seguro que cuando estás preparado para atacar al Diablo, también estás listo para defenderte, no ayune cuando sepa que hay demonios rodeando su vida, mucho menos empiece a diezmar cuando vea que sus finanzas se están cayendo a pedazos, es ahora que debe tomar la iniciativa de correr a la línea de batalla, quizás se pregunte como corro a la línea de batalla y que debo hacer cuando llegue a ella. Lo que debe hacer es lo siguiente, adorar a Dios en vez de pedir, encontrar en vez de buscar, ser valiente antes de ser cobarde, es construir un hogar antes de construir una casa, es cumplir con lo de Dios primero antes que cualquier otra cosa, correr a la línea de batalla significa derribar los argumentos que el enemigo haya inventado en contra del reino de Dios. Nuestras manos no deben ser para colaborar con el mal sino para vencerlo, el salmista David escribió: *Salmos 24:3-6 (RVR1960)3 ¿Quién subirá al monte de Jehová?, ¿Y quién estará en su lugar santo?4 El limpio de manos y puro de corazón; El que no ha elevado su alma a cosas vanas, Ni jurado con engaño.*

En otras palabras: solo aquellos que tienen un historial de ayudar al prójimo, el mismo Dios pondrá en sus manos la antorcha que deberá alumbrar el camino a las próximas generaciones. ¿Tienes tus manos limpias? Entonces prepárate para lo nuevo que Dios depositará en ellas. Nunca lo olvides; lo que tú necesitas para vencer gigantes está en tus manos, en otras palabras, es tu responsabilidad responder a cada situación que te toque enfrentar, David se prepare y no sólo tomó una piedra sino cinco piedras, lo hizo por revelación, eso indicaba que después de vencer a Goliat la familia de los gigantes quería venganza, pero David se preparó no sólo para vencer un gigante, sino, los gigantes. Esos gigantes como el cansancio, pereza espiritual, envidia, desánimo, conformismo, autoestima baja, el yo no puedo, el fracaso, la falta de comprender las escrituras y escudriñarla, el estancamiento y muchos gigantes más que estoy seguro que lo vamos a vencer en el nombre de Jesús. Nunca lo olvides "está en tus manos" no permitas que el enemigo lo desarme.

Capítulo 11

Llaves para la Guerra Espiritual

L a confianza en Dios es la garantía de que esa batalla que estás peleando saldrás victorioso.

Salmos 3:6 (RVR1960)

No temeré a diez millares de gente, que pusieren sitio contra mí.

2 Crónicas 20:25 (RVR1960)

*Viniendo entonces Josafat y su pueblo a despojarlos, hallaron entre los cadáveres muchas riquezas, así vestidos como alhajas preciosas, que tomaron para sí, tantos, que no los podían llevar; **tres días estuvieron recogiendo el botín, porque era mucho.***

Llave: La razón por la que debes seguir luchando es porque detrás de cada batalla hay una gran bendición, "Un Botín".

Job 1:12 (RVR1960)

Dijo Jehová a Satanás: He aquí, todo lo que tiene está en tu mano; solamente no pongas tu mano sobre él. Y salió Satanás de delante de Jehová.

Llave: Siempre que Dios le da permiso a Satanás para atacarte, es porque él mismo ya tiene planeado glorificarse.

Efesios 4:27 (RVR1960)

Ni deis lugar al diablo.

Llave: En otras palabras, no le abras la puerta de tu corazón, no creas a sus mentiras, no le des espacio en tu matrimonio, no converses con él en tus pensamientos, **no deis lugar significa** "mantener una actitud firme en Dios hasta que el diablo retroceda" Si Dios está en tu casa, el diablo no puede estar ni el en techo.

Zacarías 3 (RVR1960)

*Me mostró al sumo sacerdote Josué, el cual estaba delante del ángel de Jehová, **y Satanás estaba a su mano derecha para acusarle.***

Mientras que Satanás te acusa la gracia de Cristo te justifica y te santifica, Jesús es el único abogado que nunca ha perdido una batalla, él es tu mejor defensor.

Filipenses 3:20 (RVR1960)

*Más **nuestra ciudadanía** está en los cielos, de donde también esperamos al Salvador, al Señor Jesucristo.*

Llave: La razón por la que somos gobernantes en la tierra, es porque somos ciudadanos del cielo. Cuando el diablo te obedece en la tierra, es porque tú obedeces a un Dios soberano que habita en los cielos. Si representamos a un Dios poderoso, es hora de manifestar ese poder en la tierra.

Nehemías 8:10 (RVR1960)

*Luego les dijo: Id, comed grosuras, y bebed vino dulce, y enviad porciones a los que no tienen nada preparado; porque día santo es a nuestro Señor; no os entristezcáis, **porque el gozo de Jehová es vuestra fuerza.***

Llave: Lo que Satanás no quiere ver en ti, es lo que más debes reflejar "GOZO".

2 Samuel 11 (RVR1960)

Aconteció al año siguiente, en el tiempo que salen los reyes a la guerra, que David envió a Joab, y con él a sus siervos y a todo Israel, y destruyeron a los amonitas, y sitiaron a Rabá; pero David se quedó en Jerusalén.

El ataque mortal de Satanás en contra de los hijos de Dios no llega cuando estamos en medio de una guerra espiritual, sino cuando decidimos y optamos por reposar; es decir, que cuando más debemos estar atentos y alerta, es cuando reposamos y no cuando peleamos.

Nehemías 4:7-9 (RVR1960)

Pero aconteció que oyendo Sanbalat y Tobías, y los árabes, los amonitas y los de Asdod, que los muros de Jerusalén eran reparados, porque ya los portillos comenzaban a ser cerrados, se encolerizaron mucho. vs8- y conspiraron todos a una para venir a atacar a Jerusalén y hacerle daño. vs9- **Entonces oramos a nuestro Dios**, *y por causa de ellos pusimos guarda contra ellos de día y de noche.*

Llave: Si lo que haces para Dios levanta crítica es porque realmente está afectando a las tinieblas, la Biblia dice que Satanás vino a destruir, eso significa que siempre estará en contra de lo que restaura o se construye, no olvidemos que mientras construimos reforcemos la seguridad para que Satanás no pueda penetrar mucho menos interrumpir lo que emprendemos para Dios. ¿Cómo lo logramos? "Orando a Dios".

Lucas 4:1-2 (RVR1960)

Jesús, lleno del Espíritu Santo, volvió del Jordán, y fue llevado por el Espíritu al desierto vs2- por cuarenta días, y era tentado por el diablo. Y no comió nada en aquellos días, pasados los cuales, tuvo hambre.

Llave: Para poder enfrentar al diablo cara a cara y vencerlo no puedes estar a media, debes estar lleno y que conste; "Del Espíritu Santo no de la carne".

Apocalipsis 22:13 (RVR1960)

Yo soy el Alfa y la Omega, el principio y el fin, el primero y el último.

Llave: Dios es el único que está presente; Al principio de tu batalla, en medio de tu batalla y al final de tu batalla. Y si él está presente es porque la victoria está segura, desde el principio hasta el final.

2 Crónicas 14:11 (RVR1960)

*Y clamó Asa a Jehová su Dios, y dijo !Oh Jehová! para ti no hay **diferencia alguna en dar ayuda al poderoso o al que no tiene fuerzas!** Ayúdanos, oh Jehová Dios nuestro, porque en ti nos apoyamos, y en tu nombre venimos contra este ejército. Oh Jehová, tú eres nuestro Dios; no prevalezca contra ti el hombre.*

Llave: Aún cuando eres fuerte dependerás de la fuerza de Dios.

1 Juan 3:8 (RVR1960)

*El que practica el pecado es del diablo; porque el diablo peca desde el principio. Para esto apareció el Hijo de Dios, para **deshacer** las obras del diablo.*

Deshacer no significa destruir, sino más bien volver o regresar como al principio; es decir, que lo que el diablo ha deformado o destruido Cristo lo llevará a su estado original. Tu matrimonio, tus finanzas, tu ministerio, tu pasión por la presencia de Dios, el primer amor y todo aquello que el enemigo haya destruido, Dios lo llevará al estado original.

Colosenses 2:15 (NTV)

De esa manera, desarmó a los gobernantes y a las autoridades espirituales, Los avergonzó públicamente con su victoria sobre ellos en la cruz.

Llave: La ventaja que los hijos de Dios tenemos sobre los gobernantes y las autoridades espirituales de las tinieblas es; que ellos han sido despojado de autoridad, nosotros hemos sido empoderado con la unción del Espíritu Santo.

Romanos 6:9 (NTV)

Estamos seguros de eso, porque Cristo fue levantado de los muertos y nunca más volverá a morir. La muerte ya no tiene ningún poder sobre él.

Llave: De la única forma que en realidad has tenido victoria sobre algo que una vez te agobiaba, es cuando eso no puede adueñarse de ti; en otras palabras, cuando has vencido la enfermedad es cuando después de estar sano no te enfermas más, eres humilde cuando vences el orgullo y este ya no tiene autoridad ni cabida sobre tu vida. Vences la mentira cuando no vuelves hablar mentira, vences el pecado cuando ya no lo practicas. Si realmente has vencido algo que te hace daño, eso no puede volver a operar ni gobernar en ti.

Romanos 6:5 (RVA-2015)

Porque así como hemos sido identificados con él en la semejanza de su muerte, también lo seremos en la semejanza de su resurrección.

Para disfrutar de su resurrección, debes también padecer de su muerte. ¿Quieres la unción? Debes ser sembrado entre pedregales y formado en un molino, la garantía de disfrutar del mejor momento, es aprendiendo a sobrevivir al peor de ellos.

Filipenses 4:13 (RV 1960)

*Todo lo puedo **en Cristo** que me fortalece.*

Las bendiciones dependen de cómo dependas de Dios y del poder de su fuerza, Si el apóstol Pablo escribió que "TODO" lo puedo en Cristo que lo fortalece, es porque en Cristo no hay desperdicio, mucho menos fracaso, y si faltara poco en Cristo no hay intento fallidos, aún lo que intentas te da resultado pero siempre debe ser con el ingrediente principal. **"En Cristo"** no en el **Hombre.**

Romanos 16:20 (RVA-2015)

Y el Dios de paz aplastará en breve a Satanás *debajo de los pies de ustedes. La gracia de nuestro Señor Jesús sea con ustedes.*

Llave: No es la Iglesia que aplasta a Satanás, es el mismo Dios. Y como la iglesia es fiel imitador de su padre ponemos los pies donde Cristo lo ha puesto, y a través de él mantenemos a Satanás aplastado y en aprietos.

Santiago 4:7 (RVR1960)

*Someteos, pues, a Dios; **resistid al diablo**, y huirá de vosotros.*

Llave: La batalla que peleamos contra Satanás no es de golpe, es de resistencia. En otras palabras, lo vences cuando no haces lo que él quiere que tú hagas.

Efesios 4:26-27 (NBLH)

*Enójense, pero no se pequen; no se ponga el sol sobre su enojo, 27 ni den **oportunidad** (lugar) al diablo.*

La razón por la que no debes darle ni primera, ni segunda oportunidad al diablo; número uno, porque si le das una primera oportunidad él entra. Y si le das una segunda oportunidad, te destruye.

Salmos 91:7-9 (RVR1960)

Caerán a tu lado mil, Y diez mil a tu diestra; Mas a ti no llegará.

Los que cayeron al principio David los derrotó, pero los que cayeron a la derecha la diestra de Dios los derribó, en otras palabras, siempre que somos defendidos por Dios la victoria será mayor.

Mateo 10:16 (NTV)

*Miren, los envió cómo ovejas en medio de lobos. Por lo tanto, **sean astutos (Prudentes) como serpientes** e inofensivos como palomas.*

Si el diablo te ataca con astucia, defiéndete con prudencia. Es impresionante que de tantas actitudes que contiene una serpiente la única que Jesús toma de ella es la astucia y la prudencia. Cuando tu enemigo sea inteligente sea usted sabio, cuando él sea astuto sea usted prudente, cuando él actúe en la carne actúe usted en el espíritu. A mí se me reveló el reino y después que eso sucedió Satanás y los demonios no han podido ganar ventaja sobre mí, lo mismo declaro sobre usted. No porque seamos fuertes, sino porque dependemos de la fuerza de Dios y de su gracia.

Mateo 16:18 (RVR1960)

Y yo también te digo, que tú eres Pedro, [a] y sobre esta roca edificaré mi iglesia; y las puertas del Hades no prevalecerán contra ella.

No dice que las puertas del hades **(Infierno)** no prevalecerán contra un apóstol, pastor, profeta o evangelista, dice, mi iglesia. En otras palabras, la iglesia es el cuerpo de Cristo, y cuando ese cuerpo se une en todo el mundo, no importando que lenguaje usted hable o de que nación o cultura usted sea, si usted se coincidiera iglesia "parte del cuerpo de Cristo" pues contra usted el infierno, Satanás y sus aliados no podrán prevalecer. Personalmente lo veo de esta manera, lo que el Diablo trajo del infierno y de las tinieblas para atacarme, tendrá que regresar con eso de donde salió. Aleluya. Una Iglesia fuete y unida jamás será vencida. Cuando usted visite una iglesia no sé, una como ministerio, únase como iglesia, porque si se une como ministerio sólo atentará su visión, pero si se une como Iglesia se une a la visión de Dios para con su iglesia.

Hechos 12:5 (RVR1960)

Así que Pedro estaba custodiado en la cárcel; pero la iglesia hacía sin cesar oración a Dios por él.

"Una Iglesia que ora, es una iglesia que provoca avivamiento"

Repita esta oración conmigo:

Señor te acepto como mi salvador personal, te recibo como dueño y rey de mi vida, hoy te entrego mi corazón y renuevo pacto contigo, creyendo que mi vida entra de muerte a vida al recibir a Cristo Jesús en mi corazón.

Si usted ha hecho esta oración ha provocado que el cielo celebre, y de seguro que le ha Ganado la batalla a las tinieblas.

Lucas 15:7 (RVR1960)

Os digo que así habrá más gozo en el cielo por un pecador que se arrepiente...

Visite una iglesia que lo puedan instruir en la verdad de la palabra de Dios, y que usted pueda desarrollar el propósito de Dios para el cual ha sido llamado.

Romanos 10:9 (RVR1960)

Que si confesares con tu boca que Jesús es el Señor, y creyeres en tu corazón que Dios le levantó de los muertos, serás salvo.

Bibliografía

Reina-Valera Revisada 1960 (RVR1960)

Biblia del diario vivir (Grupo Nelson) Desde 1798

Nueva Biblia Latinoamericana de Hoy (NBLH)

Biblia Nueva Traducción Viviente (NTV)

Vine W.E. Diccionario Expositivo de las palabras del Antiguo Testamento y Nuevo Testamento. Editorial Caribe, Inc. División Thomas Nelson, Inc., Nashville TN, ISBN: 0-89922-495-4 (1999)

Nuevo Diccionario Biblia, Editorial Unilit, Miami Florida. ISBN 0-7899-0217-6

Perry Stone (Las jugadas de Satanás expuesta) 2012 Casa creación ISBN: 978-1-62136-107-7 E-Book ISBN 978-1-62136-107-7 PP. 45, 36, 203, 252

Billy Graham (Los Ángeles) División Thomas Nelson (Editorial Betania) ISBN 0-88113-079-6 pp. 69

Myer Pearlman (Teología Bíblica y Sistemática) Editorial Vida ISBN 0-8297-0603-8 pp. 76, 82, 89

Made in the USA
Coppell, TX
01 July 2023

18681650R00134